改訂新版

まるごと授業 国語 1年（上）

喜楽研の
QRコードつき授業シリーズ

板書と展開がよくわかる

著者：中村 幸成・南山 拓也

寄稿文著者：菊池 省三・岡 篤

企画・編集：原田 善造

わかる喜び学ぶ楽しさを創造する教育研究所　略称 喜楽研

はじめに

　書店の教育書コーナーを見渡すと，様々なタイトルの教育書が目に入ります。「自由進度学習」「個別最適化」「主体的で対話的な…」「教育 DX」「STEAM 教育」「教師が教えない授業」「指導と評価の一体化」「時短」など，多種多様なジャンルの教育書が発行されています。また，ネットで多くの先生方が，自分の実践や理論を配信されています。いろんな教育書やネット情報の中で，どれを選択すればよいのか迷ってしまうことでしょう。

　また，忙しい教師の仕事内容が新聞やテレビなどで大きなニュースになっています。そして，それに対する「働き方改革」などが叫ばれています。しかし，教師が子どもたちのためにしなくてはいけないことは，日を追うごとに増えているのが現状です。

　そんな多忙な中にあっても，「日々の授業」を大切に，より充実したものにしたいという先生方のご期待に応えて，本書を作り上げました。

　執筆者の願いは，

　本書1冊あれば，「豊かな授業ができる！」

　　　　　　　　「楽しい授業ができる！」

　　　　　　　　「子どもと先生の笑顔があふれる！」というものです。

　今回の「喜楽研の QR コードつき授業シリーズ　改訂新版　板書と授業展開がよくわかるまるごと授業　国語」の特徴は以下の3つです。

① 板書がすごい！

　　見開き2ページで，明日の授業の流れやポイントがすぐにわかります。今回の改訂新版では，先生方にとって，より板書をわかりやすく，そして，自分が工夫をする余地があるようにしました。時間がないときは，そのまま活用してください。時間に余裕があるときは，自分なりに工夫を付け加えてもよいでしょう。

② QR コードの資料がすごい！

　　以前は，DVD で各単元の資料データを閲覧することができました。この改訂新版からは，QR コードで効率的に全ての資料を入手し，簡単に工夫を加えて使用することができます。

③ ICT がすごい！

　　各時間に，ICT の活用について紹介しています。今や ICT なしでは授業は成立しません。まずは，書いていることをやってみましょう。

　日々の授業や，その他の教育活動に全力で取り組まれている先生方に敬意を表し，この本が，全ての先生と子どもたちの幸せにつながることを願っています。

本書の特色

全ての単元・全ての授業の指導の流れがわかる

学習する全単元・全授業の進め方を掲載しています。学級での日々の授業や参観日の授業，研究授業や指導計画作成等の参考にしてください。

本書の各単元の授業案の時数は，ほぼ教科書の配当時数にしてあります。

1 時間の授業展開例を，大きな板書例を使って見開き 2 ページで説明

実際の板書がイメージできるように，板書例を 2 色刷りで大きく掲載しています。また，細かい指導の流れについては，詳しい展開例で説明しています。

どのような発問や指示をすればよいかが具体的にわかります。先生方の発問や指示の参考にしてください。

QR コンテンツの 利用で，わかりやすく楽しい授業，きれいな板書づくりができる

各授業展開のページの QR コードに，それぞれの授業で活用できる画像やイラスト，ワークシートなどの QR コンテンツを収録しています。印刷して配布するか，タブレットなどのデジタル端末に配信することで，より楽しくわかりやすい授業づくりをサポートします。画像やイラストは大きく掲示すれば，きれいな板書づくりにも役立ちます。

ICT 活用のアイデアも掲載

それぞれの授業展開に応じて，ICT で表現したり発展させたりする場合のヒントを掲載しています。学校やクラスの実態にあう ICT 活用実践の参考にしてください。

菊池 省三・岡 篤の授業実践の特別映像を収録

菊池 省三の「対話・話し合いのある授業」についての解説付き授業映像と，岡 篤の各学年に応じた「指導のコツ」の講義映像を収録しています。映像による解説はわかりやすく，日々の授業実践のヒントにしていただけます。また，特別映像に寄せて，解説文を巻頭ページに掲載しています。

1年上（目次）

QR コンテンツについて

　授業内容を充実させるコンテンツを多数ご用意しました。右の QR コードを読み取るか下記 URL よりご利用ください。

URL ： https://d-kiraku.com/4590/4590index.html
ユーザー名 ： kirakuken
パスワード ： Bbd9F7

※各解説や授業展開ページの QR コードからも，それぞれの時間で活用できる QR コンテンツを読み取ることができます。
※上記 URL は，学習指導要領の次回改訂が実施されるまで有効です。

はじめに ……………………………………………………………………………………… 2

本書の特色 …………………………………………………………………………………… 3

本書の使い方 ………………………………………………………………………………… 6

QR コンテンツの内容について …………………………………………………………… 8

対話・話し合いのある授業に，一歩踏み出そう　　菊池 省三 …………………… 10

1年「鉛筆の持ち方」　～もっとも難しい指導　　岡 篤 ………………………… 20

1年「音読」　～まずは，目で追えているか　　岡 篤 …………………………… 22

1年（上）の授業（指導計画／授業展開・板書例）

はるが　きた ……………………………………………………………………………… 24

さあ　はじめよう

　おはなし　ききたいな ………………………………………………………………… 30

　なんて　いおうかな …………………………………………………………………… 36

　かく　こと　たのしいな ……………………………………………………………… 40

　どうぞ　よろしく ……………………………………………………………………… 46

　こんな　もの　みつけたよ …………………………………………………………… 52

　うたに　あわせて　あいうえお ……………………………………………………… 58

ことばの　たいそう

　こえに　だして　よもう　「あさの　おひさま」………………………………… 64

　よく　きいて，はなそう ……………………………………………………………… 68

　ことばを　さがそう …………………………………………………………………… 72

はなの　みち ………………………………………………………… 76

としょかんへ　いこう ……………………………………………… 90

かきと　かぎ ………………………………………………………… 96

ぶんを　つくろう …………………………………………………104

ねこと　ねっこ ……………………………………………………114

わけを　はなそう …………………………………………………122

おばさんと　おばあさん …………………………………………128

あいうえおで　あそぼう …………………………………………138

つぼみ ………………………………………………………………146

おもちやと　おもちゃ ……………………………………………164

おおきく　なった …………………………………………………170

おおきな　かぶ ……………………………………………………176

㋪㋾㋬を　つかおう ………………………………………………188

すきな　こと，なあに ……………………………………………198

おむすび　ころりん ………………………………………………210

こんな　ことが　あったよ ………………………………………220

としょかんと　なかよし …………………………………………230

ことばの　たいそう

　こえを　あわせて　よもう　「いちねんせいの　うた」………236

　みんなに　しらせよう ……………………………………………242

　ことばを　みつけよう ……………………………………………248

おはなしを　たのしもう

やくそく ……………………………………………………………254

かたかなを　みつけよう …………………………………………272

よんで　たしかめよう

うみの　かくれんぼ ………………………………………………278

かずと　かんじ ……………………………………………………292

本書の使い方

◆板書例について

　大きな「板書例」欄で，授業内容や授業の流れを視覚的に確認できるよう工夫しています。板書に示されている❶〜❹のマークは，下段の授業展開の1〜4の数字に対応しています。実際の板書に近づけるため，特に目立たせたいところは赤字で示したり，傍線を引いたりしています。QRコンテンツのイラストやカード等を利用すると，手軽に，きれいな板書ができあがります。

◆ POINT について

　この授業の指導において，特に必要な視点や留意点について掲載しています。

◆授業の展開について

①1時間の授業の中身を4コマの場面に切り分け，およその授業内容を表示しています。

②本文中のＴ表示は，教師の発問です。

③本文中のＣ表示は，教師の発問に対する児童の反応等です。

④ＴやＣがない文は，教師への指示や留意点などが書かれています。

⑤その他，児童のイラスト，吹き出し，授業風景イラスト等を使って各展開の主な活動内容やポイントなどを表し，授業の進め方をイメージしやすいように工夫しています。

つぼみ
第❷時 (2/8)

本時の目標：全文を読み通し，あさがお，はす，ききょうの3つのつぼみや花のことが説明されていることを，文章から読み取る。

板書例

❹
◇はじめの　ぶんを　かきうつそう

み	つ	□
て	ぼ	い
□	み	ろ
み	を	い
ま	□	ろ
し		な
ょ		□
う		は
。		な
		の

※マス目小黒板に視写する。

❸

（つぼみ）
（なまえ）

1．あさがお

2．はす

3．ききょう

※1
※1
※1

※1．教科書P54の写真（または，QRコンテンツのイラスト）を掲示する。

POINT　低学年の国語では，1時間の中にも「読む」「書く」「話す」「聞く」の言語活動を総合的に入れるようにする。児童は，

1　3つの写真と文を見て，「つぼみ」の話が書かれていることを話し合おう。

Ｔ　教科書54ページを見ましょう。写真が出ています。何の写真ですか。
Ｃ　つぼみです。あさがおのつぼみもあります。
Ｃ　3つとも違うつぼみです。
Ｔ　では，写真の上の文を先生が読みます。「いろいろな　はなの　つぼみを　みて　みましょう。」このあと，何のお話が書いてあるのでしょうか。

写真のつぼみの話が書いてあると思います。

3つのつぼみのことです。つぼみの中身かな？

Ｔ　これからつぼみの話が始まることが，この初めの3行の文に書いてあるのですね。
Ｔ　今日は『つぼみ』のお話を，みなさんも一緒に読んでいきます。読んだ後，こんなつぼみのことが分かったということを教えて下さい。

2　先生と一緒に，全文を音読しよう。

　全文を音読する。音読の初めなので，まずは先生のあとについて読むやり方で読んでいく。

Ｔ　では，この『つぼみ』の話をみんなで読みましょう。初めは先生と一緒に読みます。先生は，丸（。）と点（，）などで小さく止まって（区切って）読みます。そこでみなさんも同じように読むのですよ。

つぼみ　　つぼみ
いろいろな　いろいろな
はなの　つぼみを　　はなの　つぼみを

　このように，初めは小さく区切り，次第に点と丸で区切って，その間を一息で読めるようにする。声がそろわないときはその部分をきちんと読み直す。句点，読点を意識させる。

150

◆準備物について

1時間の授業で使用する準備物が書かれています。準備物の一部は，QRコンテンツ（ QR マークが付いたもの）として収録されています。準備物の数や量は，児童の人数やグループ数などでも異なってきますので，確認して準備してください。

◆ICTについて

ICT活用の参考となるように，この授業展開，または授業内容に応じて，ICTで表現したり発展させたりする場合のヒントを掲載しています。

準備物
・教科書P54の3つのつぼみの写真，または，黒板掲示用イラスト QR
・マス目小黒板（視写見本掲示用）

ICT
よい音読の仕方が分かる様子を写真撮影し，教室に掲示しておくと児童の音読に対する意欲を高めることにつながる。

◆QRコード・QRコンテンツについて

QRコードからは，この授業展開に活用できるQRコンテンツを読み取ることができます。必要に応じて，ダウンロードしてください。

「準備物」欄の QR マークが付いている資料には，授業のための画像，ワークシート，黒板掲示用イラスト，板書作りに役立つカード等があります。実態にあわせて，印刷したり，タブレットに配信するなど活用してください。

（QRコンテンツの内容については，本書P8, 9で詳しく紹介しています）

※QRコンテンツがない時間には，QRコードは記載されていません。
※QRコンテンツを読み取る際には，パスワードが必要です。パスワードは本書P4に記載されています。

め「つぼみ」をおんどくしよう

つぼみ

① いろいろな はなの
つぼみを
みて みましょう。

どんな
つぼみが？

② ◇せんせいの あとに ついて
おんどくしよう

（おんどく する とき）
・せすじを のばす
・ほんは りょうてで もつ
・せんせいの いう とおりに
よむ
・おおきく はっきり ゆっくりと
（くちも）

※クラスで決めたことを別紙に書いておき，適宜掲示するとよい。

「視写」や「音読」にも意欲的に取り組むことが多い。「話し合い」中心の学習にならないようにする。

3 もう一度音読し，何のつぼみが出てきたのかを確かめ合おう。

T もう一度，声に出して読みましょう。あとで，出てきたつぼみを教えて下さい。読みます。『つぼみ』
C 『つぼみ』（教師のあとについて最後まで音読）

音読前に，音読するときの「決まり」（やり方，気をつけたいこと）を確かめ合い，クラスで定着するよう繰り返し教える。どれもまずはやって見せ，次にやらせてみて，できたことをほめる。
・背筋を伸ばして座る。
・本は両手で持つ。
・先生の指示にあわせて読む。（かってに速く読まない）
・大きく，はっきり，ゆっくりと声を出す（口も大きく）

T 初めに出てきたのは，何のつぼみでしたか。その写真を指で押さえて，発表しましょう。

あさがおの花のつぼみです。

はすのつぼみもありました。

はすもあったけど，初めじゃない。

順番も意識させて，出てきた3つのつぼみを確かめ合う。

4 はじめのページを書き写そう。みんなで，声を合わせて読み通そう。

T 出てきたつぼみは，あさがお，はす，ききょうのつぼみでしたね。54ページの写真では，まず，あさがおのつぼみはどれでしょう。指で押さえましょう。
C はい，（押さえて）これです。

同様にききょうやはすも，写真とつないでとらえさせる。

T 今度は54ページの文をノートに書き写しましょう。

まず，マス目の小黒板に先生が書いて，書き方を教える。

T 先生はこの黒板に書きます。教科書をよく見てみましょう。「いろいろな」は，いちばん上のマスから書いていいですか。

いいえ，「いろいろな」の前（上）は，1マス空けます。

見て回り，正しく写せていればノートに○をつけていく。視写は，これからの学習の土台ともなる力。継続的に取り組ませることによって視写の力は着実に身についていく。

T 最後に，先生と声をそろえて読みましょう。（斉読）

つぼみ 151

◆赤のアンダーラインについて

本時の展開で特に大切な発問や留意点にアンダーラインを引いています。

QRコンテンツの利用で，
楽しい授業・わかる授業ができる

菊池 省三・岡 篤の教育実践の「特別映像」収録

　菊池 省三の「対話・話し合いのある授業」についての解説付き映像と，岡 篤の各学年に応じた「指導のコツ」の講義映像を収録しています。動画による解説はわかりやすく，日々の授業実践のヒントにもなります。

参考になる「ワークシート見本」「資料」の収録

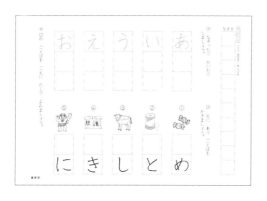

　授業の展開で使えるワークシート見本を収録しています。（全ての時間には収録されていません）また，教材や授業展開の内容に沿った資料が収録されている単元もあります。クラスの実態や授業内容に応じて，印刷して配布するかタブレットなどのデジタル端末に配信するなどして，活用してください。

授業で使える「画像・動画」「掲示用イラスト」収録

◇ 画像・動画

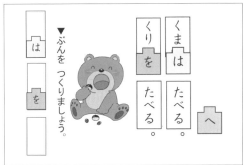

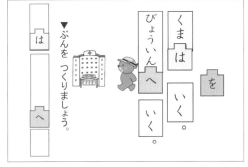

※アニメーション動画には，音声は含まれていません。

◇ 掲示用イラスト

　文章や口頭では説明の難しい内容は，画像やイラストで見せるとわかりやすく説明できます。視覚にうったえかけることで，授業の理解を深めます。

　また，板書をするときにイラストを使うと，見栄えがします。チョークでかいた文字だけの板書よりも，簡単にきれいでわかりやすい板書ができあがります。

※ QR コードから QR コンテンツを読み取る際には，パスワードが必要です。パスワードは本書 P4 に記載されています。

対話・話し合いのある授業に，一歩踏み出そう

菊池　省三

　教育の世界は，「多忙」「ブラック」と言われています。不祥事も後を絶ちません。

　しかし，多くの先生方は，子どもたちと毎日向き合い，その中で輝いています。やりがいや生きがいを感じながら，がんばっています。

　このことは，全国の学校を訪問して，私が強く感じていることです。

　先日，関西のある中学校に行きました。明るい笑顔あふれる素敵な学校でした。

　3年生と授業をした後に，

「気持ちのいい中学生ですね。いい学校ですね」

と話した私に，校長先生は，

「私は，子どもたちに支えられています。子どもたちから元気をもらっているのです。

　我々教師は，子どもたちと支え合っている，そんな感じでしょうか」

と話されました。なるほどと思いました。

　四国のある小学校で，授業参観後に，

「とてもいい学級でしたね。どうして，あんないい学級が育つのだろうか」

ということが，参観された先生方の話題になりました。担任の先生は，

「あの子たち，とてもかわいいんです。かわいくて仕方ないんです」

と，幸せそうな笑顔で何度も何度も話されていました。

　教師は，子どもたちと一緒に生きているのです。担任した1年間は，少なくとも教室で一緒に生きているのです。

　このことは，とても尊いことだと思います。「お互いに人として，共に生きている」……こう思えることが，教師としての生きがいであり，最高の喜びだと思います。

　私自身の体験です。数年前の出来事です。30年以上前に担任した教え子から，素敵なプレゼントをもらいました。ライターになっている彼から，「恩師」である私の本を書いてもらったのです。たった1年間しか担任していない彼からの，思いがけないプレゼントでした。

　教師という仕事は，仮にどんなに辛いことがあっても，最後には「幸せ」が待っているものだと実感しています。

　私は，「対話・話し合い」の指導を重視し，大切にしてきました。

　ここでは，悪しき一斉指導からの脱却を図るために，ポイントとなる6つの取り組みについて説明します。

1. 価値語の指導

　荒れた学校に勤務していた20数年前のことです。私の教室に参観者が増え始めたころです。ある先生が，

　「菊池先生のよく使う言葉をまとめてみました。菊池語録です」

と，私が子どもたちによく話す言葉の一覧を見せてくれました。

　子どもたちを言葉で正す，ということを意識せざるを得なかった私は，どちらかといえば父性的な言葉を使っていました。

　・私，します。

　・やる気のある人だけでします。

　・心の芯をビシッとしなさい。

　・何のために小学生をしているのですか。

　・さぼる人の2倍働くのです。

　・恥ずかしいと言って何もしない。

　　それを恥ずかしいというんです。

といった言葉です。

　このような言葉を，私だけではなく子どもたちも使うようになりました。

　価値語の誕生です。

　全国の学校，学級を訪れると，価値語に出合うことが多くなりました。その学校，学級独自の価値語も増えています。子どもたちの素敵な姿の写真とともに，価値語が書かれている「価値語モデルのシャワー」も一般的になりつつあります。

　知的な言葉が生まれ育つ教室が，全国に広がっているのです。対話・話し合いが成立する教室では，知的な言葉が子どもたちの中に植林されています。だから，深い学びが展開されるのです。

　教師になったころに出合った言葉があります。大村はま先生の「ことばが育つとこころが育つ　人が育つ　教育そのものである」というお言葉です。忘れてはいけない言葉です。

　「言葉で人間を育てる」という菊池実践の根幹にあたる指導が，この価値語の指導です。

2. スピーチ指導

　私は，スピーチ指導からコミュニケーション教育に入りました。自己紹介もできない6年生に出会ったことがきっかけです。

　お師匠さんでもある桑田泰助先生から，

　「スピーチができない子どもたちと出会ったんだから，1年かけてスピーチができる子どもに育てなさい。走って痛くなった足は，走ってでしか治せない。挑戦しなさい」

という言葉をいただいたことを，30年近くたった今でも思い出します。

　私が，スピーチという言葉を平仮名と漢字で表すとしたら，

『人前で，ひとまとまりの話を，筋道を立てて話すこと』

とします。

　そして，スピーチ力を次のような公式で表しています。

『スピーチ力＝（内容＋声＋表情・態度）×思いやり』

　このように考えると，スピーチ力は，やり方を一度教えたからすぐに伸びるという単純なものではないと言えます。たくさんの要素が複雑に入っているのです。ですから，意図的計画的な指導が求められるのです。そもそも，コミュニケーションの力は，経験しないと伸びない力ですからなおさらです。

　私が，スピーチ指導で大切にしていることは，「失敗感を与えない」ということです。学年が上がるにつれて，表現したがらない子どもが増えるのは，過去に「失敗」した経験があるからです。ですから，

　「ちょうどよい声で聞きやすかったですよ。安心して聞ける声ですね」

　「話すときの表情が柔らかくて素敵でした。聞き手に優しいですね」

　「笑顔が聞き手を引きつけていました。あなたらしさが出ていました」

　「身ぶり手ぶりで伝えようとしていました。思いが伝わりましたよ」

などと，内容面ばかりの評価ではなく，非言語の部分にも目を向け，プラスの評価を繰り返すことが重要です。適切な指導を継続すれば必ず伸びます。

3. コミュニケーションゲーム

　私が教職に就いた昭和50年代は，コミュニケーションという言葉は，教育界の中ではほとんど聞くことがありませんでした。「話し言葉教育」とか「独話指導」といったものでした。

　平成になり，「音声言語指導」と呼ばれるようになりましたが，その多くの実践は音読や朗読の指導でした。

　そのような時代から，私はコミュニケーションの指導に力を入れようとしていました。しかし，そのための教材や先行実践はあまりありませんでした。私は，多くの書店を回り，「会議の仕方」「スピーチ事例集」といった一般ビジネス書を買いあさりました。指導のポイントを探すためです。

　しかし，教室で実践しましたが，大人向けのそれらをストレートに指導しても，小学生には上手くいきませんでした。楽しい活動を行いながら，その中で子どもたち自らが気づき発見していくことが指導のポイントだと気がついていきました。子どもたちが喜ぶように，活動をゲーム化させる中で，コミュニケーションの力は育っていくことに気づいたのです。

　例えば，対決型の音声言語コミュニケーションでは，

・問答ゲーム（根拠を整理して話す）

・友だち紹介質問ゲーム（質問への抵抗感をなくす）

・でもでもボクシング（反対意見のポイントを知る）

といった，対話の基本となるゲームです。朝の会や帰りの会，ちょっとした隙間時間に行いました。コミュニケーション量が，「圧倒的」に増えました。

　ゆるやかな勝ち負けのあるコミュニケーションゲームを，子どもたちは大変喜びます。教室の雰囲気がガラリと変わり，笑顔があふれます。

　コミュニケーション力は，学級のインフラです。自分らしさを発揮して友だちとつながる楽しさは，対話・話し合い活動の基盤です。継続した取り組みを通して育てたい力です。

4. ほめ言葉のシャワー

　菊池実践の代名詞ともいわれている実践です。
30年以上前から行っている実践です。

　2012年にNHK「プロフェッショナル仕事の流儀」で取り上げていただいたことをきっかけに，全国の多くの教室で行われているようです。

　「本年度は，全校で取り組んでいます」
　「教室の雰囲気が温かいものに変わりました」
　「子どもたちも大好きな取り組みです」
といった，うれしい言葉も多く耳にします。

　また，実際に訪れた教室で，ほめ言葉のシャワーを見せていただく機会もたくさんあります。どの教室も笑顔があふれていて，参観させていただく私も幸せな気持ちになります。

　最近では，「ほめ言葉のシャワーのレベルアップ」の授業をお願いされることが増えました。

　下の写真がその授業の板書です。内容面，声の面，表情や態度面のポイントを子どもたちと考え出し合って，挑戦したい項目を自分で決め，子どもたち自らがレベルを上げていくという授業です。

　どんな指導も同じですが，ほめ言葉のシャワーも子どもたちのいいところを取り上げ，なぜいいのかを価値づけて，子どもたちと一緒にそれらを喜び合うことが大切です。

　どの子も主人公になれ，自信と安心感が広がり，絆の強い学級を生み出すほめ言葉のシャワーが，もっと多くの教室で行われることを願っています。

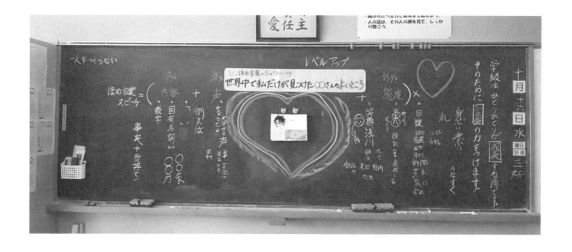

5. 対話のある授業

　菊池実践の授業の主流は，対話のある授業です。具体的には，

・自由な立ち歩きのある少人数の話し合いが行われ

・黒板が子どもたちにも開放され

・教師が子どもたちの視界から消えていく

授業です。教師主導の一斉指導と対極にある，子ども主体の授業です。

　私は，対話の態度目標を次の3つだと考えています。

① しゃべる

② 質問する

③ 説明する

　それぞれの技術指導は当然ですが，私が重視しているのは，学級づくり的な視点です。以下のような価値語を示しながら指導します。例えば，

・自分から立ち歩く

・一人をつくらない

・男子女子関係なく

・質問は思いやり

・笑顔でキャッチボール

・人と論を区別する

などです。

　対話のある授業は，学級づくりと同時進行で行うべきだと考えているからです。技術指導だけでは，豊かな対話は生まれません。形式的で冷たい活動で終わってしまうのです。

　学級づくりの視点を取り入れることで，子どもたちの対話の質は飛躍的に高まります。話す言葉や声，表情，態度が，相手を思いやったものになっていきます。聞き手も温かい態度で受け止めることが「普通」になってきます。教室全体も学び合う雰囲気になってきます。学び合う教室になるのです。

　正解だけを求める授業ではなく，一人ひとりが考えの違いを出し合い，新たな気づきや発見を大事にする対話のある授業は，学級づくりと連動して創り上げることが大切です。

6. ディベート指導

　私の学級の話し合いは，ディベート的でした。子どもたちの意見が分裂するような発問をもとに，その後の話し合いを組織していたのです。

　私は，スピーチ指導から子どもたちの実態に合わせて，ディベート指導に軸を移してきました。その理由は，ディベートには安定したルールがあり，それを経験させることで，対話や話し

合いに必要な態度や技術の指導がしやすいからです。

　私は，在職中，年に2回ディベート指導を計画的に行っていました。

　1回目は，ディベートを体験することに重きを置いていました。1つ1つのルールの価値を，学級づくりの視点とからめて指導しました。

　例えば，「根拠のない発言は暴言であり，丁寧な根拠を作ることで主張にしなさい」「相手の意見を聞かなければ，確かな反論はできません。傾聴することが大事です」「ディベートは，意見をつぶし合うのではなく，質問や反論をし合うことで，お互いの意見を成長させ合うのです。思いやりのゲームです」といったことです。これらは，全て学級づくりでもあります。

　2回目のディベートでは，対話の基礎である「話す」「質問する」「説明する（反論し合う）」ということの，技術的な指導を中心に行いました。

　例えば，「根拠を丁寧に作ります。三角ロジックを意識します」「連続質問ができるように。論理はエンドレスです」「反論は，きちんと相手の意見を引用します。根拠を丁寧に述べます」といった指導を，具体的な議論をふまえて行います。

　このような指導を行うことで，噛み合った議論の仕方や，その楽しさを子どもたちは知ります。そして，「意見はどこかにあるのではなく，自分（たち）で作るもの」「よりよい意見は，議論を通して生み出すことができる」ということも理解していきます。知識を覚えることが中心だった今までの学びとは，180度違うこれからの時代に必要な学びを体験することになります。個と集団が育ち，学びの「社会化」が促されます。

　ディベートの持つ教育観は，これからの時代を生きる子どもたちにとって，とても重要だと考えています。

【1年生の授業】

1年生は，言葉遊びの授業です。1年生には，「言葉って面白いんだ」「言葉を知ることは楽しいことなんだ」といったことを，体験を通して実感させたいと思っています。

この授業は，

① 「○まった」という言葉をみんなで集める（例：あまった，うまった，こまったなど）

② 「○○まった」という言葉を一人で考える（例：あやまった，かくまった，まとまった　など）

③ ②で集めた言葉をグループで出し合う

④ 教室の中から「○○まった」の言葉をグループで集める

⑤ グループ対抗のチョークリレーで出し合い全員で学び合う

⑥ 感想を書いて発表し合う

といった流れで行いました。動画には，②から④あたりの様子が収められています。

最初に学習の仕方を全員に理解させ，その後にレベルを上げた問題を，個人→グループ→全体という流れで取り組ませたのです。

活動的な1年生に，「黙って，静かに，座って話を聞かせる」ということに，あまりにも指導の力点が行き過ぎている教室もあります。そうではなくて，活動的な1年生の特性を生かしながら，変化のある授業の構成を考えたいものです。そのような指導を通して，友だちと学び合う楽しさやできる喜びを感じさせてあげたいものです。

また，1年生ですから，教師のパフォーマンス力も問われます。立ち位置や声の変化，体や手の動きの工夫が必要です。子どもたちを惹きつける，そんな魅力ある教師でいたいと思っています。

【2年生の授業】

2年生は，簡単な討論の授業です。対立する話し合いの基本型を教えた授業です。

授業は，次のような流れです。

① たくさん咲いている学校のチューリップを1本取った花子さんの行動について，○か×かの自分の立場を決める

② ①の理由を書いて話し合う

③ 花子さんには，病気で寝たきりのチューリップの好きなおばあさんがいることを知り，花子さんの行動について○か×かの立場を決める

④ ③の理由を書いて，同じ立場の友だちと話し合う

⑤ 理由を出し合って，全体で討論をする

⑥ 花子さんが取ったらいいと考えられる方法を出し合う

⑦ 感想を書いて発表し合う

私は，基本的な討論の流れを，

・自分の立場（賛成反対，AかBか，など）を決める

・各自，理由を考える

・同じ立場のチームで理由を考え合う

・それぞれのチームの理由を出し合う

と考えています。

2年生の授業動画では，③から④あたりが収められています。「自由な立ち歩き」をして，学び合うための対話，話し合いをしている様子が分かると思います。

このような動きのある授業を行うことで，友だちと学び合うことは楽しい，自分で意見を作ることは大切なんだ，ひとりひとり意見が違っていいんだ，といったことを子どもたちは学びます。

【3年生の授業】

3年生は，スピーチの授業です。「ほめ言葉のシャワー」につなげるという意図を持って行ったものです。

ほめ言葉のスピーチは，

『事実＋意見』

の構成が基本です。

授業では，

まず，その基本の構成を板書し，事実にあたる友だちのよいところをノートに書かせました。書かせるという指導は，全員参加を促します。

その後，ひとりひとりが書いたことを認め，黒板に書かせました。このように，黒板に書かせると教室に勢いが出てきます。みんなで学び合う雰囲気になってきます。

そして，実際に「ほめ言葉のシャワー」をさせました。

先にも述べましたが，私は，スピーチの公式を次のように考えています。

『スピーチ力＝（内容＋声＋表情・態度）×思いやり』

主人公の友だちに伝えるほめ言葉1つ1つに，私が「ほめ言葉」を言っています。プラスの評価をしているのです。例えば，

「（お辞儀をした子どもに）体を使ってほめ言葉を言っている（拍手）」

「（ノートから目を離した子どもに）書いたことを見ません（読むのではなく話す）（拍手）」

「（柔らかな表情で話した子どもに）口角が挙がっていますね（拍手）」

「（下半身がどっしりして，上半身がゆったりとしているこどもに）その姿勢が抜群にいい（拍手）」

といって，ほめています。スピーチの公式の非言語の部分を意識してほめています。内容よりも，声や表情・態度の部分です。スピーチ指導の初期の段階は，このような指導が効果的だと考えているからです。

特別映像は，『DVDで見て学ぶ 菊池省三・授業実践シリーズ』（有限会社オフィスハル製作）より授業映像を一部抜粋し，解説を追加・編集したものです。

1年「鉛筆の持ち方」〜もっとも難しい指導

岡　篤

〈研究授業で思ったこと〉

　ある研究授業（小1）の後の会で，「鉛筆の持ち方も指導できていない」という発言をした人がいました。私は，それを聞いて，「違う」と感じました。「鉛筆の持ち方も」の「も」にひっかかったのでした。

　その人は，鉛筆の持ち方の指導が簡単なことであり，当たり前にできることと考えていたのです。後から聞くと，その人は低学年の担任をしたことがないということでした。

　基礎的な指導内容という意味では，「鉛筆の持ち方も」だったかもしれません。しかし，本気で鉛筆の持ち方を指導したことのある人なら，いかに難しい指導かを知っています。

〈教えるだけなら簡単だが〉

　「教える」だけなら簡単です。教科書に出ている鉛筆の持ち方の写真を見せて，「こんなふうに持ちなさい」といえばよいのです。しかし，実際に教科書の写真のように持つことができるようにするには，一人ずつチェックをしていく必要があります。「正しい持ち方を教えること」と「正しく持つことができるようにする」とは全く別の次元なのです。

　持つことができたら終わりではありません。いざその持ち方で書こうとすると多くの子が，とても書きにくそうにぎこちない手の動きをしたり，元の持ち方にもどってしまったり，となるでしょう。「正しく持つことができるようにすること」と「正しい持ち方で書くことができるようにすること」との間にも大きな溝があります。

　まだあります。正しい持ち方で書くことができたとしても，それを継続させ，定着させるのは，さらに大変なことです。元の持ち方は，それが習慣になっているのです。持ち方を変えることは，習慣を変えることでもあります。だから大変なのです。「正しい持ち方で書くことができるようにすること」と「正しい持ち方を習慣として定着させること」の差を本当に理解しているのは，指導に悩んだ経験のある人だけでしょう。

〈正しい持ち方は一生の宝〉

正しい持ち方には，次のようなメリットがあります。

・手が疲れない。

・線が書きやすい。

・姿勢が崩れにくい。

さらに，見た目がよいことも加えられるでしょう。高学年になると，自分の持ち方の悪さを指摘された経験がある子は少なくありません。自分でも分かっているし，気にはなるけど，直せないのです。

持ち方の指導を本気でするなら，「持ち方を直すには，それまでの持ち方で書いてきたのと同じ期間がかかる」と覚悟した方がよいでしょう。実際に学校ではそんなに時間はかけてはいられません。そこで，文字だけでなく，線をたくさん書かせたり，さらに線さえ書かせず正しい持ち方で鉛筆を動かす練習を大量にする必要があります。

1年「音読」〜まずは，目で追えているか

岡　篤

〈指なぞりでクラスの実態を把握する〉

たかが音読ですが，子どもの実態は様々です。家庭で十分に読み聞かせをしてもらい，本を手にとることが当たり前の環境で育っている子と，そうでない子では音読の土台が違います。

例えば，声に出す前の文字を目で追うことができているかどうかも差があるはずです。教師が範読をしているときに，目が追いついていかずに違うところを見ていたり，集中ができずに他のことをし始める子は，音読の土台ができていないといえるでしょう。

まず，指で読んでいる部分を追うことができているかを確認しましょう。指で文字を追わせることのメリットは，子ども自身が集中しやすいということと，子どもがきちんと読んでいる部分についてきているかを教師が一目で確認できるということがあります。

1年生であれば，すぐに指が止まっていたり，うろうろしたりする子がクラスにいる方が普通です。その子は，配慮なしに範読していても，何となく耳から聞いているだけで，目からの情報は入っていないままです。当然，伸びるペースは遅くなります。

〈間を教える〉

音読の際に，句点（。），読点（、）を意識させる方法として，間の取り方をクラスでそろえるという方法があります。例えば，句点は2拍，読点は1拍，といった具合です。はじめは，教師が「いち，に」と声を出して間を取ります。次に，黒板や机を叩いてトントンと音を立てて同じように間を取ります。次は，子どもが句点で2回，読点で1回，軽くうなずきます。最後に，「心の中で数えましょう」とすれば，比較的短期間で，句読点を意識することができます。

もちろん，この読み方は絶対ではありません。句読点の使い方や文脈によっては，ふさわしくない場合も出てきます。そのときは，そこで指導をすればよいのです。あくまで，初歩の段階で，句読点を意識させる手立てとして，この方法があるということです。

〈会話文（「 」）の前後も間をあける〉

「 」の間を指導すると，読み方が大きく変わります。私は，「 」も2拍あけるように言う場合が多いです。子どもには，「聞いている人には，かぎかっこがついているのか，どうか分かりません。それを，間をとって伝えます」と教えています。

さらに，いわゆる「地の文」と登場人物の話す言葉との区別がこの「 」でつけられているということも教えます。地の文はふつうの読み方で読み，「 」になると，登場人物の様子を頭にイメージしながら読むようにいいます。

実際に，読み方を大きく変えることは難しいので強要はしません。しかし，子どもなりに，登場人物をイメージして読もうとすることで，読解へつながる音読になることでしょう。

【出典】※動画の板書で使用されている作品
『手袋を買いに』新美南吉（青空文庫）

『新版まるごと授業国語1〜6年（上）』（2020年発行）への動画ご出演，及び寄稿文をお寄せいただいた岡 篤先生は，2022年11月に永眠されました。この度，改訂新版発行にあたり，ご遺族のご厚意で内容はそのままで掲載させていただきました。ご厚情に深く感謝するとともに，謹んで哀悼の意を表します。

はるが　きた

◎ 指導目標 ◎

・互いの話に関心をもつことができる。

・言葉には，事物の内容を表す働きがあることに気づくことができる。

◎ 指導にあたって ◎

① 教材について

　1年生の最初，国語の授業開きに出会うお話です。児童の想像を広げる教材です。児童が思ったことを素直に表現できるようにします。

　この教材は，ほとんどが絵や写真だけの教材です。児童の想像力を刺激する場面がたくさんあります。例えば，教科書4-5ページに見られる空から見下ろす街の景色では，様々なところに着目させて，発言を促すことができます。また，6-7ページには，乗り物や果物，生き物の絵がたくさん出てきます。児童の中には，まだ語彙の少ない児童もいます。名前を出し合うことで，新たに言葉を獲得することにも繋がります。

② 個別最適な学び・協働的な学びのために

　そのためにも，何を言っても大丈夫，先生や友達が受け止めてくれるといった学級の空気づくりが何より大切です。児童の発する言葉だけではなく，発言する際の仕草や表情など，非言語の部分にも着目します。そして，児童の頑張りを教師が褒めて認める接し方を意識しましょう。

　この単元では，ペアでの対話・話し合い場面を多く設定しています。ここでは，同じ教科書を介して，それぞれに見えているものが同じであったり，異なったりすることに気づくことをねらっています。同じであれば，親近感がわいて話が盛り上がることでしょう。見つけているものが異なっていたとしても，自分だけでは気づかなかったことを知り，学ぶことができます。

　発言の仕方を指導する場面も設定しています。しかし，児童がその場で教師の発言を理解し実行することは容易ではありません。焦らず，ゆっくりと繰り返し指導していくようにします。指導者は，諦めず，根気強く指導を続けることが大切です。

◎ 評価規準 ◎

知識 及び 技能	言葉には，事物の内容を表す働きがあることに気づいている。
思考力，判断力，表現力等	「話すこと・聞くこと」において，互いの話に関心をもっている。
主体的に学習に取り組む態度	進んで友達の話に関心をもち，これまでの経験をいかして話したり応答したりしようとしている。

◎ 学習指導計画　　全 2 時間 ◎

次	時	学習活動	指導上の留意点
1	1	・教科書 P0-5 の挿絵を見て，何をしているのか，気づいたことや想像したことを話す。	・絵の細かい部分にも着目するように声かけをする。 ・隣の人と一緒に絵を見ながら話すように促す。
	2	・教科書 P6-8 の挿絵を見て，気づいたことや想像したことを言ったり，絵の中の人物になりきって話したりする。 ・教科書 P8 の文章を教師に合わせて声に出す。想像したことなどを話す。	・まずは，1 人で見つける時間を確保する。その後，隣の人と意見交換できるようにする。 ・絵から想像したことを発言し合うようにする。 ・いろいろな音読の仕方を取り入れる。

はるが きた

第 1 時 (1/2)

板書例

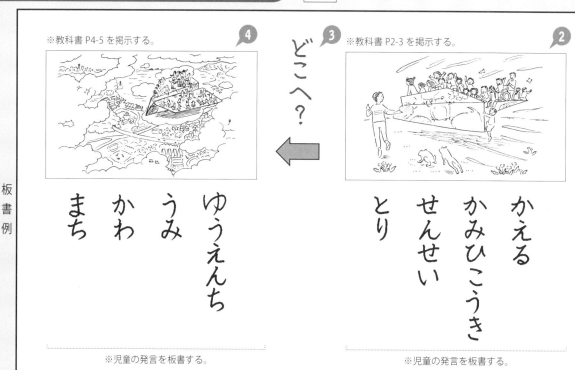

4　※教科書 P4-5 を掲示する。

3　※教科書 P2-3 を掲示する。

2

どこへ？

ゆうえんち
うみ
かわ
まち

※児童の発言を板書する。

かえる
かみひこうき
せんせい
とり

※児童の発言を板書する。

POINT　1 年生の授業びらきの 1 時間である。発言することの楽しさ，みんなで学び合うことの楽しさを経験できるようにする。

1 題名「はるがきた」を音読しよう。教科書 P0-1 の絵を見よう。

教科書の表紙を 1 枚めくって開かせる。

T　「はるがきた」と書いてあるところが分かりますか。見つけたら，指で押さえてみましょう。
T　先生の後に真似をして，音読してみましょう。「はるがきた」
C　「はるがきた」

繰り返し音読して，声を揃えるようにする。

T　上手に音読できましたね。では，最初の絵を見てみましょう。どんなものが描かれていますか。

こどもがいます。
クレヨンでおえかきしています。

2 教科書 P2-3 の絵を見て，どんなものが描かれているのかを見つけよう。

T　次のページをめくってみましょう。

教科書 P2-3 を開かせる。

T　次のページには，何が描かれていますか。

かえるがいるよ。
紙飛行機が飛ぶところだよ。

見つけたことを発言するように促し，何を言っても大丈夫と言う安心感を与える。

T　絵の中の子どもたちはどんなことを言っていると思いますか。
C　「楽しみだなあ。」
C　「どこに行きたい？」

※教科書P0-1を掲示する。

め　えを みて たくさん みつけよう

① はるが きた

こども
くれよん
おえかき

※児童の発言を板書する。

合わせて，学習規律を身につけることも目指す。

3 教科書 P4-5 の絵を見て，想像したことを話し合おう。

続いて，教科書 P4-5 を開かせる。

T　子どもたちはどこにいくのでしょうか。
C　外国かなあ。
C　遠いところかな。
T　絵を見て何が見えますか。隣の人とお話をしましょう。

遊園地があるね。
楽しそう！

海が見えるよ。
きれいだね。

他に「みんながこの紙飛行機に乗っていたら、どこに行きたいですか。」などの発問も考えられる。

T　隣の人と上手に話し合っている人がたくさんいますね。

4 話し合ったことを全体で交流しよう。

T　どんなことを話したのか，みんなに教えてください。

遊園地が見えます。
遊園地には，観覧車があります。

ここで，挙手→指名されたら返事をして立つ→聞いている人の方を向いて話す，などの発表の仕方を指導する。

デジタル教科書があれば，その挿絵を提示し，児童が見つけたものに印をつける。話題となっているものが自分ではなかなか見つけられなかった児童も，その部分を確認することができ，全体的に共通理解を図ることができる。

板書例

④
そら・・・
ふわ・・・・
いろ・・・・
みっけ・・・
　　・
　　　・
　　　　・

※教科書 P8 の文章を板書（掲示）する。

③
※教科書 P8 を掲示する。

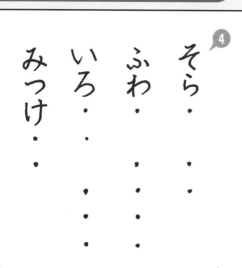

ありがとう
たのしかった
また　つれて　いってね
きれいだな

※児童の発言を板書する。

POINT　児童には初めての文章の音読となる。はきはきと声に出して音読できるように，目で文字を追うことができるようにする。

1　教科書 P6-7 の挿絵を見て，何が描かれているかを話し合おう。

T　声を揃えて，題名を音読しましょう。昨日よりも上手にできるかな。

C　「はるがきた」

T　おお，上手に読むことができましたね。今日も，一緒に学習していきましょう。

T　では，教科書 6-7 ページの絵を見ましょう。いろいろな絵がありますね。何が描かれていますか。隣の人と話してみましょう。

ひまわりがあるよ。

きょうりゅうがいるよ！

2　見つけたことを発表しよう。

T　それでは，話し合ったことをみんなで発表し合いましょう。では，この列の人，立ちましょう。

挙手，指名，発表のみではなく，どの児童も発言できるようにするために列指名をする。

ロケットがあります。

木にりんごとさくらんぼがあります。

川に魚がいます。

第 1 時と同様にデジタル教科書の挿絵を提示し，発言したものに印をつけていく。

T　詳しく見つけることができましたね。

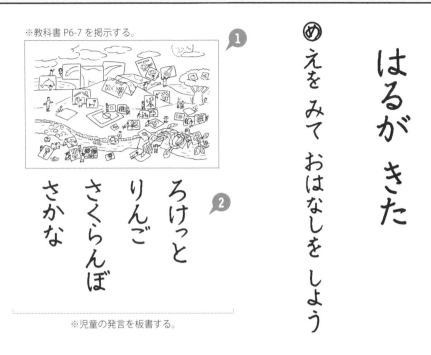

め えを みて おはなしを しよう

はるが きた

※教科書 P6-7 を提示する。①

ろけっと
りんご
さくらんぼ
さかな
②

※児童の発言を板書する。

指で文字を追うことで，児童が集中して聞き，音読に取り組む土台づくりができる。

3 教科書 P8 の挿絵を見て，子どもたちがどんなことを言っているのかを想像しよう。

T　次は，教科書8ページの絵を見ましょう。子どもたちはどんなことを話しているでしょうか。隣の人と話し合ってみましょう。

「紙飛行機，ありがとう」って言っているかな。

「楽しかったね」って言っていると思うよ。

T　どんなことを言っているのか，想像したことを発表しましょう。
C　紙飛行機に「ありがとう」って言っています。
C　「また連れて行ってね」って言ったと思います。
C　「水たまりがきれいだな」と言っています。

4 声を揃えて音読しよう。

T　先生が8ページの文を音読します。読んでいる字を指で追いかけてみましょう。

　範読している間，読んでいる部分を指でおさえさせる。

T　次はみんなで音読しましょう。先生の後に続いて音読しましょう。
T　「そらの　たび」
C　「そらの　たび」

　1行ずつ区切って読ませるところから，音読の練習を繰り返ししていく。

T　次は，みんなで声を揃えて音読しましょう。

そらの　たび

いろんなものを

ふわり　きらきら

みつけたよ

いろいろな読み方をして，楽しく音読ができるようにする。

おはなし　ききたいな

◎ 指導目標 ◎

・読書に親しみ，いろいろな本があることを知ることができる。

・文章の内容と自分の体験とを結び付けて，感想をもつことができる。

◎ 指導にあたって ◎

① 教材について

　　読み聞かせの教材です。あえて授業の時間に行うのですから，ただ読むだけでなく，読み聞かせの聞き方，聞く態度についても指導しましょう。児童の興味に任せるだけではなく，「おしゃべりをしない」「知っている本でも先を言わない」など具体的に理解させたいものです。

　　読み聞かせにおいては，聞く態度こそ言葉の力と言えます。「もう読んだ」「他の本がいい」などと，じっと聞くことができない児童がいるかもしれません。そういう児童が，3ヶ月，6ヶ月先には，落ち着いて聞くことができるになっているように指導を続けていきましょう。

　　読み聞かせも，「時間があったらしよう」と考えていては，なかなか回数をこなすことができません。朝の会，国語の時間のはじめなど，できるだけ読み聞かせの時間を設定して，優先的に行うようにします。読み聞かせは国語の時間であり，学級経営の手立てでもあることを考えると，1年生においては，かなり重要度の高い活動と考えることができるでしょう。

　　また，読み聞かせは児童の想像をふくらませます。「国語の時間が楽しい」「学校に来るのが楽しい」と1年生の児童が思える活動です。学級づくりの一貫として取り組みましょう。

② 個別最適な学び・協働的な学びのために

　　自分が読んだ本や読み聞かせで聞いた本についての発表をするには，それぞれが思いを持つ必要があります。すぐに思いつかない児童や発表が苦手な児童には，「考えてみましょう」といっても難しいことでしょう。具体的に目の前の本の表紙や挿絵などを見せながら，「何が描いてあるかな」「この絵はどう思う」など意見をもちやすい問いかけをすることで，考えをもたせるようにしましょう。根気強く指導を続けることが大切です。

知識及び技能	読書に親しみ，いろいろな本があることを知っている。
思考力，判断力，表現力等	「読むこと」において，文章の内容と自分の体験とを結び付けて，感想をもっている。
主体的に学習に取り組む態度	積極的にいろいろな本を手に取り，これまでの経験をいかして読み聞かせを楽しもうとしている。

◎ 学習指導計画　　全 2 時間 ◎

次	時	学習活動	指導上の留意点
1	1	・教科書の絵を見て，読み聞かせをしてもらった体験を想起し，自分の好きな本を発表する。 ・教科書で紹介されている本の読み聞かせを聞き，感想を発表する。	・読み聞かせを聞くときの決まりについても指導する。
	2	・教師の選んだ本や読んでもらいたい作品を選んで，読んでもらう。 ・読み聞かせを聞き，本の内容について感想を発表する。	・読み聞かせの決まりを再確認する。 ・読み聞かせの前に話し合いをすることを，予告しておく。

おはなし　ききたいな

第 ① 時（1/2）

板書例

④ これから よむ ほん

おおかみと
七ひきの こやぎ

※読む本の表紙を掲示する。

※絵本から「おおかみ」「こやぎ」など登場人物の挿絵を掲示し，感想を話す助けとする。

どっち？

ぐり と ぐら

※絵本の表紙を掲示する。

POINT とにかく読み聞かせの楽しさを感じさせたい。できるだけ読んでいる間に注意をしなくてすむように事前に指導しておく。

1 好きな本や読書体験について発表しよう。

T　みんなは，どんな本を読んだことがありますか。

ぐるんぱの
ようちえん。

からすの
パンやさん。

T　どんな本でしたか。面白いお話でしたか。だれかが読んでくれたのかな。
C　面白い，楽しいお話だよ。
C　寝る前に毎日お母さんが本を読んでくれる！
　　好きな本や読書体験について自由に発表させる。

　今後読み聞かせをしようと思う本を何冊か用意しておき，それを見せながら，「これを知っている人はいるかな」などと尋ねれば，話が広がる。

2 読み聞かせを聞くときの約束をしよう。

T　読んでもらって聞くことを「読み聞かせ」と言います。「読み聞かせ」を聞くときの約束があります。

　以下3つの約束を提示する。
　　・つくえの上にものを出さない。
　　・知っているお話でも先を言わない。
　　・静かに聞く。

　「作品がよければ自然に集中するので，形式的な約束はしないほうがよい」という考えもある。

　しかし，筆箱を触って音を立てられたり，話の先を勝手にしゃべったりする児童がいると，読んでいるときにとても気になるものである。おそらく聞いている児童も同じように感じているだろう。

　ここでは，先に指導しておくことを提案している。ただし，読んでいる最中に言葉で注意することはできるだけ避けたい。じっと見つめたり，指をさしたりすると中断せずにすむものである。

おはなし ききたいな

め よみきかせを きいて
　おもった ことを いおう

② よみきかせの ときの やくそく

　○ つくえの うえを かたづける

　○ さきを いわない

　○ しずかに きく

③ 「おおかみと しちひきの こやぎ」

3 お話をよく聞こう。

今日は先生が読み聞かせをします。
約束を守って，静かに聞きましょう。

　読みきかせが，児童にとって想像をふくらませる楽しい活動となり，また，児童のよい音読の手本となるように，以下の点に気をつけるとよい。

　・表紙もじっくり見せる。
　・表紙はゆっくりめくり，話の始まりを感じさせる。
　・のどに力を入れず，腹から声を響かせる。
　・早口にならないよう，読むスピードに気をつける。
　・言葉の強弱を意識する。
　・せりふの部分は，前後に間をあける。
　教師は，自分の読み聞かせの様子を録画して見てみると，改善点が見えてくるかもしれない。

4 感想を発表しよう。

T　お話を聞いて，思ったことを言ってください。

オオカミがこわいと思った。
子ヤギが最後には助かってよかった。

おもしろかった！
もっと読んでほしい！

T　みんなが上手に聞いてくれたので，先生も読んでいて楽しかったです。また，朝の会や終わりの会に読みたいと思います。

　低学年では，ぜひ継続して読み聞かせに取り組みたい。「これから読む本」として絵本を何冊か紹介し，休み時間などに手に取れるよう教室内に置いておくとよい。

　また，児童は，読み聞かせをしてもらった本を自分でも読んでみたくなるものである。例えば，「先生が読んだ本」というコーナーを教室に作り，そこに読み聞かせをした本を置く方法がある。児童はそこから自由にとって読める。読み終えたらそこに返すよう指示をしておけばよい。

本時の目標　読み聞かせを聞いて，作品の内容について話すことができる。

板書例

❹
○でて きた ひと
ぐり
ぐら

○かいて あった こと
おおきな たまご
かすてら

❷
よみきかせの ときの やくそく
○つくえの うえを かたづける
○さきを いわない
○しずかに きく

※絵本から登場人物や主な出来事の挿絵を掲示し，感想を話す助けとする。

POINT　とにかく読み聞かせの楽しさを感じさせたい。できるだけ読んでいる間に注意をしなくてすむように約束を確認する。

1 読んでほしい本を選ぼう。

教科書に出ている本をできるだけ用意する。なければ，他の読み聞かせをしたい本を準備する。

T　今日は，この中から読み聞かせする本を選んでもらいます。

どれがいいかな。

わたしは「ぐりとぐら」がいい！

T　では，今日は「ぐりとぐら」を読むことにします。

せっかく用意して，児童の興味を引きつけた本なので，その日に読む時間がなくても，いずれ読み聞かせをするつもりで，教室に置いておくとよい。

読んで欲しい本が選ばれなかった児童も次の機会に読んでもらえると分かれば，納得しやすい。

2 読み聞かせを聞くときの約束を思い出そう。

T　「読み聞かせ」を聞くときの約束は何だったかな。

以下３つの約束を再確認する。

ちゃんと覚えているよ。

・つくえの上にものを出さない。
・知っているお話でも先を言わない。
・静かに聞く。

T　前の時間は，知っている人や予想した人が先を言ってしまいましたね。今日は，言う人がいないとうれしいな。

C　今日は最後まで静かに聞こう。

C　机の上もきれいに片づけたよ。

前時にできていないことがあれば，あらかじめ注意をしておき，少しでも変化があるようにしたい。

おはなし ききたいな

㋯ ほんを えらんで
よみきかせを きこう

❶

◇ ほんを えらぼう

「ぐりと ぐら」
（選んだ本の題名）

ぐりと ぐら

※読む本の表紙を掲示する。

3 読み聞かせを聞こう。

T あとで，この本についての話し合いをします。どんなことが書いてあったか，出てきた人はどんな人だったか，覚えておきましょう。

覚えていられるかな…。

しっかりと聞こう！

　読み聞かせの後に，作品についての話をすることを予告しておく。また，登場人物についての部分を強調しておくとよい。

T では，読みます。しっかり聞きましょう。

　読み聞かせをするときは，プロジェクターなどを用いて，挿絵などがよく見えるように工夫することも考えたい。

4 作品について思ったことを発表しよう。

T どんなお話だったかな。お話にはだれが出てきたかな。

ぐりとぐらのお話。

お料理が大好きな2匹の野ねずみ。

　思ったことや感想というと，何を言ってよいのか分からない児童がいるかもしれない。あらすじ，登場人物の姿や行動など，書いていることをそのまま言ってもよいことにする。もし，出なければ，教師から質問してもよい。

T 「ぐり」と「ぐら」は何をしたのかな。
C ぐりとぐらが大きな卵を見つけた。
C その卵で大きなカステラを作ったんだね。
C 大きなカステラ，食べてみたいなあ。

T 本は楽しいね。たくさん読むといいですね。

なんて　いおうかな

◎ 指導目標 ◎

・身近なことや経験したことなどから話題を決め，伝え合うために必要な事柄を選ぶことができる。

・丁寧な言葉と普通の言葉との違いに気をつけて使うことができる。

・伝えたい事柄や相手に応じて，声の大きさや速さなどを工夫することができる。

◎ 指導にあたって ◎

① 教材について

　　挨拶は，学校の中では常に取り上げられ続けている事柄です。それだけ，大切だと万人が感じていながら，実はできていないということでもあります。1年生は，素直に学んだことを活用できる学年です。この時期に，ぜひ気持ちのよい挨拶や友達どうしの言葉かけを習慣化するところまで指導しておきたいものです。

　　教材では，挨拶や対話に関する10場面が取り上げられています。教室の中では，挨拶への意識を促すきっかけと位置づけ，給食や授業の始めと終わりなどとも合わせて指導しましょう。

　　挨拶や言葉かけは，普段の生活で使えてこそ意味があります。ぜひ，この時間で指導したらすぐに教室や学校の中で学習した言葉を使うように促しましょう。しばらくの間は，教師が意図的に観察し，「○○さんは，昼休みに『ありがとう』って言えていたね。」などと取り上げるようにするとよいでしょう。

　　新たな習慣を作るには，まずは継続と一貫性です。授業で学習した朝の挨拶が，クラスの朝の会でいい加減になっているのをそのままにしておくようなことのないように気をつけたいものです。生活との連動，そして継続が重要なのです。

② 個別最適な学び・協働的な学びのために

　　家庭で，親子の対話や挨拶が少ない場合，学校だけで挨拶や友達どうしの言葉かけを指導しても成果が少ないのは，学校の取り組みの中でよく取り上げられる課題です。ただし，家庭や地域のことはさておき，学校，さらにはクラス，もっといえば，担任との挨拶や対話に限定して考えれば，指導はそんなに難しいことではないのです。教師こそが，人間関係をつくる基盤としての挨拶や対話の意義を理解し，児童に継続的に声をかけることで変化を生み出したいものです。

　　まずは，挨拶をした児童，場面に合った適切な言葉かけや対話をした児童，声が適正な大きさである児童，表情が明るい児童などを取り上げて，おおいにほめることから始めましょう。

知識 及び 技能	丁寧な言葉と普通の言葉との違いに気をつけて使っている。
思考力，判断力，表現力等	・「話すこと・聞くこと」において，身近なことや経験したことなどから話題を決め，伝え合うために必要な事柄を選んでいる。 ・「話すこと・聞くこと」において，伝えたい事柄や相手に応じて，声の大きさや速さなどを工夫している。
主体的に学習に取り組む態度	経験をもとに積極的に言うことを考え，学習課題に沿って自分の考えを伝えようとしている。

◎ 学習指導計画　　全 2 時間 ◎

次	時	学習活動	指導上の留意点
1	1・2	・絵を見て，何をしてどんな話をしている場面なのかを出し合う。 ・それぞれの場面に合った言葉や動作を考えてやりとりしたり，発表したりする。 ・教師に対する言葉遣いと友達どうしの言葉遣いの違いを考える。	・朝の会や終わりの会などの挨拶とも連動させて指導する。

板書例

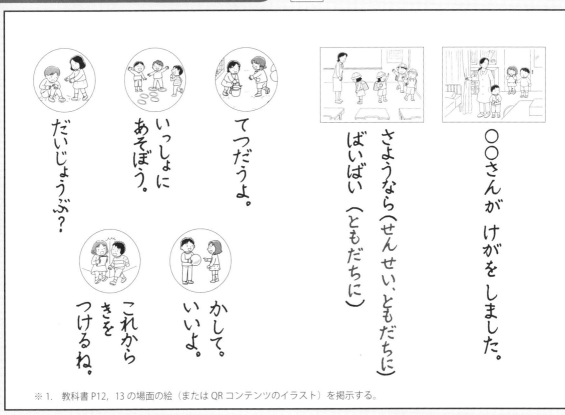

○○さんが　けがを　しました。

さようなら（せんせい、ともだちに）
ばいばい（ともだちに）

てつだうよ。

いっしょに
あそぼう。

だいじょうぶ？

これから
きを
つけるね。

かして。
いいよ。

※1．教科書 P12, 13 の場面の絵（または QR コンテンツのイラスト）を掲示する。

POINT　挨拶や対話の言葉は，授業中に理解しただけでなく実際に使えてこそ学習した意味がある。ふだんの生活につなげる

1 【第1時】朝起きてから，どんな挨拶をしているかを確かめよう。

T　今日は，みんなが毎日している挨拶の勉強をしましょう。朝起きたら，どんな挨拶をしますか。
C　朝は，「おはよう」って言います。
C　「おはようございます」と言うこともあるよ。
T　お昼や夜では，どんな挨拶をしますか。
C　お昼は「こんにちは」，夜だったら「こんばんは」。
C　寝るときに「おやすみなさい」も言います。
　　毎日の生活の中での体験から，自由に発表させる。

T　では，今日の朝は「おはよう」ができましたか。

できました！

家ではできたけど学校では…。

まず，「おはよう」の挨拶が実際にできているかどうか確かめる。

2 教科書の絵を見て，何と言っているかを考えよう。

T　教科書12ページの最初の絵を見ましょう。何と言っているでしょう。

先生には「おはようございます」と言っています。

友達には「おはよう！」だよね。

T　同じ朝の挨拶でも，先生と友達には違う言葉を言っていますね。
T　その下の絵では？友達が重そうなバケツを運んでいるのを見たら，みんなは何と言いますか。
C　わたしだったら，「手伝うよ」って言う。
　　教科書の10場面（①朝の教室，②教室で先生に指名されたとき，③職員室に入るとき，④保健室に行ったとき，⑤下校のとき，⑥友達がバケツを運んでいるとき，⑦友達の遊びに合流するとき，⑧友達がけがをしたとき，⑨友達と遊具を貸し借りするとき，⑩友達と曲がり角でぶつかりそうになったとき）についてそれぞれ考え，意見を出し合う。

| 準備物 | ・教科書（10場面）の挿絵，
または，黒板掲示用イラスト |

| ICT | 学習で扱った場面と似た場面の様子を撮影し，教室や該当する場所に掲示すると児童がよりよい行動を意識しやすくなる。 |

❶ なんて いおうかな

㊞ せんせいや ともだちに
じょうずに つたえよう

❷
❸

おはようございます（せんせいに）
おはよう　　　　（ともだちに）

はい
○○です。

せんせいは　いますか。

※2. それぞれの場面の絵の下に，児童から出てきた挨拶や対話の言葉を板書する。

ように，声をかけて指導し続けていく。

3 【第2時】10 の場面でどう言えばよいのか，実際にやってみよう。

T　絵の中の人になったつもりで，やってみましょう。

T　では，最初の絵です。この先生役は先生がしてみます。先生の前の人1人，教室に入ってくる人1人，友達役の人2人，前に出てやってみましょう。

C　（先生に向かって）おはようございます。

T　おはようございます。

C　（教室に入ってきたつもりで）おはよう！

C　（友達役の2人）おはよう！

T　次は，教室の発表する場面ですよ。今度は先生役もやってもらいます。2人，前に出てください。

○○くん，どうぞ。

はい！

同様に，他の場面についても役を決めて，教科書の絵を見て考えた言葉を，実際に動作をつけたりしながら，クラスの前で発表する。

4 返事や挨拶をしっかりしよう。

T　みんなは呼ばれたら返事はできていますか。

C　できる，できる！先生，呼んでみて！！

T　上の真ん中の授業中の絵を見ましょう。授業中で大事な挨拶は返事です。

1人ずつ名前を呼んでいくから，しっかり大きな声で返事してくださいね。

はい！

全員の名前を1人ずつ順に呼んでいく。

T　みんなよい返事ができましたね。これから，いつもよい挨拶や返事ができるようにしましょう。

授業はあくまできっかけで，普段の生活は実践の場である。初めの1週間ぐらいはことあるごとに取り上げ，できている児童をほめていくようにする。

かく　こと　たのしいな

◎　指導目標　◎

・平仮名を読み，書くことができる。

・姿勢や筆記具の持ち方を正しくして書くことができる。

◎　指導にあたって　◎

①　教材について

　　鉛筆を1年生で初めて持つという児童はまずいません。鉛筆にはあまり慣れていなくても，クレパスなどで持ち方の癖がついている児童が大多数です。

　　癖なので，直すのには時間がかかります。その上，慣れない持ち方をするために一時的に字や線が書きにくい状態が続きます。そのため，鉛筆の持ち方を直すという指導は，実はとても難しい内容です。

　　できれば，意欲もあり，ゆっくり指導する時間のゆとりもある1年生のうちに，正しい持ち方の指導をしておきたいものです。もちろん，教えるだけではなく，それが習慣化するまで3ヶ月，半年の見通しを持って声をかけ続けることが必要です。

②　個別最適な学び・協働的な学びのために

　　間違った持ち方の癖がついている児童には，正しい持ち方に変えることに抵抗感があり，それは容易ではないでしょう。正しい持ち方で，空中で動かしたり線をたくさん書いたりして，頭ではなく手に覚え込ませる発想が必要です。

　　その上で，「できているよ」「上手になったね」「ちゃんと意識しているね」などと継続的にほめたり，励ましたりすることを続けます。児童が自分から持ち方を直そうと思ったときに，正しい習慣が定着する可能性が高まります。

◎ 評価規準 ◎

知識及び技能	・平仮名を読み，書いている。 ・姿勢や筆記具の持ち方を正しくして書いている。
主体的に学習に取り組む態度	正しい姿勢や鉛筆の持ち方で書くことに粘り強く取り組み，自分なりに，字を書く際に気をつけたいことを見つけようとしている。

◎ 学習指導計画　全1時間 ◎

次	時	学習活動	指導上の留意点
1	1	・教科書 P14 の唱え歌を唱えながら，鉛筆の正しい持ち方を知る。 ・教科書 P15 の唱え歌を唱えながら，正しい姿勢を知る。 ・正しい持ち方や姿勢で，教科書 P14-15 の線をなぞったり，一画のひらがな「く」「つ」を書いたりする。 ・ワークシートで練習する。	・実際に書く前に，全員が正しい持ち方や姿勢を実行できているかを確認する。 ・書き始めると持ち方が崩れる場合が多いので，書き出した後も確認しながら進める。

かく こと たのしいな

第 **1** 時 (1/1)

| 本時の目標 | 姿勢や鉛筆の持ち方に気をつけて線を書くことができる。 |

板書例

◇
② ただしい しせい

なかゆび まくら

※教科書 P14，15 のイラストや画像（または QR コンテンツのイラスト）を掲示する。

POINT　姿勢と持ち方は基礎の基礎だが，これまでの癖がかなりついてしまっている児童もいる。この日を「きっかけ」程度に

1 自分の鉛筆の持ち方を見直して，正しい持ち方を覚えよう。

T　みんな，どんなふうに鉛筆を持っていますか。

わたしは，こんな感じ。

ぼくとは，ちょっと違うね。

　まず，ざっと児童の持ち方を確認する。最初の段階の持ち方を写真に撮っておくと大いに指導の参考になる。

T　教科書 14 ページの絵や写真を見てみましょう。

C　最初は，鉛筆を置いているね。

C　ぼくの持ち方とぜんぜん違うよ。

　教科書の絵や写真，文にあわせて指導する。また，教科書の QR コードから動画を読み取り，確かめ合うのもよい。

　ほとんどの児童が正しい持ち方ができていないというのが平均的な実態だろう。1 人ずつ確認した上で，当分繰り返し指導する必要がある。

2 正しい姿勢を覚えよう。

T　書くときの姿勢の方はどうかな。教科書を見てみましょう。（教科書 P15 の唱え歌を読む）

T　では，教科書のとおりに順番にやってみましょう。まず，足の裏をゆかにつけて，それから…。

足はブラブラしていたらダメなんだ。

背中はイスにくっつけない。

　絵と文にあわせて指導していく。ここでも，教科書の QR コードから動画を読み取り，確かめ合うとよい。

　実際には，足の裏を床につけるだけでも姿勢がかなり変わるものである。特に，繰り返し強調し続けたい。

　ほとんどの児童が姿勢もよくない。鉛筆の持ち方を変えると一時的に字が書きにくくなるが，姿勢を正しくしてもそうはならない。その点では，姿勢の方が直しやすいとも言える。ただし，言い続ける必要があるのは同じである。

準備物
・教科書のイラストや画像，または，黒板掲示用イラスト **QR**
・運筆練習のワークシート（2枚）**QR**

ICT　正しい鉛筆の持ち方の様子を撮影し，日頃から意識できるように教室掲示する。

かく こと たのしいな

め ただしい えんぴつの もちかたと
しせいを おぼえて かいてみよう

◇ **❶** えんぴつの もちかた

えんぴつ つまんで

もちあげて

すうっと たおして

とらえ，ねばり強く指導していく。

3 正しい持ち方と姿勢で，教科書の線をなぞったり，字を書いたりしてみよう。

T　正しい持ち方と姿勢で線をかいてみましょう。
C　あれ，なんだかかきにくいな。
T　今までの持ち方に慣れているので，最初は正しい持ち方の方が書きにくいかもしれません。でも，正しい持ち方に慣れれば，書きやすく疲れにくくなります。

T　教科書の線をなぞる前に，空中で正しい持ち方をして，鉛筆を動かしてみましょう。
　　正しい持ち方ができているか，みんなで確認し合う。

最初の飛行機や雨のまっすぐな線は，簡単だ。

葉っぱが落ちてくるグルグルの線が難しいよ。

T　では，教科書の線をなぞりましょう。
T　うまくなぞれたら，今度はひらがなの「く」と「つ」をなぞって書いてみましょう。
C　書けた！　続けて読んだら「くつ」になるね。

4 ワークシートで練習しよう。

T　教科書の線やひらがなは，覚えた正しい持ち方でうまくかけたかな。姿勢はどうでしたか。
T　もう一度，空中で正しい持ち方をして，鉛筆を動かしてみましょう。
　　鉛筆の持ち方と正しい姿勢を再確認して，ワークシートを配る。
T　絵の中の線やひらがなをうまくなぞれるかな。正しい鉛筆の持ち方と姿勢でなぞりましょう。

よし，今度こそうまくなぞろう。

鉛筆の持ち方と姿勢に気をつけて，だね。

鉛筆の持ち方と正しい姿勢を繰り返し指導する。

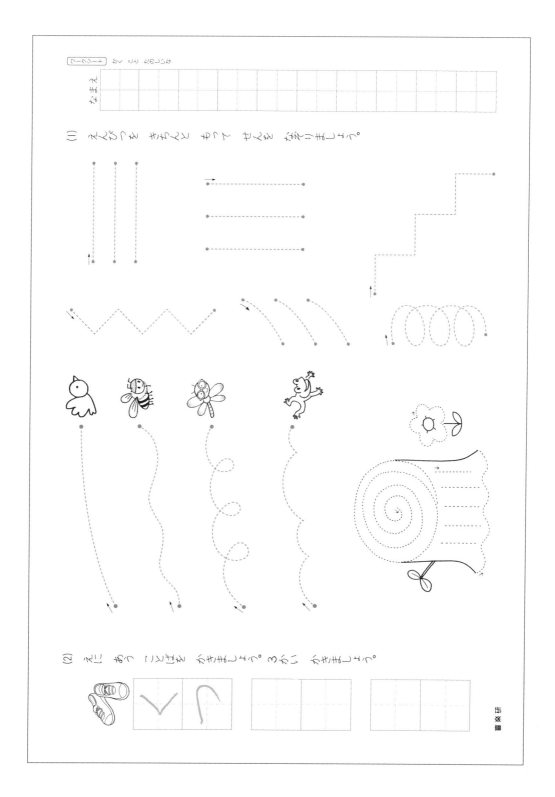

どうぞ　よろしく

◎ 指導目標 ◎

・身近なことや経験したことなどから話題を決め，伝え合うために必要な事柄を選ぶことができる。

・経験したことから書くことを見つけ，伝えたい事柄を明確にすることができる。

・丁寧な言葉と普通の言葉との違いに気をつけて使うことができる。

◎ 指導にあたって ◎

① 教材について

　　やや改まった形式で，自己紹介ということを経験します。児童は，名前カードの交換となるとそればかりに気を取られて，肝心の挨拶を忘れてしまうことがあります。教師が手本を示したり児童に見本を示してもらったりして，挨拶することを児童に印象づける方がよいでしょう。

　　名前を書くこと，挨拶をすることの両方を，できるようになることを目指します。このとき，できない児童が傷つかないようには気をつけたいところです。ちょっとしたことで，全く活動ができなくなったり泣き出したりする児童もいるかもしれません。1 対 1 で指導すればできるかもしれないし，後でやれば何事もなかったようにできるかもしれません。まずは，教師があせらず，じっくり構えて，ゆとりをもって対応することです。

② 個別最適な学び・協働的な学びのために

　　自己紹介や挨拶は，抵抗が少なければ楽しい活動になりやすいものです。希望する児童に自己紹介や実際のやりとりを全員の前でやってもらい，どんな活動をするのか事前にイメージをもたせるとよいでしょう。

　　自己紹介を聞く側の態度も重要です。楽しそうに，一生懸命に聞いてくれれば，話す意欲も高まります。

　　見本の児童の聞き方についても確かめ，うなずいたりあいづちを打ったりして積極的に聞いている場合はそれを取り上げて褒めるとよいでしょう。

知識 及び 技能	丁寧な言葉と普通の言葉との違いに気をつけて使っている。
思考力，判断力，表現力等	・「話すこと・聞くこと」において，身近なことや経験したことなどから話題を決め，伝え合うために必要な事柄を選んでいる。 ・「書くこと」において，経験したことから書くことを見つけ，伝えたい事柄を明確にしている。
主体的に学習に取り組む態度	積極的に自分の名前を書いたり好きなものを考えたりし，これまでの経験をいかして友達と交流しようとしている。

◎ 学習指導計画　　全 3 時間 ◎

次	時	学習活動	指導上の留意点
1	1 ・ 2	・教科書 P16 の絵を見て，友達を増やすために自己紹介をすることを知る。 ・「いち」と自分の名前を平仮名で書く。 ・名前カードにていねいに書く。 ・名前カードに好きなものの絵を描く。	・えんぴつの持ち方，姿勢の注意を確認する。 ・まずは，ワークシートなどで練習させる。 ・名前については，教師が事前に手本を準備しておき，それを参考にさせて書かせる。
	3	・名前カードを使って交流する。	・実際に児童にやってもらい，イメージをもたせる。 ・挨拶，名前，好きなものなどを伝え合い，たくさんの友達と交流する。

どうぞ　よろしく

第 1,2 時 （1,2/3）

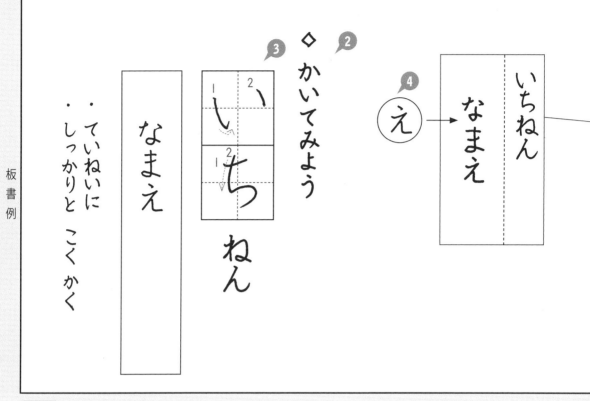

本時の目標　名前カードに自分の名前をていねいに書くことができる。

板書例

◇ かいてみよう ②

③ いち ねん

なまえ

・ていねいに
・しっかりと　こくかく

④ え → なまえ → いちねん

POINT　1年生とはいえ，せっかくの機会である。字の位置や大きさについても指導する。

1　学習課題を知り，名前カードとはどんなものかを理解しよう。

T　今度「どうぞよろしくの会」をします。この会には「名前カード」というものを使います。

「どうぞよろしくの会」っておもしろそう。

「名前カード」ってどんなものかな。

T　教科書（16-17ページ）を見ましょう。「いちねん」と自分の名前を書いたものが「名前カード」です。自分のことを友達に知って覚えてもらうためのカードです。「どうぞよろしくの会」では，自分で書いた名前カードを友達に渡します。

　1年生の4月では，どんなに丁寧に説明しても完全には伝わらない。そうだとしても，多くの児童は，徐々に，教師の言っていることがある程度理解できるようになってくる。児童が保護者から「『どうぞよろしくの会』って，どんなことしたの？」と家で尋ねられたとき，「分からない」という児童ができるだけ少なくなることを目指したい。

2　「い・ち」と名前を書く練習をしよう。

T　せっかく人に渡すのだから，いちばんよい字を書きたいですね。まずは練習しましょう。

T　空中で正しい持ち方をして，「い・ち」と，先生と一緒に鉛筆を動かしてみましょう。（空書きさせる）
　まだ本格的なひらがなの指導はしていないので，簡単にポイントや筆順を教える。また，マス目を書いたワークシートQRで試しに書かせてみるなどの配慮もしたい。

T　では，「い・ち」をなぞりましょう。

T　次は，自分の名前を書いてみましょう。

　名前は，教師が事前に準備した各自の手本を参考にして書かせる。筆順を意識させるために，筆順番号をつけておくとよい。
　ここで，正しい鉛筆の持ち方や姿勢を再度指導する。

準備物
・教科書の挿絵，または黒板掲示用イラスト QR
・ワークシート QR
・カード用紙 QR（児童数×3枚程度）
・各児童の名前の手本

ICT
実物投影機を使用して，カードの書き方を示したり，早くできた児童の，参考となりそうなカードを示したりするとよい。

① どうぞ よろしく

め 「い・ち」と なまえを かいて なまえかあどを つくろう

どうぞ よろしくの かい

※教科書 P16 の挿絵（または，QR コンテンツのイラスト）を掲示する。

＊伸ばす音を含む言葉を，カタカナ未習の段階にひらがなで書く場合は，「かあど」や「かーど」のどちらでもよいことになっています。本時の板書では「かあど」としています。

3 カードに「い・ち」と名前を書こう。

T では，名前カードに書いてみましょう。しっかりとした線で強く書きましょう。

がんばっていい字で書こう！

鉛筆の持ち方と姿勢も気をつけて，書くのだったね。

　線が薄く細い児童がよくいる。書写の時間だけでなく，ふだんのときでも4Bや書写用鉛筆で書かせてみてもよい。
　また，1年生は飛躍的に字がうまくなる児童がほとんどである。ぜひ，入学間もない頃に書いた名前をとっておき，2学期末や3学期に書いた名前と比べさせてみたい。

T 1枚目が書けた人は，2枚目を書きましょう。

　会の進め方にもよるが，カードは2，3枚書かせるとよい。字の練習にもなり，楽しい活動にもなる。1枚目を書いているときに机間指導でよい点を見つけてほめ，2枚目3枚目をより丁寧に書こうという意欲を引き出したい。

4 名前カードをきれいに仕上げよう。

T 「いち」と名前がしっかり書けましたか。今度は好きなものの絵をカードに描きましょう。

T 何を描きたいですか。

犬の絵！

アニメのキャラクターがいいな。

名前の横に書くのだから，自分の顔の絵がいい。

　名前の他に，友達に知らせたい好きなものや好きなことも絵で描き沿えることを伝える。

T 時間がある人はカードをもっとかいたり絵に色塗りしたりしてもいいですよ。たくさんかいて，たくさんの友達にカードを配れると楽しくなりますよ。

T 次の時間はこの名前カードを使って，「どうぞよろしくの会」をしましょう。

どうぞ　よろしく

第 3 時（3/3）

板書例

◇ じこしょうかいの　じゅんばん

① なまえ

② すきな もの
「すきな ○○は ～です。」

③ あいさつ
「よろしく おねがいします。」

④ ひとこと
「なかよく して ください。」
「いっしょに あそぼうね。」

えがおで
げんきな こえで

POINT 自己紹介の指導が形だけにならないように，事前事後に，実際にやってみせるなどして印象づける。

1 「どうぞよろしくの会」について理解しよう。

T　今日は，「どうぞよろしくの会」をします。

C　自分の名前をかいたカードを友達に渡せばいいのだったかな。

T　いきなり名前カードは渡しません。まず，自己紹介をします。それから名前カードを渡して握手をしましょう。

　　せいぜい数枚のカードなので，適当に配ってしまうと，あっという間に終わってしまうことになる。ゆったりと時間をとり，自己紹介について丁寧に指導する。

　　自己紹介のとき，幼稚園や保育園のときから知っている児童には，ついふだんの言葉遣いをしてしまうだろうが，ここはあえて，丁寧に言うことを求めてもよい。それによって，児童は，少し普段とは違う気持ちでカード交換と自己紹介をするだろう。

2 自己紹介の仕方を考え，練習をしよう。

T　自己紹介の練習をします。その前に名前カードを渡すとき，どのようなことを言うのか考えましょう。

名前の他に，絵に描いた「好きなもの」を言うといい！

握手するときに，「どうぞよろしく」って言う。

T　そうですね。「好きなもの」も言いましょう。絵に描いていないものでもいいですよ。そのあと，挨拶をして，最後に一言つけたせるといいですね。

〈自己紹介の例〉
① 自分の名前を言う。
② 好きなもの（あそび，たべものなど）を言う。
③ 挨拶をする。（「よろしくお願いします」など）
④ 相手に「休み時間，一緒に遊ぼうね」「幼稚園のときのように仲良くしてね」のような一言を付け加え，名前カードを渡して握手する。

T　では，練習してみましょう。笑顔で元気な声で話すようにしましょう。

準備物	・教科書の挿絵，または，黒板掲示用イラスト ・前時に書いた名前カード（間に合わない児童には，休み時間などに書かせておく）
ICT	自己紹介の様子を端末で動画撮影しておくと，自己を振り返り，よりよい自己紹介に向けての改善点を見つけることができる。

どうぞ よろしく

め たのしく じこしょうかいを しよう

① どうぞ よろしくの かい

※教科書 P16 の挿絵（または，QR コンテンツのイラスト）を掲示する。

じこしょうかい
↓
なまえかあどを わたす
あくしゅ

＊伸ばす音を含む言葉を，カタカナ未習の段階にひらがなで書く場合は，「かあど」や「かーど」のどちらでもよいことになっています。本時の板書では「かあど」としています。

3 隣の人と1回目のカード交換をしよう。

T では，本番です。今から「どうぞよろしくの会」を始めます。

T まず，お隣の人とカード交換をしましょう。

> えっと，○○です。よろしくお願いします。好きなあそびはサッカーです。それから…。

> 何か「ひとこと」つけるんだよ。

> あ，なかよくしてください。

移動し始めると，指導をするのが難しくなる。最初に座ったままで隣どうし（または3人）で行う方がスムーズにできる。

カードを渡して終わりとならないよう，指導したことをできるだけ意識させる。そのために，直前の指導を印象づける。教師が児童役でわざと下手な自己紹介をしたり，希望者に見本をやってもらったりするとよい。

4 見本を見て，2回目のカード交換をしよう

T 1回目はどうだったかな。上手だった人にちょっとやってみてもらいましょう。

> △△さん，ありがとう。ぼくは，□□です。…。

> わたしは△△です。よろしくお願いします。好きな食べ物はアイスクリームです。今度一緒に遊んでください。

T では，2回目をやりましょう。今度は席を立って相手を決めましょう。

C だれにしようかな。

何事も練習が大切で，せっかく細かく指導しても1回だけでは，うまくできない児童がいる。何回かやるとしても，一気にやってしまうのではなくて，間を取り，振り返る時間を取ると，より効果は高まる。

できるだけたくさんの友達とカード交換するよう指導する。

さあ　はじめよう

こんな　もの　みつけたよ

全授業時間 2 時間

◎　指導目標　◎

・身近なことや経験したことなどから話題を決め，伝え合うために必要な事柄を選ぶことができる。

・丁寧な言葉と普通の言葉との違いに気をつけて使うことができる。

◎　指導にあたって　◎

①　教材について

　生活科の学校探検と連動する単元です。「学校で見つけたもの」という，この時期にふさわしい題材を取り上げています。児童によっては，後から尋ねても，どこに行ったのか，何を見たのか全く話ができない場合があるかもしれません。あらかじめ，後で発表をしてもらうということを伝えておき，学校探検をしながら，一番発表したいものを考えさせておくとよいでしょう。その場合，「どこで」「何を」見つけて，「どのように」思ったかを伝えられるように意識させたいところです。

　絵も得意不得意によって時間がかなり変わってきます。大きく描く，1つだけ描くなど，ポイントを明確にして，あまり負担が大きくならないようにしましょう。

②　個別最適な学び・協働的な学びのために

　あらかじめ発表のイメージをもたせると，学校探検をしながら「これをしようかな」「どれを描こうかな」など意識をもって行動する児童も出てくるでしょう。発表に使う紙を見せたり，簡単に見本を示したりしてから学校探検をスタートするとよいでしょう。

　また，幼稚園や保育園にはなかった，理科室や音楽室など小学校ならではのものを「初めて見た」「驚いた」と取り上げる児童もいれば，「使ってみたい」「勉強してみたい」と感想をもつ児童もいるでしょう。それぞれの気づきや発見を友達と共有したい，という思いを大切にします。

知識 及び 技能	丁寧な言葉と普通の言葉との違いに気をつけて使っている。
思考力, 判断力, 表現力等	「話すこと・聞くこと」において, 身近なことや経験したことなどから話題を決め, 伝え合うために必要な事柄を選んでいる。
主体的に学習に 取り組む態度	紹介したい事柄を積極的に選び, 学習課題に沿って見つけたものをより分かりや すく紹介しようとしている。

◎ 学習指導計画　　全 2 時間 ◎

次	時	学習活動	指導上の留意点
1	1	・後で発表することを予告した上で学校探検を行う。 ・校内で見つけたものを思い出して, 紹介したいことを考えながら絵に描く。	・生活科とも連動させて計画を立てる。 ・分かりやすい教室の配置図を持たせ, 行ったところに○を入れるなどをさせる。 ・絵は, 1つのものに限定して描かせる。
	2	・絵を使って, 自分で見たことや見て思ったことを友達に紹介する。 ・みんなの前で話すときの言葉遣いを考えて話す。	・発表では, 各教室の写真なども見せながら進める。

こんな もの みつけたよ

第 **1** 時 （1/2）

板書例

③ 〈がっこうで みつけた もの〉

こうてい
・さくら

なかにわ
・たんぽぽ

※

※

※学校探検したときの写真（または事前に撮っておいた学校各所の写真）を掲示する。

④ ○ かいて おくこと
・なまえ
・みつけた もの
・みつけた ところ

え

ひとつ
・おおきく
・わかりやすく

POINT　なぜ選んだかを考えることができる児童には，何を描くかを選びながら，発表することも考えさせる。

1 後で発表することを考えながら学校探検に行こう。

T　今から学校探検に行きます。
C　早く行きたい！
C　初めて他の校舎に行くよ。楽しみ！
T　学校探検から帰ってきたら，見たものを1つ絵に描いて発表してもらいます。

何にしようかな。

何か面白いものが見つけられるかな。

T　実際に見てから決めましょう。他の人に教えたい物が見つかるといいですね。

　学校探検をしに行く。学校探検では，分かりやすい教室の配置図を持たせ，行ったところに○を入れさせるなどする。学校探検については，主に生活科の学習になる場合が多い。ここでは後の発表に関わる部分だけ取り上げることにする。

2 発表するものを何にするのかを決めよう。

T　学校探検で，発表したいものは見つかりましたか。
　　この時点では，まだ決まらない児童もいるだろう。
T　まず，決まった人に言ってもらいましょう。
C　音楽室に，大きなピアノがありました。弾いてみたかったです。
T　思ったことも言えて，上手に発表できましたね。
T　まだ決まらない人は，黒板の写真を見て，行ったところを思い出してみましょう。

ぼくは，図書室と理科室と…に行った。

図書室にはいっぱい本があったね。

そうそう，読みたい本があった！

じゃあ，本の絵かな？

　学校探検で見に行った教室や校内の主な場所の画像を示す。それでも何を描くのかを決められない児童が多い場合，クラス全体でどのようなものがあったのかを出し合い，その中から選択できるような支援をするとよい。

準備物	・各教室や校内の主な場所の写真（黒板掲示用） ・教室配置図（児童配布用，児童数） ・画用紙（児童数）
ICT	学校探検をしたときや学校各所の様子が分かる写真を大型テレビに提示する。

め みつけた ものを えに かこう

こんな もの みつけたよ

2

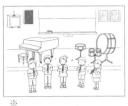

おんがくしつ
・おおだいこ
・ぴあの

としょしつ
・えほん

ほけんしつ
・べっど

3 発表するものを絵に描こう。

T　描くものは決まりましたね。

T　描きたいものがたくさんある人も <u>1つだけにしましょう</u>。発表するときに話しやすいものがいいですね。

C　体育館にあった大きなとび箱を描こう。ぼくの背よりも高かった。

C　読みたい絵本がいっぱいあったから，図書室の絵を描こうかな。でも，描くのが大変そうだな。

C　うさぎ小屋は難しいな…。

T　<u>1つのものを大きく描きましょう。</u>

T　難しくて描けないという人はいますか。例えば，うさぎ小屋を選んだ人でも，絵に描くのは「うさぎだけ」というように，<u>全部描かなくてもいいですよ。大きく分かりやすい絵の方がいいですね。</u>

4 絵を見直して，仕上げよう。

T　そろそろ完成かな。描いた絵を見直しましょう。

下に「うさぎごや」って，字で書いておこう。

色をぬろう！

T　そうですね。発表するときに，<u>自分も聞く人も分かりやすくできるといいですね。</u>見つけた場所や言いたいことも書いておきましょう。

C　わたしは，なんて言おうかな。

C　絵には描いてないけど，言いたいことは…。

T　<u>自分の名前と，見つけたもの，見つけた場所を書いておきましょう。</u>次の時間に発表してもらいます。まだ絵ができていない人は次の時間までに仕上げておきましょう。

こんな もの みつけたよ

第2時 (2/2)

板書例

〈かんそう〉

学校の教室配置図

※発表の中で，見つけた場所が分かりにくい場合は，地図でその場所を示すようにさせるとよい。

※学校探検したときの写真（または事前に撮っておいた学校各所の写真）を掲示する。

POINT　単に何を見つけただけでなく，見つけたものについての説明や感想を加えさせたい。

1 学校探検で見つけたものをどのように発表するかを知ろう。

T　今日は，いよいよ学校探検で見つけたものの発表をしてもらいます。

T　どのように発表すればよいか，教科書を見てみましょう。(教科書P18-19を範読)

> 絵を手に持って，みんなの前で話をしているね。

> 話し方も，いつも友達とおしゃべりしている話し方と違うね。

T　みんなも1人ずつ前に出て，言ってもらいます。前の時間に描いた絵を見せながら，話しましょう。見たものをくわしく，思ったことも言いましょう。話し方も，ていねいな言葉で発表するようにしましょう。

T　きちんと言うことを決めておいて練習もした方がいいですね。前に出たら，どきどきして声が小さくなったり言うことを忘れたりするかもしれませんよ。

2 発表するときに，何を話すかを考えて練習しよう。

T　今から，発表することを考える時間にします。

C　もう決まっているのに…。早くやりたい！

T　ただ，○○を見つけました，というだけでなく，どこで何を見たのか，どんなものだったのか，見たものをくわしく，見て思ったこと，どうしてそれを選んだかなども言えるといいですね。

T　話すことを紙のうらに書いておくと，忘れないですよ。

T　どんなことを言うか決まった人は，隣の人に向かって本番と同じように話してみましょう。

> ぼくは，理科室でガイコツを見つけました。大人の人と同じぐらいの大きさでした。びっくりしました。

> わたしも見てみたい！

前に出て発表するのは勇気のいることである。失敗感を与えないように，練習の時間を確保する。

こんな もの みつけたよ

⊗ みつけた ものを はっぴょうしよう

❶ 〈はっぴょう〉

❷
- どこで
- なにを みつけたか
- どんな ものか （くわしく）
- おもった こと

☆ ていねいな ことば

---

3 順番に1人ずつ発表しよう。

T では，発表をしてもらいます。席の順番で発表してもらいます。次の人は，前のいすに座って待っておきましょう。

　　次の順番の児童を前に出させるのは，流れをスムーズにするためと気持ちの準備をさせるためでもある。話すことをしっかりと確認してから発表を始めるように声をかけておく。

T 聞いている人も大事です。発表している人をしっかり見て，発表を聞きましょう。

わたしは，音楽室で大きなピアノを見つけました。きれいな音がでるのだろうなあと思いました。ひいてみたいです。

発表した児童に対しては，声の大きさ，内容（説明，感想），態度（姿勢，はじめ方，終わり方）などの視点で教師がほめるようにすると，以降に発表する児童の参考になる。

---

4 発表の感想や，発表を聞いた感想を言おう。

T みんな，上手に発表できましたね。

T 発表の感想が言える人はいますか。

絵を描くのが難しかったです。発表ではみんながうなずいて聞いてくれたから，分かってもらったのでよかったです。

みんなの前に出たら，絵の裏に書いたことがよく読めなくてはずかしかったです。次は，上手に発表したいです。

T 友達の発表を聞いて，こんなところが上手だった，ここが面白かった，という感想はありますか。

C ○○さんは，大きな声で絵も上手で，とても分かりやすかったです。

C △△さんの，理科室のガイコツの話を聞いて，私ももう一度行って，よく見てみたくなりました。

うたに　あわせて　あいうえお

全授業時間 2 時間

◎ 指導目標 ◎

・姿勢や口形，発声や発音に注意して話すことができる。
・長く親しまれている言葉遊びを通して，言葉の豊かさに気づくことができる。

◎ 指導にあたって ◎

① 教材について

　　各連，1 行目の最初が「あいうえお」の順であり，2 行目が「あいうえお」になっています。つまり，繰り返し音読することで「あいうえお」に自然に親しむことができる教材です。ぜひ，暗唱まで目指し，児童に自信をつけさせたいものです。また，1 画目に色をつけ，筆順に気をつけて練習する工夫もされています。

　　言葉をたくさん見つけさせましょう。すぐに見つかる児童もいれば，指示されていることがよく分からないままという児童もいるでしょう。1 つ 1 つ，教科書のどの部分にその言葉があるのかを確認しながら進めましょう。

　　また，できるだけノートに書く活動を取り入れます。1 年生のこの時期は，たとえ 1 文字であっても，指示した場所に正しく書くことが難しい児童もいるはずです。黒板で確認する，指で押さえるなどして，指示通りにノートを書くことを練習させていきましょう。

② 個別最適な学び・協働的な学びのために

　　1 年生の多くは音読が好きなものです。特に，みんなで声をそろえてリズムのよい文を読むことは心地よさが感じられる活動です。その一方で，ひらがなを 1 文字ずつ読むことすら困難な児童と，文章をすらすらと初見で読むことができる児童に分かれているのも 1 年生なのです。ここでは，教科書の「あいうえおのうた」を繰り返し読み，自然に暗唱できる状態とすることで，みんなが音読を楽しめる状態にしたいものです。

知識 及び 技能	・姿勢や口形，発声や発音に注意して話している。 ・長く親しまれている言葉遊びを通して，言葉の豊かさに気づいている。
主体的に学習に取り組む態度	進んで姿勢や口形，発声や発音に注意し，学習課題に沿って音読しようとしている。

◎　学習指導計画　　全 2 時間　◎

次	時	学習活動	指導上の留意点
1	1	・リズムよく繰り返し音読する。 ・口の開け方に気をつけて読む。 ・「あいうえお」の字を教科書の中で見つける。 ・一部分を覚えて言ってみる。	・まずは読んでいるところを指でなぞらせながら読んでいかせる。 ・交代，グループなど様々な形式で読む。 ・できれば暗唱までもっていくことを目指す。
	2	・教科書の大きな文字「あいうえお」を指でなぞる。 ・筆順と字形に気をつけて鉛筆で書く練習をする。 ・教科書のマス目に書く。 ・これまでに習った文字を使って言葉を作り，ノートに書いて言葉集めをする。	・教科書の大きな文字の青い部分が 1 画目であることに注目させる。 ・既習の「鉛筆の持ち方」「正しい姿勢」を振り返りながら書くように指導する。

≪ひらがなの読みの学習について≫

　本来，小学校で，ひらがなの読み書きを最初から教えるのが建前になっています。ただし，現実は，ほとんどの児童がひらがなの読みはだいたいできているという状態です。

　担任としては，本当にクラスにひらがなの読みができない児童がいないかどうかを把握しておく必要があります。本単元の第 1 時では，「指なぞり」による指導を紹介しています。指なぞりは，教師にとっては把握の手立てでもあり，児童にとっては読みの練習でもあります。

うたに　あわせて　あいうえお

第 ❶ 時 （1/2）

板書例

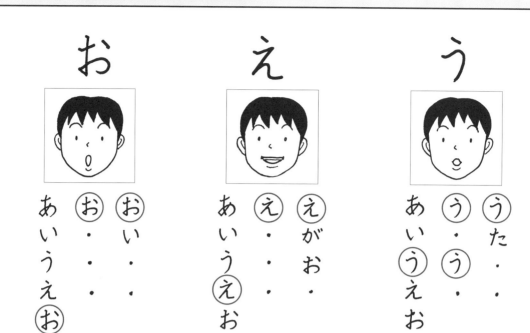

お

あ　お　お
い　・　い
う　・　・
え　・　・
お　　　お

え

え　え　え
が　・　い
お　・　う
・　え　え
あ　　　お

う

あ　う　う
い　・　た
う　う　・
え　・　・
お　　　お

※ 1. 教科書 P20-21 の画像（または，QR コンテンツのイラスト）を掲示する。
※ 2.「あいうえおの　うた」を板書する。展開②の活動で，各連の「あ・い・う・え・お」の文字探しなどをさせた場合，見つけた文字に〇をつけていくとよい。

POINT 教師との交代，隣との交代などいろいろな形で音読を楽しませながら，できれば暗唱までもっていくことを目指す。

1 『うたにあわせてあいうえお』を元気よく読もう。

T　まず先生が読みます。みんなは先生が読んでいるところを指でなぞってください。

　　教科書 P20-21『うたにあわせてあいうえお』を範読する。

T　次は，先生の後につづけて読んでみましょう。読んでいるところを指でなぞりながら，大きな声で読みますよ。「あかるい あさひだ あいうえお」, はいっ。

あかるい　あさひだ　あいうえお

　　2 行ずつ区切ってリズムよく音読する。「指でなぞりましょう。」という指示を出してみると，読めていない児童がいる場合，すぐに分かる。

T　「あ・い・う・え・お」を口の形に注意して言いましょう。教科書の口の形は全部違いますね。

　　隣と向き合って読むなど，口形を意識させる。

2 「あいうえお」を教科書の中から見つけよう。

T　今，読んだ中に「あ・い・う・え・お」がありましたね。どこかな。指でおさえてみましょう。

「あかるい　あさひだ」の後に，ありました。

「あいうえお」って，たくさんあります。

　　「あいうえお」は，題名の部分にも出てきており，上の指示ではこれも正解となる。「あかるい　あさひだ」のように 4 文字ごとの 1 文字目などにばらばらに出てくるといった意見も正解としてよい。また，それぞれの連で「あ・い・う・え・お」探しをさせてもよい。

　　「指で押さえましょう。」という指示もとても効果的である。ぼんやりしていた児童が活動を促されることで集中しやすくなる。教師は，押さえているところを見渡して，どの程度ついてきているか確認できる。

うたに あわせて あいうえお

め りずむよく よもう

くちの かたち

① あ

あかるい
あ・・・
あいうえお

②

い

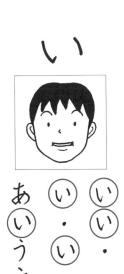

いい
い・・い・
あいうえお

---

3 いろいろな読み方で，たくさん読む練習をしよう。

T　先生が「あかるいあさひだ」と読むので，みんなは「あいうえお」のところを読みましょう。

あかるいあさひだ。

あいうえお

T　次は，先生が「あいうえお」を読むから，みんなは先に「あかるいあさひだ」と読みますよ。

交代で読むこの読み方は「交代読み」と呼べる。この読み方では，何となく続けて読んで間違えるということが少なくなり，集中できるのがよい。また，読み手が変わることが刺激になり楽しく読める。

隣どうしで，またはクラスを2つに分けて交代読みをするなど，楽しく音読練習する。

4 『うたにあわせてあいうえお』を覚えて唱えてみよう。

T　では，教科書を閉じましょう。先生が先に言うから，続きが言える人は言ってみましょう。

あかるい？

あさひだ
あいうえお

T　すごい。覚えている人，たくさんいますね。

T　「いいこと」

C　いろいろ　あいうえお（と最後まで続けていく）

リズムがよいので，最初の部分を提示すれば続けられる児童は多い。あまり無理な要求はせずに，できることをどんどんほめていきたい。

できれば，宿題でも練習を続け，全員が暗唱できるようしたい。学年集会や参観日など発表の場があれば自信になる。きちんと覚えていない児童でも「あいうえお」が繰り返し出てくるので，全く言えないことはないはずである。

板書例

・ただしい　しせい

◇ ことばを あつめよう **④**

・あお
・いえ
・うえ
・つくえ
・つち

※児童が発表した言葉を板書する。

※ 1. マス目のある黒板（紙）に「あ・い・う・え・お」を書いて見せる。そのとき，1画目の色を変えて目立たせる。

POINT　まだこの時期は教えたことがそのままできない児童もいる。簡単に示したポイントを継続して指導していくという意識が

1 『うたにあわせてあいうえお』を楽しく音読しよう。

T　みんなで声をあわせて読みましょう。

あかるい　あさひだ　あいうえお

T　覚えている人は，教科書を閉じて言ってみましょう。

　前の時間にも，1行目を教師が読んで，続きを児童が読むといった練習をしている。リズムのよい詩なので，いろいろな読み方で楽しく音読できる。ほかに，座席で児童を2つに分け，右半分の児童と左半分の児童が交互に読むなど，変化をつけて楽しむのもよい。

2 「あいうえお」を空書きして，教科書の大きな文字を指でなぞろう。

T　今日は「あいうえお」を書く練習をします。まず，教科書の大きな「あ」の字を指でおさえましょう。
C　おさえました。青くなっているところがあるね。
T　1つの文字の中で，線が1本だけ青いところがありますね。どうして青いか分かるかな。
C　最初に書くところかな。青い線から書き始めればいいと思います。
T　そうですね。「あ」の書き順はこうです。（黒板で書いて見せる）では，一緒に空中で書いてみましょう。

あ

　児童にも空書きをさせた後，教科書の大きい文字「あ」を指でなぞらせる。続いて「い・う・え・お」も同様にする。

　ひらがなの筆順は，1画目を正しく書けば，ほぼ問題なく書くことができる。

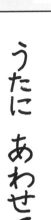

うたに あわせて あいうえお

め 「あいうえお」を かいてみよう

☆ 2 いちばん はじめに かく ところ

◇ 3 きを つけよう
・えんぴつの もちかた

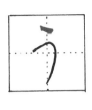 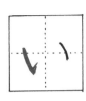

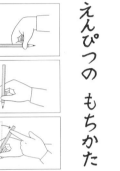

※ 2. 教科書 P14-15 の絵や画像（または, QR コンテンツのイラスト）を掲示する。

必要である。

---

3 筆順に気をつけて, 鉛筆で「あいうえお」を書いてみよう。

T では, 鉛筆を持って, 本当に書いてみましょう。
鉛筆の持ち方や, 正しい姿勢を覚えているかな。

姿勢や鉛筆の持ち方は, 日々, 声をかけ続ける必要がある。鉛筆で書く前に, 正しい持ち方をして手を上にあげる, その状態で鉛筆を動かして確認するなどの工夫で, より定着が早まる。

T 教科書の大きい字のところを書いていきましょう。

筆順は覚えたよ。

まるく書くところが難しいな。

T では, マス目に書いてみましょう。
教科書のマス目で練習する。まず, 1 マス目の筆順つき文字をなぞらせて, 2 マス目をなぞらせ, 3 マス目を書かせる。ワークシート QR を使ってもよい。

4 既習の文字を使った言葉を見つけて, ノートに書こう。

T 「あ・い・う・え・お」はうまく書けましたか。
C 「あ」と「お」が難しかった。

平仮名の字形の難しさは, 微妙な曲がりの角度が多いことである。ここでうまく書けなくても, 半年後には多くの児童がスムーズな運筆で字形も取れるようになる。

T では, 今までに習った字を使った言葉を見つけましょう。何があるかな。「あ・い・う・え・お」の他に, 「く・つ・ち」も習いましたね。

「あお」があるよ！

「いえ」も見つけた。

教科書 P23 の下の絵もヒントに言葉を探させるとよい。見つけた言葉を全員で確かめ合い, ノートに書かせる。

こえに　だして　よもう

全授業時間 1 時間

◎ 指導目標 ◎

・場面の様子や登場人物の行動など，内容の大体を捉えることができる。
・語のまとまりや言葉の響きなどに気をつけて音読することができる。

◎ 指導にあたって ◎

① 教材について

　　きれいな朝日を見たことがある児童は，その印象が強く残っているはずです。教材の『あさのおひさま』は，その朝日をテーマにした詩です。リズムがよいので音読を楽しませたい教材です。実際に，きれいな朝日を見た児童はそんなに多くはないかもしれません。海から出る朝日となるとほとんどいないはずです。挿絵も活用しながら，想像を広げていきます。

　　短い詩なので，暗唱も授業時間中にできる児童が多いでしょう。適度な負荷ならば児童は暗唱が嫌いではありません。繰り返し音読しているうちに，自然に暗唱できるように指導していきます。

② 個別最適な学び・協働的な学びのために

　　朝日についての自分なりの感想や思いを，じっくり時間をかけてもたせます。それによって，発表したいという気持ちや違う意見に対する反応を引き出します。

　　また，音読する際には，教師と児童で交互に読んだり，人数やグループの変化をつけて 1 行ずつや 1 連ずつに分けて読んだりするなどの工夫が考えられます。分担して読むことは，相手の音読を聞いて，それに応えて読むことだとも言えます。自然と相手の読みを聞くことになるでしょう。

知識 及び 技能	語のまとまりや言葉の響きなどに気をつけて音読している。
思考力，判断力，表現力等	「読むこと」において，場面の様子や登場人物の行動など，内容の大体を捉えている。
主体的に学習に取り組む態度	進んで詩に描かれた様子を想像し，これまでの学習をいかして音読しようとしている。

◎ 学習指導計画　　全 1 時間 ◎

次	時	学習活動	指導上の留意点
1	1	・『あさのおひさま』の詩を音読する。 ・聞き慣れない単語の意味を考える。 ・おひさまの様子を想像して話し合う。 ・暗唱する。	・読み手の変化をつけて，繰り返し音読する。 ・絵を見て，感じたことや想像したことを自由に発表させる。 ・「のっこり」「ざぶん」などの言葉について児童の想像をふくらませる。 ・実際に朝日を見た経験がないような児童には，挿絵を有効に使って想像させる。 ・板書された詩の一部を少しずつ消していき，暗唱を目指す。

※短時間で取り組むことが可能な単元です。各配当時間を 15 分ずつなどに分割して扱ってもよいでしょう。

こえに　だして　よもう

第 1 時 (1/1)

本時の目標　『あさのおひさま』の詩の音読を楽しみ，きれいな朝日の様子を想像することができる。

板書例

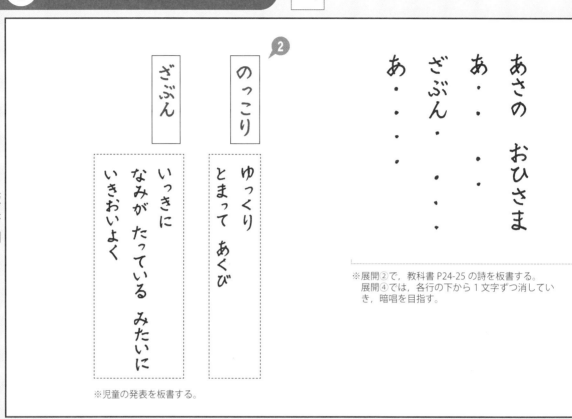

あさの　おひさま
あ・・・・
ざぶん・・・・
あ・・・・・

※展開②で，教科書 P24-25 の詩を板書する。
　展開④では，各行の下から 1 文字ずつ消していき，暗唱を目指す。

のっこり
　ゆっくり
　とまって　あくび

ざぶん
　いっきに
　なみが　たっている　みたいに
　いきおいよく

※児童の発表を板書する。

POINT 挿絵などを活用して，きれいな朝日を印象づけることで，音読や発表に意欲的に取り組ませたい。

1 「あさのおひさま」を教師の範読に続いて音読しよう。

T　まず，先生が読みます。

　　教科書 P24-25 の詩『あさのおひさま』を，ゆっくり，はっきりと読む。読んでいるところを児童に指でなぞらせていくと，児童は集中し，ついてこられていない児童も分かる。
　　1 行ずつ，教師と児童が交互に読むのもよい。

T　みんなに読んでもらいます。さん，はいっ。

あさの　おひさま　おおきいな

T　上手でした！次は，廊下側の半分の人だけでやってもらおうかな。

　　人数やグループの変化をつけたり，1 連ずつ交互に読んだりするなどして，繰り返し音読させたい。

2 「のっこり」「ざぶん」の言葉の意味を考えよう。

　　『あさのおひさま』の詩を全文板書する。

T　「のっこり　うみから　おきだした」と書いてあります。「おきだした」のは，だれでしょう。

C　おひさま。（「うみ」は×）

T　「のっこり」って，どんなふうに起きたのだと思いますか。

ゆっくりって感じがする。

1 回とまってあくびしている。

T　「ざぶん」と何を洗ったのかな？

C　おひさまのかお。気持ちよさそう。

T　「ざぶん」って，どんな感じで洗ったのかな？

C　いっきに…，波がたっているみたいに。

C　大きなおひさまが海から顔を出して飛び出てきたところかな。

・教科書の挿絵、または、黒板掲示用イラスト QR　　ICT 水平線から昇る朝日の様子が分かる写真を提示すると、児童の音読や発表の意欲を高めることにつながる。

準備物

こえに だして よもう

あさの おひさま

め おひさまの ようすを かんがえよう
　おぼえて いってみよう

②④

あさの おひさま
おおきいな
のっこり ・・・・
お・・・・

※教科書 P24-25 の挿絵（または、QR コンテンツのイラスト）を掲示する。

3 朝日の印象や挿絵をみた感想を交流しよう。

T　朝日を見たことがある人はいますか。
C　はい！ すごくきれいだった。
C　だんだん明るくなっていくんだよね。
T　「おおきいな」とあるけど、本当に大きかった？
C　昼間より大きく見えました。
T　教科書の絵はどうかな？

わらっていて楽しそう。
元気な感じがする。
あごがまだ海の中にあるから、ゆっくりのんびり出てきていそう。

挿絵をじっくり観察して、見つけたことや思ったことを発表させる。

4 イメージをより深めるために詩を暗誦しよう。

T　では、『あさのおひさま』を、教科書を見ないで言えるかな。
C　やってみたい！できる、できる！
T　いっしょに練習しましょう。まず、下の1文字を消します。

これならできる！

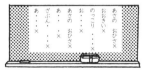

※各行の下から1文字（×印）を消す。

　黒板に写した詩を、「おひさま」の「ま」、「うみから」の「ら」のように、下から1文字ずつ消していき、暗唱を目指す。児童の実態を見ながら消すペースを調整し、進めていく。暗唱できる児童には、黒板に背を向けて音読することに挑戦させてもよい。

よく　きいて，はなそう

全授業時間 2 時間

◎ 指導目標 ◎

・話し手が知らせたいことや自分が聞きたいことを落とさないように集中して聞き，話の内容を捉えて感想をもつことができる。
・言葉には，事物の内容を表す働きや，経験したことを伝える働きがあることに気づくことができる。
・伝えたい事柄や相手に応じて，声の大きさや速さなどを工夫することができる。

◎ 指導にあたって ◎

① 教材について

　　聞くことは，授業を受ける上でもっとも基本的な技能の 1 つです。しかし，実際には，態度としての聞き方はもとより，実質的に話し手が伝えようとしていることを正しく聞き取ることが苦手な児童も少なくありません。しかし，「きちんと聞きなさい」といった態度面の注意だけでは聞く力はなかなか育たないでしょう。

　　この教材では，まず隣の児童と「すきなあそび」という話しやすく分かりやすいテーマで「話す・聞く」場を設定しています。こういった経験を数多く重ねることで，少しずつ「聞くこと・話すこと」の力も培われていくでしょう。

　　2 学期には，全体に向けて話し，質問をするといった教材もあります。あせらず，着実に指導を重ねていくとよいでしょう。

② 個別最適な学び・協働的な学びのために

　　児童の中には，「すきなあそび」がすぐに言えない児童もいるかもしれません。クラス全体に問いかけ，おにごっこ，鉄棒，ドッジボールなどの具体例をあげてもらい，それを参考にするという方法もあります。また，どうしても決まらない場合は，「昨日遊んだこと」「今日の休み時間にしたこと」などと，より限定することで考えやすくなるときもあります。この場合，クラスの友達がヒントを与えてくれる可能性も高いでしょう。本当に自分が好きなこと，実際にやっていたことを明確にすることで，苦手な児童も話しやすくなるのです。

知識 及び 技能	言葉には，事物の内容を表す働きや，経験したことを伝える働きがあることに気づいている。
思考力，判断力，表現力等	・「話すこと・聞くこと」において，伝えたい事柄や相手に応じて，声の大きさや速さなどを工夫している。 ・「話すこと・聞くこと」において，話し手が知らせたいことや自分が聞きたいことを落とさないように集中して聞き，話の内容を捉えて感想をもっている。
主体的に学習に取り組む態度	興味をもって進んで友達の話を聞き，より伝わる話し方を考えながら，みんなに知らせようとしている。

◎ 学習指導計画　　全2時間 ◎

次	時	学習活動	指導上の留意点
1	1	・教師の説明を聞き，活動内容を知る。 ・友達とペアになって好きな遊びを聞く。 ・教科書 P27 の挿絵を参考にして，話し手を見て話を聞くことを知る。 ・分かったことや感想を，声の大きさや速さに気をつけて全体に知らせる。	・話すことが決まらない児童がいる場合，昨日やった遊びや休み時間にしたことなどを聞き出してヒントを与える。
	2	・聞き手と話し手を交代して前時の活動をする。 ・振り返りをする。	・前の時間に上手だった児童の例をあげて，話し方，聞き方を思い出させる。

※短時間で取り組むことが可能な単元です。各配当時間を 15 分ずつなどに分割して扱ってもよいでしょう。

本時の目標　友達の好きな遊びを聞いて，分かったことや感想をクラスに伝えることができる。

板書例

。じぶんも　すき？

③へしらせる＞

※ QR コンテンツのイラストを掲示する。

「〇〇さんの　すきな　あそびは〜です。」
・きいた　こと
・おもった　こと
☆おおきな　こえ，ゆっくり
☆ていねいな　ことば

POINT 話し始めるまでに，本当に話したいことを具体的に明確にできているかを確認する。

1 学習課題を知り，自分が話すことを決めよう。

T　今日は，隣の友達に好きな遊びのことを聞きます。聞いた人は，後で，友達が話してくれた好きな遊びのことを，みんなの前で発表してもらいますね。

ぼくは，ゲームのこと！

わたしは，お絵かき。

T　まず，何を話すか決めましょう。今日聞くことは，学校での好きな遊びのことです。
C　ドッジボールに決めた！

　学校での遊びなのか，放課後の（家での）遊びなのかを決めて知らせるとよい。なかなか決められない児童には，昨日やったことや前の休み時間にやったことを尋ねる。隣の児童が知っていることがあれば，それも参考にする。

T　何を話すかが決まったら，隣の人と，どちらが先に話すか決めましょう。

2 隣の人に「好きな遊び」について聞こう。

T　「好きな遊び」の話を始める前に，どんなふうに話を聞くといいか確かめましょう。

　教科書 P26-27 を読み，話をよく聞いて言葉を返すこと，話し手を見て話を聞くことを確かめ合う。

T　始める前に，話す人も聞く人も，まず挨拶をしましょう。聞く人は，相手が話しやすいように一生懸命聞きます。自分も同じように「好き」だと思ったら，そう言いましょう。「いつ遊ぶの？」「どこで？」「だれと？」など，聞いてみたいことは質問できるといいですね。

T　終わったら，聞いた人に発表してもらいます。

すきな遊びを教えて。

わたしは，鉄棒が好きだよ。

ぼくもだよ。今度いっしょに遊ぼう！

よく きいて、はなそう

め すきな あそびを きいて
　しらせよう

② 〈 きく 〉

1、| あいさつ |

　ふたりで
　「よろしく おねがいします。」

※教科書P26の挿絵（または，
　QRコンテンツのイラスト）
を掲示する。

2、| きく |

　「すきな あそびを おしえて」

　○ よく きいて、しつもんする
　　・いつ？
　　・どこで？
　　・だれと？

3 隣の人から聞いたことを発表しよう。

T　みんな，話ができたかな。では，話を聞いた人に隣の人の「好きな遊び」を発表してもらいます。

T　まず，最初に，「○○さんの好きな遊びは～です」と言います。その後に，聞いたことや感想をつけられたら，もっと上手です。みんなに聞こえるように大きな声で，丁寧な言葉を使ってゆっくり話しましょう。

T　だれか，聞いたことを発表できる人いますか。

> はい！◇◇さんの好きな遊びは，ドッジボールです。わたしはうまくボールを投げられないので，今度，教えてもらいたいと思いました。

　ここで，何人かに見本として発表してもらうとよい。

T　上手でしたね。みんなも同じように言えるかな。心配な人は，もう一度，話してくれた人に確認しましょう。その後，全員に発表してもらいます。

T　では，順番に発表してもらいましょう。

4 学習したことを振り返ろう。

T　友達の「好きな遊び」について発表できましたね。

T　今日，隣の人と話をしてみて，難しかったことや楽しかったことを教えてください。

> 恥ずかしくて，うまく質問できませんでした。

> 友達の話を聞くと，知らなかったことが分かって楽しかったです。

T　そうですね。話をよく聞いて，「どこで？」「だれと？」「どんなところが好き？」と上手に聞けたら，友達のことをよく知ることができて楽しい時間になりましたね。次に発表が上手だと思った人はいたかな。

C　○○さんは声が大きくて聞きやすかったです。

T　次の時間は，話す人と聞く人を交代します。

　第2時では聞き手を交代し，同様に学習を進める。このとき，最初に，第1時で上手だった児童の例をあげて話し方や聞き方を思い出させる。最後に，全体を振り返り，次に友達に聞いてみたいことを出し合わせるなどして，朝の会などに同様の活動を継続させてもよい。

ことばを さがそう

◎ 指導目標 ◎

・音節と文字との関係に気づくことができる。
・身近なことを表す語句の量を増し，語彙を豊かにすることができる。

◎ 指導にあたって ◎

① 教材について

　既習の「うたにあわせてあいうえお」の終わりに学習した言葉集めからの発展的な内容です。最初のページは「あ」で始まる 2 文字から 4 文字の言葉を 1 音節 1 文字で読みます。次のページでは，「あ」で始まる言葉にあてはまるイラストを見つけるなど，さらに言葉集めをします。続けて，「い」「う」「え」「お」など，既習の平仮名で始まる言葉集めにも取り組みます。小さい頃から慣れ親しんだ「しりとり」遊びの要領で言葉を思い浮かべられることでしょう。

　また，巻末の 50 音表なども開きながら，ときどきゲーム感覚で取り組むことで，語彙力の少ない児童でも少しずつスムーズに言葉を見つけられるようになっていくでしょう。

　児童の実態によって，一度で理解し次々と応用ができる場合も，なかなか文字と音の理解ができない場合もあるでしょう。比較的シンプルな内容なので，頭で理解するというよりも，手を打ったり声に出したりしながら，体で覚えていくという意識で進めましょう。

② 個別最適な学び・協働的な学びのために

　手を打って声に出す学習は，楽しい活動です。それだけに，雰囲気に流されずに，きちんと文字と音を合わせることができているかを教師が確認しながら進めていくようにしましょう。全員で手拍子や声を揃えることができたら，グループや隣どうしでも活動するなど，自分たちで練習することも教えていくとよいでしょう。

　また，語彙の少なさからすぐに言葉が思いつかない児童もいるでしょう。教師の指示と違う言葉を発した児童の発言も完全に否定はせずに，部分的な正解があればそれを取り上げ，発言を認めるようにしましょう。ここでは，言葉遊びとしての楽しさを味わわせたいものです。

知識 及び 技能	・音節と文字との関係に気づいている。 ・身近なことを表す語句の量を増し，語彙を豊かにしている。
主体的に学習に 取り組む態度	語句の音節と文字との関係を積極的に理解し，これまでの学習をいかして言葉を集めようとしている。

◎ 学習指導計画 　全 2 時間 ◎

次	時	学習活動	指導上の留意点
1	1	・教科書 P28 を見て「あ」で始まる言葉は，いろいろあることを知る。 ・手を打ちながら，1 音節 1 文字であることに気づき，2 文字 3 文字 4 文字の言葉があることを知る。 ・「あ」で始まる，他の言葉集めをする。	・手を打ちながら読むときは，希望する児童に見本として実演してもらったり，クラスを半分に分けて残りは見る側になったり，などの変化をつけて繰り返す。
	2	・「い」「う」「え」「お」など，既習のひらがなで始まる言葉集めをする。 ・手を打ちながら，文字数を意識する。 ・これまでに習った文字を使って言葉を見つけてノートに書く。	・言葉を数多く見つけられた場合，ノートに書き残す言葉は各々で取捨選択させるとよい。

※短時間で取り組むことが可能な単元です。各配当時間を 15 分ずつなどに分割して扱ってもよいでしょう。

ことばを　さがそう

本時の目標 文字と音の数を意識しながら，言葉集めをすることができる。

板書例

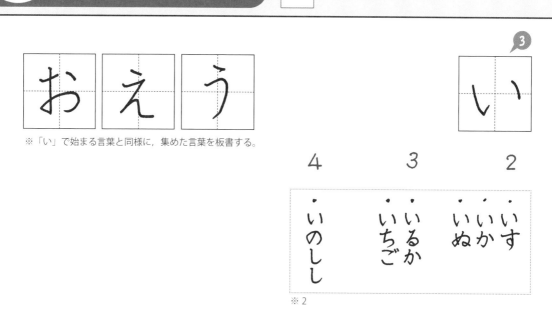

※「い」で始まる言葉と同様に，集めた言葉を板書する。

4	3	2
・いのしし	・いちご ・いるか	・いす ・いか ・いぬ ・い

※ 2

※ 1. 教科書 P28 の挿絵（または，QR コンテンツのイラスト）を掲示する。
※ 2. 児童の発表を板書する。

POINT 文字と音節の関係が感覚で理解できるように，様々な変化をつけながら，楽しみつつ繰り返し練習させる。

1 「あ」で始まる言葉を読んで，言葉の文字数を確かめよう。

T　今日は，言葉集めをします。
　　教科書 P28 を開かせる。
T　まず，教科書の 3 つの言葉を読んでみましょう。
C　「あり」「あしか」「あいさつ」
T　「あ」で始まる言葉が集められていますね。
C　これが言葉集めか！しりとりみたいだね。

T　3 つの言葉の文字の数はどうなっているかな。

「あり」が
2 文字です。

「あしか」は
3 文字。

「あいさつ」は
4 文字。

T　言葉によって文字の数がいろいろですね。

2 手拍子で 1 音節 1 文字を確かめ，「あ」で始まる言葉集めをしよう。

T　次は，手をたたきながら読みます。まずは，先生がやってみます。「あ・り」「あ・し・か」「あ・い・さ・つ」（1 文字 1 拍の手拍子をつけて読む）
T　今度は，一緒に手をたたきながら読んでみましょう。ゆっくりいきますよ。まず「あり」からです。何回手をたたいたかな。

あ・り。
2 回手をたた
きました。

文字の数と
手をたたい
た数は同じ
だね。

パンパン

　　同様に，他の 2 語でも手拍子の数を確かめ，原則として 1 音節 1 文字であることに気づかせる。

T　では，「あ」で始まる言葉を他にも集めましょう。教科書 29 ページの絵を見てみましょう。「あ」で始まる言葉はありますか。
C　「あみ」「あめ」「あさひ」「あひる」
　　見つけた言葉は文字数を確かめて板書していく。続けて，他にも「あ」で始める言葉を出し合わせる。

準備物
・教科書P28の挿絵，または黒板掲示用イラスト QR
・ワークシート QR

ICT
児童から出してほしい言葉のイラストを「あ」から「お」までのイラストを数点ずつ用意しておき，状況に応じて提示するとよい。

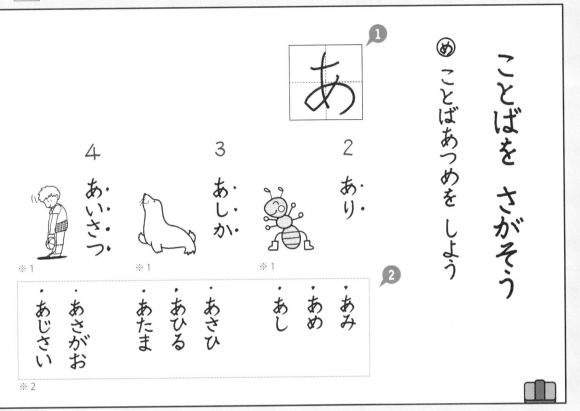

---

3 「い」や他の文字で始まる言葉をどんどん見つけて集めよう。

T 次は「い」で始まる言葉も見つけて，一緒に手をたたきながら読んでみましょう。

教科書 P29 のイラストから，4 つの言葉「いす」「いか」「いぬ」「いるか」を見つける。手をたたきながら全員で読み，それぞれの文字の数と手拍子の数を確かめる。

T 「い」で始まる言葉は他にありませんか。まず，2 文字の言葉で見つけられるかな。

C 「いし」！（手拍子でも確かめる）

T 他にもあるかな？3 文字や 4 文字の言葉でも探してみましょう。隣の人と考えてもいいですよ。

「いえ」が 2 文字だよ。「いちご」は 3 文字。

「いちばん」でもいいかな。4 文字だけど。

同様に「う」「え」「お」でも言葉集めをする。

4 見つけた言葉をノートに書こう。

T 集めた言葉をノートに書きます。1 つ目は一緒に書いていきましょう。まず，先生とノートの同じところをおさえてください。

ノートの実物を見せながら最初のマスを指し示す。

T 「あ」で始まる 3 つの言葉「あり」「あしか」「あいさつ」と書きましょう。

T では，みんなで見つけた言葉の中から，自分が好きな言葉 3 つを選んで書きましょう。

ぼくは，「いす」と「いちご」と「いちばん」

わたしは，「いぬ」と…何を書こうかな。

集めた言葉が多いときは，書き残す言葉を各々で取捨選択させる。表記が分からない未習の文字の場合は，マス目の小黒板などで示した手本を参考にさせるか，その部分は文字の代わりに「○」と書いてよいと伝えておく。

ワークシート QR に取り組ませてもよい。

はなの　みち

◎ 指導目標 ◎

・語のまとまりや言葉の響きなどに気をつけて音読することができる。

・場面の様子や登場人物の行動など，内容の大体を捉えることができる。

・敬体で書かれた文章に慣れることができる。

◎ 指導にあたって ◎

① 教材について

　動物が主人公の，1年生にとって親しみやすい文章です。挿絵も様々な要素があり，じっくり見て楽しめるものが使われています。この挿絵を有効に活用したいところです。児童の中には，言葉から読み取ったこと，挿絵から読み取ったこと，自分の想像の区別がついていない子も少なくありません。それらを否定せず，「どこの言葉で分かったかな。」「なるほど，絵から分かるんだね」「○○さんが考えたんだね。」などとフォローすることで，意欲が高まることが期待できます。

　まだ1年生の1学期なので，苦手な児童は，1文字ずつ追いながら音読しているはずです。それも音読練習を繰り返していくことで，徐々に言葉の固まりとして敬体で書かれた文章を読むことができるようになっていきます。音読も視写も短時間であっても，できるだけ毎時間練習時間を確保します。それによって，宿題での音読がより効果的になったり，文字を書く位置や句読点なども正確に書くことができたり，といったことが期待できるでしょう。

② 個別最適な学び・協働的な学びのために

　この教材は，挿絵が重要な働きをしています。そのため，文章をしっかり読むだけでなく，絵を細かく見て何かを発見することができると楽しい学習になるでしょう。

　児童によっては，大人が考えつかないような部分を見つけたり，話の筋とは関係のないような意見を発表したりする場合もあります。できるだけ広く意見を受け止め，教師が驚いたり，感心したりする姿を見せましょう。それによって，いっそう絵を詳しく見たり，比べたりすることに積極的に取り組む児童が出てくるでしょう。

　ペアで同じ挿絵について読み取るという活動もよいでしょう。その際，意見が同じであっても，違っていてもどちらも学習になっていることを確認しておきます。対話の楽しさと意義を感じる児童が出てくることでしょう。

知識 及び 技能	・敬体で書かれた文章に慣れている。 ・語のまとまりや言葉の響きなどに気をつけて音読している。
思考力，判断力，表現力等	「読むこと」において，場面の様子や登場人物の行動など，内容の大体を捉えている。
主体的に学習に取り組む態度	興味をもって進んでお話の内容を捉え，学習課題に沿って友達と協力して音読しようとしている。

◎ 学習指導計画　　全 6 時間 ◎

次	時	学習活動	指導上の留意点
1	1	・動物が主人公のお話を読んだ経験を出し合う。 ・挿絵から登場人物や場所・季節についてイメージをもつ。 ・範読を聞き，あらすじを理解する。	・お話を読む楽しさをあじわわせたい。そのために挿絵にも触れてイメージを広げやすくする。
2	2	・教科書 P30-31 の第 1 場面を読み，くまさんの様子を想像する。 ・「　」の意味，書き方を知る。 ・第 1 場面を視写する。	・挿絵から，くまさんの部屋の様子やくまさんのかっこうを読み取らせる。
	3	・教科書 P32–35 の第 2，3 場面を読み，りすさんとの会話や，くまさんの驚いている様子を想像する。 ・第 3 場面を視写する。	・くまさんがりすさんの家に行った様子や理由，ふくろをあけたときのくまさんの様子を，挿絵から読み取らせる。
	4	・教科書 P36–37 の第 4 場面を読み，はなのみちや動物たちの様子を想像する。 ・第 4 場面を視写する。	・挿絵の細かい部分にも着目して読み取らせる。
	5	・春になる前（教科書 P32-33）と後（教科書 P36-37）の挿絵を見比べて，イメージを広げる。 ・第 4 場面を音読する。	・話し合いを通して，できるだけたくさんの意見が出るようにする。 ・挿絵の比較から，春の喜びを想像させ，音読の工夫につなげる。
3	6	・好きな場面を選んで音読発表する。 ・2 人組で音読を聞き合い感想を伝え合う。 ・学習を振り返る。	・音読練習をして発表させる。発表のときの聞く側の注意点も示す。

※第 6 時は，2 時間扱いでもよいでしょう。

はなの　みち

第 ① 時（1/6）

板書例

※教科書 P36-37 の挿絵

※教科書 P32-33 の挿絵

```
ちょうちょ
かたつむり
おたまじゃくし
かえる
```

※文章に出ている動物と絵にある動物を分けて板書する。
　児童が想像して発表した場合も今回はできるだけ取り上げたい。あれば，さらに間を

POINT　お話をみんなで読むことが楽しいと感じさせたい。そのために，細かいことは指摘せず，どんどん発表させていく。

1　教科書の4枚の挿絵を見て，登場人物を確かめよう。

T　（教科書 P31 を開かせて）最初のページにだれが出てきましたか。

くまさん。

すずめもいる。

T　みんなも分かった？　すずめを指でおさえてみましょう。（全員がおさえるのを確認して）他のページはどうかな。

C　たぬき，きつね。うさぎやりすもいる。

C　かえる，かたつむり，ちょうちょもいるね。

　登場人物の確認があらすじの基本である。ページをめくりながら，順に確かめていく。児童が発表したものを黒板に書き出していく。

T　いろいろな動物が出てくるお話ですね。みんなは，動物が出てくるお話を読んだことはあるかな。

C　『ぐりとぐら』，『ともだちや』も！

2　全文の範読を聞こう。

T　さあ，先生が読みますよ。ちゃんと『はなのみち』のページが開いてあるかな。

はなのみち。
くまさんが，ふくろを…

　読み聞かせは，かなりゆったりと間をとってちょうどよいぐらいで，1年生相手の場合は，特にゆったりと読むのがよい。

T　（鉛筆など）何も持たないのが上手な聞き方です。

T　○○さん，よく見てくれているね。嬉しいです。

　聞くときの態度も指導していく。ずっと姿勢よく聞くことは難しくても，教師が適宜声をかけ続けることで，徐々にできる児童が増えていく。

準備物	・教科書の挿絵（黒板掲示用）

ICT	実物投影機を使って，ノートの書き方を提示することで，児童がノートのどこに何を書くのかが分かりやすくなる。

はなの みち

① おはなしを おんどくしよう

め でて くる どうぶつを たしかめて

※教科書 P32-33 の挿絵

りすさん
うさぎ
きつね
たぬき

※教科書 P30-31 の挿絵

くまさん
すずめ

あけて書くとよい。

---

3 先生が読んだあとに続けて音読しよう。

T 先生のとおりに繰り返しましょう。

はなのみち。

はなのみち。

T くまさんが，
C くまさんが，
T ふくろをみつけました。
C ふくろをみつけました。（最後まで音読）

　もっとも基本的な音読練習が「つれよみ」と言われる指導方法である。教師が先に読んだ部分を児童に繰り返し読ませる。ある程度のまとまりや1文ごとに読む方法があるが，全ての読点（、）句点（。）ごとに切る方法が児童には分かりやすい。

4 黒板の文字をノートに写そう。

T 「はなのみち」と書きます。2行目の一番上のマスに「は」と書きましょう。

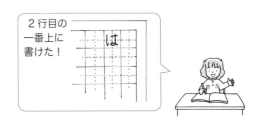

2行目の一番上に書けた！

は

　黒板の文字が多いようであれば，クラスの実態に応じて，写す文字を指定するなど調整する。

　ノートの書き方を決めておくと，児童は見やすいノートを書くことができる。1年生には，「2行目」「一番上のマス」も難しい。黒板で説明するなどした上で，繰り返し指導していく必要がある。時間はかかっても，これが定着すると後々はかなり効率的な学習が期待できる。

はなの みち
第 2 時 （2/6）

板書例

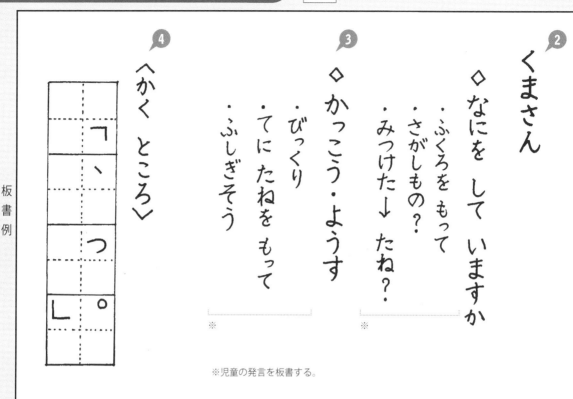

④

〈かく ところ〉

| 「 | つ | 」。 |
| | 、 | |

③

◇かっこう・ようす

・びっくり
・てに たねを もって
・ふしぎそう

※

②

くまさん

◇なにを して いますか

・ふくろを もって
・さがしもの？
・みつけた↓ たね？
・みつけた↓ たね

※

※児童の発言を板書する。

POINT 挿絵を有効に使いたい。そのため，黒板にも貼り，児童の意見が出る度に挿絵の中で確認していく。

---

1 第1場面を音読しよう。「 」の意味を知ろう。

T　教科書 30 ページを読みましょう。さん，はい。
C　くまさんが，ふくろを… （P30を全文音読）
T　「おや」の前と「いる。」のあとに「 」がありますね。これは，くまさんがしゃべっているということです。

「おや，なにかな。いっぱいはいっている。」ってくまさんが言ったんだね。

　たかが「 」だが，それがとっさに理解できない児童もいるかもしれない。1つずつ丁寧におさえていくことで，ついていけなくなるきっかけを少しでもなくしていく。
　「かぎかっこ（「 」）をおさえてみて。」とおさえさせて，それをさっと確認することで，授業に集中することもでき，次の展開にも入りやすくなる。

2 くまさんは何をしているのか，挿絵を見て考えよう。

　教科書 P30-31 の挿絵全体を見て想像させる。
T　絵を見てみましょう。くまさんは何をしているのかな。

ふくろを持っている。

たなを開けて何かを探していた。

見つけたものは何かなって考えている。

　挿絵を見ると，棚を開けて何かを探している様子が分かる。そこから想像をふくらませる児童もいる。そのような意見も取り上げて発想を広げさせたい。

T　何を探していたのでしょうね。
C　おなかがすいておやつを探していた。
C　食べものがあまりないみたいだから，どれくらい残っているのか調べていた。

はなの みち

❶

め くまさんの ようすを
おもいうかべて おんどくしよう

※教科書 P30-31 の挿絵

---

3 くまさんがどう言ったのか，仕草をイメージして読もう。

T 「おや，なにかな。」と言ったときのくまさんは，どんなかっこうをしているでしょう。

C びっくりして見ている。

C 手に種のようなものを持っている。

T 想像したかっこうで，くまさんの言葉を読みましょう。

「おや，なにかな。いっぱい
はいっている。」

　びっくりしたような表情で手の中のたねを見ている仕草をしながら読む児童，首をひねりながら読む児童がいるだろう。その一方，期待したほど読みに変化が出せない児童もいるかもしれない。無理に変化を強制せず，何人かに発表させたりして，友達の読みを聞かせて徐々に変わっていくことを目指す。

4 第1場面のくまさんの言葉をノートに書き写そう。

T くまさんの言葉をノートに書きましょう。くまさんの言葉にはかぎかっこがありますね。それも書きます。

C ノートのマスのどこに書けばいいのかな。

T かぎ（「 」）を書く場所，点（、）や丸（。）を書く場所に気をつけましょう。

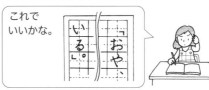
これで
いいかな。

　かぎ（「 」）を，4分割したマスのどこに書くか指導する。かぎの位置は，高学年になっても不明確なままの児童が少なくない。書く場所を意識させ注意力や丁寧さも養わせる。
　クラスの実態に応じて，視写用ワークシート <img QR> を使ってもよい。

　促音「っ」は，後の教材「ねことねっこ」で学習する。ここでは簡単に教えるにとどめる。

本時の目標　第2, 3場面を読み，くまさんとりすさんの会話の様子を想像することができる。

板書例

（くまさんの　ことば）
・あれ？
・からっぽだ。
・なにが　はいって　いたのかな。
・もう　わからない。
※1

※教科書P34-35の挿絵

（りすさんの　ことば）
・なにも　はいって　いないよ。
・あわてんぼうだなあ。
※1

※1.児童の発言を板書する。

POINT　そろそろこの勉強にも慣れ，意見を安心して出せるようになった児童もいるはずである。できるだけたくさん発表する

1　第2, 3場面を音読しよう。

教科書 P32-35 を全員で音読する。

T　今日は，32 ページから読みます。大きな声で，さん，はい。

くまさんが，ともだちの　りすさんに，ききに　いきました。～

T　点（，）や丸（。）にも気をつけて，もう一度読みましょう。

短い文章なので，時間があれば繰り返し全文を読ませたい。どこの学習をするのかを明確にするために，読解に入る直前はその部分の音読をする。

児童の音読力を高めるためにも，宿題の音読を励ますためにも，児童にできるだけたくさん読む機会をつくる。

2　第2場面で，くまさんはどこに行ったのか考えよう。

T　（P32-33 で）くまさんはどこにいったのかな。
C　りすさんのおうち。
T　どうしてりすさんのところに行ったのでしょう。

ふくろに入っているものが何か聞きに行った。

りすさんが物知りだからかな。

話が広がれば，他の動物にもぜひ触れたい。例えば，次のような展開も考えられる。（但し，くまさんがりすさんのところに行ったことは確実におさえる）

T　くまさんはどこにいったのかな。
C　だれかに聞きに行ったんだよ。
T　だれに？
C　外にいたたぬきやきつねに聞いても分からなかったから，りすさんのところまで行ったのかもしれないね。

準備物	・教科書の挿絵（黒板掲示用） ・視写用ワークシート QR	ICT	かぎや点，丸をノートに書くときに分からなくなる児童もいるため，実物投影機でノートを大きく映し出しながら指導するとよい。	

はなの みち

め ① くまさんと りすさんの おはなしを かんがえよう

◇ ② くまさんは どこへ いきましたか

りすさんの おうち

※教科書 P32-33 の挿絵

◇ ③ くまさんと りすさんの おはなし

機会をつくりたい。

3 くまさんとりすさんはどんなお話をしたのか考えてみよう。

T　次の場面で，くまさんは何と言っていますか。

C　「しまった。あなが　あいて　いた。」

T　このあと，りすさんは何と言っているでしょう。

どうしたの？ふくろの中に何も入っていないよ。

くまさん，あわてんぼうだなあ。

T　くまさんは，どうかな。

C　あれ？　中に何が入っているか聞きに来たのに…。

C　からっぽだ。何だったのか，もう分からないよ。

　手を挙げた児童の中から順に当てたり，机の並び順に当てたりする。りすさんに袋を見せてから中身がないことに気づいたのか，りすさんに見せる前に気づいたのかで会話も変わってくる。

T　みんなで勉強すると，違う考え方もあると分かるね。

4 第3場面の視写をしよう。

T　34ページをノートに写しましょう。

T　かぎ（「　」），小さい「っ」，点（、）や丸（。）を書く場所に気をつけましょう。

「　」は、マスのどこに書けばいいんだったっけ？

小さい「っ」は、「、」「。」と同じところに書けばいいね。

　1年生の視写のコツは，短時間でも回数を重ねること，少しずつ書く量を増やしていくことである。「　」や促音についても，一度教えて，全員が次回もできるということはまずない。机間巡視で確認する。

T　教科書の通りに，ノートに書きましたか。

　改行の仕方については，当分の間，教科書と同じようにすることに決めるとよい。その方が，児童にとって分かりやすい書き方になる。実態に応じて，視写用ワークシート QR を使ってもよい。

はなの　みち
第 4 時（4/6）

板書例

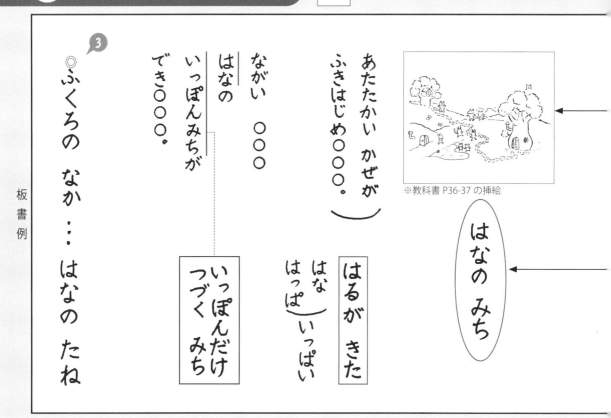

❸
◎ふくろの　なか　…　はなの　たね

ながい　〇〇〇

はなの
いっぽんみちが
でき〇〇〇。

いっぽんだけ
つづく
みち

あたたかい　かぜが
ふきはじめ〇〇〇。

はな
はっぱ）いっぱい

はるが　きた

※教科書 P36-37 の挿絵

はなの　みち

POINT 花の一本道は、偶然が重なってできた楽しい出来事であることだと感じさせたい。そのためには、児童の発言が出ない

1 第4場面を音読しよう。

T　音読のときは、どんなことに気をつけるんだったかな。
C　てん（、）や、まる（。）をあける。
C　会話のところは、読み方を変える。
T　では、教科書36ページを読みましょう。

あたたかい　かぜが　ふきはじめました。〜

T　はっきり読めました。
T　声が大きくなったね。
T　「ながいながい」、のところが長い感じが出ていてよかったよ。

　音読の注意は、繰り返し行う。それも全体にするだけではなく、個々の読みに対しても、短くコメントをして指導したり、励ましたりする。

2 季節の変化について考え、「いっぽんみち」の様子を想像しよう。

T　1ページ前までのお話から、ずいぶん時間がたったようです。どの文から分かりますか。
C　「あたたかいかぜがふきはじめました」のところ。
C　春がきた、ってことだよね。
T　絵はどうなっているか、見てみましょう。

葉っぱも
花もいっぱい
あるよ。

みんな嬉し
そう。

T　では、「いっぽんみち」とは、どんな道でしょう。
C　いっぽんだけの道。
C　分かれないで、ずっとすすむ道。
T　途中で分かれずに一本だけで続く道のことです。

　「一本道」という言葉が分からない児童もいる。児童から発言がなくても、さっと教師が説明すればよい。

※教科書 P32-33 の挿絵

おとした
たねから

はなの みち

め はなの みちの ようすと，
① はなの みちが できた わけを
かんがえよう

ことは教師が説明する必要もある。

3 袋の中身と，花の一本道ができたわけを考えよう。

T くまさんの袋には，何が入っていたのでしょう。
C はなのたねです。
T どうして分かったのかな。

くまさんが歩いてきた道にだけ花が咲いていたから。

P36-37 の挿絵だけ見て，「花」という児童がいるかもしれない。P32 - 33 の挿絵で種が落ちていることを確認すれば，この間違いは修正できる。また，次時の挿絵の比較につなげることもできる。

T くまさんが，りすさんの家に向かったときに落とした種が 1 本の道になったわけです。その種がさくと，『はなのみち』です。

袋を見つけ，何か分からずにりすさんの家に行ったが，袋に穴が空いていたという偶然が重なって一本道ができたということをおさえる。

4 第 4 場面の視写をしよう。

T 36 ページをノートに書き写しましょう。
T 「ふきはじめました」と「ながいながい」の間は 1 行あけて書きましょう。何も書かないところも入れて全部で 7 行です。

教科書も間があいているから，同じようにあけて書くんだね。

たくさん書くの，たいへんだなぁ。

この時期の 1 年生にとっては，この字数の視写は決して簡単ではない。まだ習っていない文字があるかもしれない。その場合は簡単に教え，別の機会にワークなどを使って丁寧に指導する。

ノートに黒板の文字を写す，教科書の文を写す，という作業自体がとても意義のある学習と位置づけて，無理なく，しかし着実に取り組ませたい。

実態に応じて，視写用ワークシート QR を使ってもよい。

本時の目標　春になる前と後の挿絵を比べて，イメージを広げることができる。

板書例

※教科書 P36-37 の挿絵

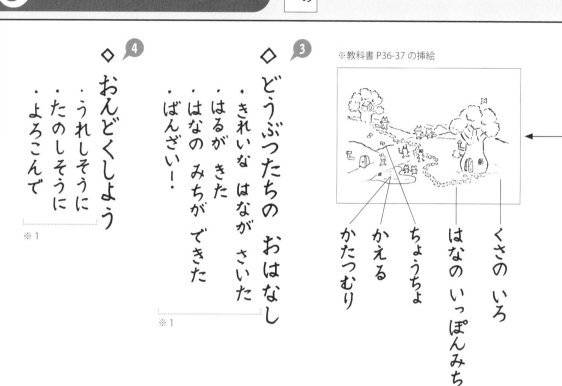

・くさの　いろ
・はなの　いっぽんみち
・ちょうちょ
・かえる
・かたつむり

◇ 3
どうぶつたちの　おはなし
・きれいな　はなが　さいた
・はるが　きた
・はなの　みちが　できた
・ばんざい！

※1

◇ 4
おんどくしよう
・うれしそうに
・たのしそうに
・よろこんで

※1

※1．児童の発言を板書する。

POINT　うまくいけば，とてもたくさん発表できる場面である。発表ごとに絵を確認し「本当だ！」「すごい！」と大いに認めて，

1　会話部分の工夫を考えて，全文を音読しよう。

T　今日は最初から読みます。くまさんの言葉をどんなふうに読むといいかな。

C　「おや，なにかな。」という言葉は，不思議そうに読むといいと思います。

T　「しまった。…」というところは？

C　がっかりした，残念そうな感じで読むといい。

T　では，くまさんの言葉に気をつけながら，最初から読んでみましょう。

　1年生でも，気持ちをこめてとても上手に会話部分を読む児童もいる。一方，いくら指導しても変化が出ない児童もいるかもしれない。
　この時期は，あまり無理をせず，「○○さん，くまさんが言っているみたいで上手だね。」とほめることを中心に指導する。

2　教科書 P32-33 と P36-37 の 2 つの挿絵の違いを見つけよう。

　第2場面と第4場面の挿絵を見比べる。

T　同じところを描いた絵でしたね。

C　全然，違って見える。春が来たから変わったんだ。

T　2枚の絵の違うところはどこでしょう。

花のいっぽんみち。

草の色。

動物の数も全然違う。春の方は，チョウもカエルもいる。

　意見が出なくなってきたら，「木はどうですか。」「池の様子は？」などと，発言を促す。
　児童は大人も気づかない箇所に目がいく，見ようとする場合がある。発表ごとに絵を確認し，児童の視点をみんなで確かめ，認めていく。

T　いっぱい変わったところがありましたね。

準備物 ・教科書の挿絵（黒板掲示用）

ICT 音読の工夫を録画撮影すると、自分を客観的にとらえることができる。どこがよいか、どこを改善したらよいかを考えやすくなる。

はなの みち

め ① ふたつの えを くらべてみよう

② ◇ ちがう ところ

はる

※教科書 P32-33 の挿絵

意欲を引き出す。

3 動物たちは何と言っているのか想像しよう。

T　春の絵では、動物たちはどんなことを言っているのでしょう。

きれいな花が咲いたね。

春が来た！やったー！

T　くまさんは何と言っているでしょう。
C　ぼくが見つけたのは、花の種だったんだね。
C　きれいな花の道ができた。バンザーイ！
　　絵の比較からつなげて、春の喜びをたくさんイメージさせる。全体の色調や仕草などから、動物たちが花の一本道を喜んでいることは分かる。

　　花の一本道は、春がきたことの象徴でもある。「なぜそう思う？」と理由を求めるのはやや高度だが、発表の中に自然に理由が含まれている児童がいれば、それを取り上げ大いにほめ、広げる。

4 第4場面を、音読の工夫を考えてもう一度読もう。

T　春の場面のページをもう一度読んでみましょう。どんなふうに読んだら上手かな。隣の人と相談してみましょう。

一本道ができて、うれしそうな感じ。

楽しそうに。あたたかい春が来て喜んでいるから。

　　話し合った工夫を発表させ、みんなでどう読むとよいか確かめ合う。
T　では、あたたかい春を喜んでいるように、大きな声でゆったりと読みましょう。
T　『あたたかいかぜがふきはじめました。』の後、1行あいています。うんと間をあけて読んでみましょう。
　　大げさに間をあけたり、「ながいながい」の2回目の「ながい」を声を大きく高くして読むなど、音読の工夫の見本を分かりやすく示す。

本時の目標　好きな場面を選んで音読することができる。

板書例

◇ ふりかえろう ④

◇ おんどく はっぴょう ③
・よい しせい
・おおきな こえ
・すらすら

※教科書の4つの場面の挿絵

POINT　短い話なので，音読はできるだけ全員に前で発表させたい。聞く側の指導も，先を見据えて，ていねいにポイントなどを

1　好きな場面を選ぼう。

T　今日は自分の好きなところを選んで音読しましょう。

　1ページ（1場面）を原則として4つの場面から選ばせる。

T　どのページの音読がしたいですか。

最後の一本道ができたところがいいな。

「おや，なにかな。」を読みたいから，最初のページがいい。

T　では，手を挙げてもらうことにします。最初のページの人？

　順に聞いていく。手を挙げることで意志がはっきりとし，いつまでも迷うということにならない。

2　選んだ場面の音読練習をして，2人組で聞き合おう。

T　どこを選んだかで読む場面が違うので，みんなばらばらで読む練習をしましょう。

　そろって読むことに慣れていると，ばらばらに声を出すことに抵抗がある児童もいる。そのときは，「○○さん，読んでみて。」「△△さんも始めようか。みんなもどうぞ。」と数人に読み始めるように促すとスムーズに始まる。

T　次は，隣の人に聞いてもらいましょう。聞いた人は，「よかった」と思ったところを読んだ人に言いましょう。

くまさんが，ふくろをみつけました。〜

間違えずに，うまく読めたね。

　机間巡視で，うまくできている2人組をとらえて全体の見本とさせる。

めあて　すきな ばめんを おんどくしよう

はなの みち

◇①
すきな ばめんを
えらぼう
・iっ えらぶ

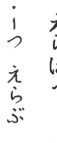

◇②
おんどく
れんしゅう
・ひとりで
・となりの ひとに
　きいてもらう

※　　　　　　　　　　※

伝えていく。

3 みんなの前で音読の発表をしよう。

T　練習したところの音読発表を1人ずつしてもらいます。一生懸命に読んでもらいますから，聞く人もしっかり聞きましょう。

　発表前に，音読発表を聞くときの具体的な注意点を示す。
　〇すらすら
　〇大きな声
　〇よい姿勢

あたたかい　かぜが
ふきはじめました。〜

T　大きな声ですらすら読めていましたね。姿勢もよかったです。

　工夫をいかした音読をしている児童は，些細なところも取り上げて大いにほめる。聞いている児童にも感想を発言させるとよい。

4 音読発表と，『はなのみち』全体の学習を振り返ろう。

T　みんながんばって音読できましたね。全員の音読を聞いて，思ったことを発表してください。

〇〇さんが
大きな声で姿
勢よく読んで
いました。

△△さんは，
くまさんの言
葉を不思議そ
うに読んでい
て上手いなあ
と思いました。

T　勉強したことをもう一度思い出すことを「ふりかえり」と言います。「ふりかえり」をすると，勉強したことがよく覚えられるようになります。『はなのみち』では，どんな勉強をしたのか振り返ってみましょう。

C　音読の練習をしました。

C　発表もして，緊張しました。

C　聞き方も教えてもらいました。

C　絵を比べて，よく見るのもやりました。「間違い探し」みたいで面白かったです。

としょかんへ　いこう

◎　指導目標　◎

・読書に親しみ，いろいろな本があることを知ることができる。

◎　指導にあたって　◎

①　教材について

　　ここでは，学校図書館が取り上げられています。読書への誘いとともに，学校図書館の活用につながるような授業にしたいところです。

　　読書があまり好きではない児童であっても，図書館での活動は楽しみにしている場合が少なくありません。ただ，教室とは違う空間だけに，はじめのうちに決まりをきちんと定着させておく必要があります。「楽しい」と「ふざける」の区別がつかないままになりかねないからです。

　　落ち着いた雰囲気で静かに読書することの心地よさを体感させ，それが普通の状態になるように習慣づけたいところです。

②　個別最適な学び・協働的な学びのために

　　前述の決まりの定着とは矛盾するようですが，児童が自由に好きな本を選ぶということも主体的に読書に取り組むようになるには大切なことです。なんとなく，ぶらぶらと立ち歩くことと，自由に本を探すことの区別は難しいところがあります。

　　教師の判断で，本探しにかける時間を決めておいたり，移動中に話をしないというルールを作ったりするなど，クラスの実態を見ながら，有意義な時間になるための指導をしていきます。

　　また，読書習慣は，国語の時間だけで育てられるものではありません。学級文庫などの読書環境，日々に読書の話題を出すなどの継続性，家庭との連携など様々な角度から指導を続けることが大切です。

知識 及び 技能	読書に親しみ，いろいろな本があることを知っている。
主体的に学習に取り組む態度	積極的に図書館について知ろうとし，学習課題に沿って読みたい本を見つけようとしている。

◎ 学習指導計画 　全 2 時間 ◎

次	時	学習活動	指導上の留意点
1	1	・学校図書館へ行き，たくさんの本があることや図書館の様子を知る。 ・学校図書館での決まりについて考える。	・学校ごとの図書館の決まりについて確認しておく。 ・みんなの本であることに気づかせ，大切に扱うことや静かに読むことなどの約束を確認する。
	2	・読みたい本を選んで，読書に親しむ。 ・学習した決まりを確かめながら読む。	・なかなか決められない児童には，教師がおすすめの本を示す。

としょかんへ　いこう

第❶時（1/2）

本時の目標　図書館の様子を知り，その決まりを理解することができる。

板書例

❷ ほんを よむ ところ

❸ 〈としょかんの きまり〉

① ほんを たいせつに する
・やぶらない
・よごさない

② めいわくを かけない
・しずかに する
・おとを たてない
・ほんを もとの ところへ もどす

❹ ◇ーさつ かりて よもう

※図書館のホワイトボードなどに書く。

POINT たくさんの本があることや，ゆっくりと読書ができることなどの図書館の魅力を味わわせる。座席は，少なくとも最初は

1 【教室で】図書館に行く前に聞いておこう。

T　今日は，学校の図書館に行きます。
C　わあ，楽しみ！　ぼく，中を見たことをあるよ。
C　本がいっぱいあるんだよね。
　　学校図書館の画像を見せる。
T　図書館には，本がたくさんあって，その本を借りることもできます。
C　早く借りたい！

T　図書館は，みんなが使う場所です。図書館の本もみんなが借りることができる本です。みんなが気持ちよく使うために，気をつけることや決まりがあります。
T　今日は，図書館の使い方と図書館の決まりについて勉強します。

　　全員で静かに学校図書館に移動する。

2 【図書館で】図書館に入ってみよう。

T　では，まず，図書館に入ってみましょう。
C　うわあ，本当に本がたくさんある。
C　ぼくの好きな本もある。
C　わたしの持っている本もある。

T　図書館に入ってみて，気がつくことはありますか。

本棚がいっぱいある。

本に番号がついている。

いすもたくさんあるよ。

T　そうですね。ふつうの教室と違うところがたくさんあります。学校のみんなが来るところです。だから決まりも知っておかないと上手に使えません。

| 準備物 | ・学校図書館の画像（事前に撮っておく） | ICT | 図書館の使い方を画像や動画でまとめておくと，児童も説明の内容がイメージしやすくなり，伝わりやすくなる。 |

※学校図書館の画像

①

め としょかんの きまりを しろう

としょかんへ いこう

出席番号順などで教師が指示するとよい。

3 図書館の決まりを知ろう。

T　まず，図書館は何をするところでしょう。

C　本を読むところです。

T　そうですね。もっと学年が大きくなったら，いろいろなことを調べるときにも使います。ここで本を読むだけでなく，借りることもできます。

T　まず，ここで本を読むときに気をつけることは，どんなことでしょう。

本を破らない。　本を汚さない。　静かにする。

T　そうですね。「本を大切にする」ことと，「本を読んでいる人に迷惑をかけない」ということの2つがありますね。

　他に，学校独自の決まり，担任の方針やクラスの実態に応じた決まりがあれば伝えておく。

4 決まりを守って 図書館で本を読んでみよう。

T　他にも，図書館では，探したい本を見つけやすいように，本を置く場所も決まっています。

C　だから，番号が貼ってあるのか。

C　棚にも，貼ってあるね。

C　あったところに返さないとね。

T　では，一度，図書館で本を読んでみましょう。1冊，本を選んで自分の席で読みましょう。決まりは覚えているかな。

いろいろな本がある…。どれにしようかな。

本は1冊だけ選んでくるんだよ。

T　今日は，図書館で読む練習でもあります。決められない人は，先生がおすすめの本を教えます。

　本探しに慣れていないような児童に合わせて，おすすめの本を何冊か準備しておくとよい。

板書例

◇ **ほんを　よもう** ③
・10ぷんまえまで

◇ **よんだ　ほんの　ことを
はなそう** ④
・だいめい
・さくしゃ
・かんそう、おもしろかった　ところ

POINT　この時間は、好きな本を読むことの楽しさを味わわせたい。ある程度、本をゆっくり探す時間を確保する。

1 【図書館で】好きな本を探して読もう。

T　今日は、自分が好きな本を探して読む時間をたくさんとります。

C　やったー。この前は、最後まで読めなかったから、今日は、全部読みたい。

C　他の本も見てみたいな。

T　自分が好きな本を見つけて、どんどん読みましょう。読み終わったり、思ったのと違ったりしたときは、本を戻してもいいですよ。

C　何冊読んでもいいのかな。

C　友達と交換してもいいのかな。

T　何冊読んでもいいんですよ。でも、友達と交換すると、本の場所が分からなくなるといけないから、必ず本があった場所を一緒に確かめてから、その本を借りましょう。

　いかに楽しい読書の時間を過ごさせることができるかがポイントである。本を読むだけでなく、図書館では本を探す楽しさ、自由に本を交換できる楽しさも味わわせたい。

2 図書館の決まりを再確認しよう。

T　では、探し始める前に、図書館の決まりを確認しておきましょう。

本を大切にする。

本を破ったり、汚したりしないようにする。

うるさくしたり、大きな音をたてたりしない。

T　本を返す場所も、きちんと元の場所に戻しましょう。分からなくなったら、シールの番号や棚の目印を見ましょう。それでも分からないときは、先生に聞いてください。

C　本当だ、本棚にも番号がついているね。

C　本の置き場所を忘れても、これを見て思い出せる。

T　本棚を全部見ていかなくても、作者や内容で分けて置いてあるので、それで本を探すこともできます。

としょかんへ いこう

め ❶ すきな ほんを さがして
よもう

❷ 〈としょかんの きまり〉

① ほんを たいせつに する
・やぶらない
・よごさない

② めいわくを かけない
・しずかに する
・おとを たてない
・ほんを もとの ところへ もどす

---

3 本棚から読みたい本を選んで読もう。

T それでは，読みたい本を探して，決まった人から
読み始めましょう。

C わたしは，決めてあるんだ！ いっぱい読もう。

C どれにしようかな。

T 読み始めている人がいるので，探している人も，
声や足音に気をつけましょう。授業が終わる 10 分
前に読む時間は終わりにします。

> 楽しい読書の時間を過ごすためにも，
> うるさくしないという原則を守る大切
> さも繰り返し確かめておく。

T 読む本を決められない人が
いたら，先生に相談してください。

T （相談に来た児童に）絵本は，どうかな。

C あっ，ここにいっぱいある。これにしよう。

---

4 本を読んだ感想を交流しよう。

T あと，3 分で読む時間は終わりです。

C あと少しで，全部読める！

C 次の本，ちょっとだけ読んでおこう。

C 他に，どんな本があるかな。

> 事前に決めた時間が来たら，読むのをやめさせる。

T 同じテーブルの人と，今日，読んだ本について話
をしましょう。（作者と）題名だけでもいいですよ。
おもしろかったところや感想が言えるともっといい
ですね。

> ぼくが読んだ本は『かいじゅうたち
> のいるところ』です。かいじゅうの
> 国が出てきました。ぼくも行ってみ
> たいと思いました。

T 最後に，きちんと本を直しましょう。もし，棚に
正しく入っていない本を見つけたら，それも直して
おきましょう。

かきと　かぎ

◎ 指導目標 ◎

・平仮名を読み，書くことができる。
・語と語や文と文との続き方に注意しながら，内容のまとまりが分かるように書き表し方を工夫することができる。

◎ 指導にあたって ◎

① 教材について

　濁音についての学習です。七五調の文で楽しみながら濁音を含む言葉にふれることができます。また，「さる」と「ざる」，「かき」と「かぎ」など濁点で別の言葉になるということも児童は興味深くとらえ，濁点についての印象が強くなることでしょう。

　濁音・半濁音を含む言葉をたくさん見つけさせ，書かせることで，児童は自然に濁音について意識するようになるでしょう。楽しい雰囲気で活動させたいものです。

　また，濁音の点を書くときに，ピリオドのように点を書く児童がいます。そうではなく，短い線であるということを教えると，全体にていねいに書くようにもなります。

② 個別最適な学び・協働的な学びのために

　教えられた濁点を含む言葉だけで学ぶのではなく，自ら身の回りの言葉を探す活動を促したいところです。そのためには，教科書など全員が使いやすいものを利用するなど，見つける方法を具体的に指導し，その楽しさに気づかせます。

◎ 評価規準 ◎

知識 及び 技能	平仮名を読み，書いている。
思考力，判断力，表現力等	「書くこと」において，語と語や文と文との続き方に注意しながら，内容のまとまりが分かるように書き表し方を工夫している。
主体的に学習に取り組む態度	進んで濁音を含む言葉を見つけ，これまでの学習をいかして文字で表そうとしている。

◎ 学習指導計画　　全 2 時間 ◎

次	時	学習活動	指導上の留意点
1	1	・教科書 P40 の唱え歌を，教師が範読し，一斉読みする。 ・唱え歌の内容を確かめる。 ・唱え歌の中で，濁音を含む言葉を確かめる。 ・濁音の言葉をノートに書き写す。	・いろいろな読み方で，繰り返し練習する。 ・濁音が入っていることに気づかせる。 ・濁音の点をていねいに書かせる。
	2	・教科書 P41 の言葉を読む。 ・教科書 P41 の言葉をノートに書く。 ・濁音・半濁音を含む言葉を他にも探す。 ・見つけた言葉をノートに書く。	・濁音で意味が変わっていることを確認する。 ・他の言葉を見つけるときには，教室の中や教科書から探させる。

かきと かぎ
第 1 時 (1/2)

本時の目標：濁音を含む唱え歌を楽しく読み，濁音に気づくことができる。

板書例

だ**い**じ

④
（てんてんの かたち）
みじかい せんが にほん
（てんてんを かく ところ）

③
かき
かぎ…てんてんの つく ことば

わ・・・・

POINT 濁音の点もていねいに書かせる。

1 教科書の唱え歌を読み，挿絵を見よう。

T まず，『かきとかぎ』を先生が読みます。

　児童が集中している様子を確かめながら，教科書 P40 の唱え歌をゆっくり，はっきりと読む。

T 次に，先生とみんなで一緒に読みましょう。

C さるのだいじなかぎのたば…（音読する）

　短い，リズムのよい文章である。繰り返し練習してリズムの心地よさを味わわせたい。一行ずつ教師と児童が交代で読んだり，連れ読み（教師が読み，同じところを児童が続けて読む読み方）をしたりしてもよい。

T 教科書の絵は，どんな絵でしょう。

さるがかぎのたばを持っています。

とだなのかぎが分からなくなって困っているみたいです。

2 唱え歌の内容を確かめる。

T では，絵の中の「かぎのたば」はどれでしょう。指でおさえてみましょう。

たばって？

さるが持っているたくさんのかぎのことかな。

T そうですね。たくさんものをまとめてあるものを「たば」といいます。では，「うらぐち」はどれでしょう。

C 「げんかん」と違うのかな。

C うらにある？

C 絵のドアがうらぐちかな？

T ちょっと難しかったね。絵に出ているのが「げんかん」だとしたら，「うらぐち」は，別の出入り口だから見えないところにあるのでしょうね。

準備物　・ワークシート

ICT　字を書くことが苦手な児童もいるため，濁点の言葉をノートに書くときに，ノートを実物投影機で大きく映し出しながら指導するとよい。

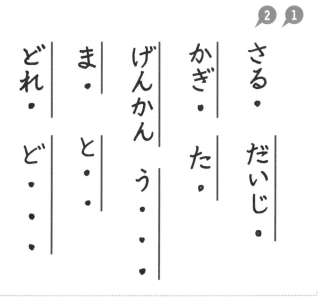

かきと かぎ

め おはなしを よんで てんてんの つく ことばを さがそう

① さる・ だいじ・
② かぎ・ た・
げんかん う・・・
ま・ と・・・
どれ・ ど・・・

※教科書 P40 の唱え歌を板書する。
※展開③の活動では，児童の発表に合わせて濁音を含む言葉に傍線を引いていく。

3 唱え歌の中の濁音を含む言葉を見つけよう。

T　題名の『かきとかぎ』を見て気づいたことはありませんか。
C　「かき」と「かぎ」は似ている。
C　「てんてん」がついているのと，いないのとだ。
T　他にも，「てんてん」のつく言葉を探しましょう。

だいじな　たば　げんかん　うらぐち

児童の発表に合わせて，黒板に写した本文の中の濁音を含む言葉に線を引いていく。

T　「てんてん」のつく言葉を，難しい言葉で濁音と言います。

4 唱え歌の中の濁音を含む言葉を書き写そう。

T　濁音の言葉をノートに写しましょう。よく見て書きましょう。「てん」と言っても，ちょんと打つだけではないのです。点は，短い線が二本なのです。
T　まず，「だいじ」を写しましょう。

「てん」がつくのが２つあるね。　どこに「てん」を書くのかな。

まだ，ひらがなをスムーズに書けない児童が多い場合は，「だ」「じ」など一文字だけを書かせてもよい。
　ノートのどこに書くのか，点の形・位置も確認しながらていねいに進める。濁音を含む言葉を，なぞって練習できるワークシート を使ってもよい。

板書例

◇③ みつけた ことば
・こくばん
・ふでばこ
・えんぴつ
・ともだち

※児童の発表を板書する。

× ぶ゛ ぶ゜ ふ゜ ふ

ふ
ぶ
ぷ

まど

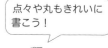

まと

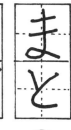

※教科書 P41 の挿絵（または，

POINT 濁点や半濁音のつく言葉を見つけるときには，頭だけで考えさせるのではなく，教室の中や教科書から探させると見つけ

1 濁音で意味が変わっていることを理解し，半濁音の書き方も確かめよう。

T　教科書 41 ページの言葉を，「まど」まで順番に読んでいきましょう。

C　さる，ざる，かき，かぎ，まと，まど。

　　言葉を読ませ，それぞれの違いや意味を確かめていく。

T　「てん」がつくと別の意味になる言葉があるんですね。他にも知っている言葉はあるかな。

　　難しい課題なので，教師が示してもよい。ふた・ぶた，こま・ごま，きん・ぎん，などが考えられる。

T　教科書の残りの 3 つの言葉を読んでいきましょう。

C　さいふ，こんぶ，おんぷ。

T　3 つの言葉の最後の字はどんなところが違うかな。

C　「ふ」は同じだけど，点々と丸がついてます。

T　そうですね。この「ふ・ぶ・ぷ」の字を，書き順に気をつけて鉛筆でなぞりましょう。

C　「ふ」の字を書いてから，点々や丸を書く。

C　丸を書くときにも向きが決まっているんだね。

2 教科書 41 ページの言葉をノートに写そう。

T　教科書の言葉をノートに書きましょう。点々を書くときの注意は何だったかな。

C　短い線が 2 本！　書く場所もよく見る。

T　そうですね。ちょうどよい長さと場所に書くと上手に見えます。

> 点々や丸もきれいに書こう！

　点々の長さが長すぎたりあきすぎたりした場合や，丸の大きさや書く位置が違った場合，どう見えるかを板書で示し，点々や丸を意識させる。そうすることで，文字全体を丁寧に書こうという気持ちをもたせる。

　指示・確認だけで注意点を理解できる児童ばかりではない。机間巡視で 1 人ひとりが書く様子を確かめながら指導する。ワークシート QR を使ってもよい。

T　ちゃんと短い線で書けているね。

T　点々や丸の位置もよく見ているね。

　　声をかけてほめたり，○をつけたりして回ってもよい。

準備物	・教科書の挿絵，または黒板掲示用イラスト ・ワークシート（2枚）

ICT	ノートの書き方が分からない児童もいる。見つけた言葉をノートにどのように書けばよいか，実物投影機で大きく映し出しながら指導するとよい。

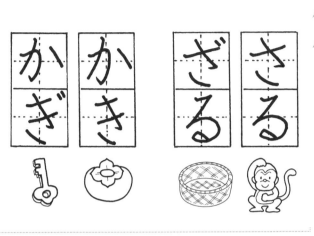

かきと かぎ

め 「゛」「゜」の つく ことばを
たくさん みつけて かこう

1
2

QRコンテンツのイラスト）を掲示する。

やすい。

3 濁音を含む言葉をもっと探そう。

T 他にも，点々や丸がつく言葉はあるかな。今度は，点々をとると別の言葉になる，というものでなくてもいいですよ。

C こくばん！ ふでばこ，それに，えんぴつ。

　次にノートに写すときの参考にするためにも，黒板に発表された言葉を書いていく。ここで，見つけることができた児童を取り上げてほめることで，他の児童も意欲的に取り組むようになる。

T すごいね。たくさん見つかりそうですね。教科書の他のページを見てもいいですよ。

『はなのみち』に「ともだち」があった！

「かぜ」という言葉もあったよ。

　教科書をうまく活用できない児童が多いようなときは，ページを限定して「この中から見つけてみよう」などと指示をしてもよい。

4 見つけた言葉をノートにていねいに書こう。

T 見つけた言葉をノートに書いていきましょう。もっと見つかったら増やしてもいいですよ。

他に…「おむすび」もあった！

いっぱい書こう！

　ノートの使い方をていねいに指導する必要がある。最初の言葉は，全員で同じものにし，ノートに実際に書き終えるまで確認するなどの配慮を行う。

　見つけられない児童のために「黒板に書いてある言葉を写してもいいですよ」と助言してもよい。

　書いたノートを隣の人と見せ合ったり話し合ったりするのもよい。

なまえ

(1)　え を　みて　ことばを　なぞりましょう。

③
おんぷ

②
こんぶ

①
さいぶ

(2)　えに　あう　ことばに　なるように、□に
「ふ・ぶ・ぷ」の　どれかを　かきましょう。

③
どう

②
てん
ら

①
とん

喜楽研

ぶんを　つくろう

◎ 指導目標 ◎

・文の中における主語と述語との関係に気づくことができる。

・句点の打ち方を理解して文の中で使うことができる。

・語と語の続き方に注意することができる。

◎ 指導にあたって ◎

① 教材について

　　主語と述語についての教材です。文法的には意識していなくても，「―が―。」という文型については，感覚的に理解している児童も多いでしょう。それを取り出して，考えたり書いたりすることで意識させ，体得していかせます。また，助詞「は」の文も，ふだんの会話では自然に使いこなせているはずです。しかし，特に書くときに間違いやすい内容でもあります。

　　これ以降，作文などでこの文型が出てきたときに，「これは前に勉強したね」「練習したことがきちんとできていますね」などと繰り返し，思い出させることも必要です。

　　１年生は，発達の差がまだ大きく，普段の会話も一語文的なものが多かったり，語彙が少なかったりする児童もいるでしょう。そのような児童には，この授業だけの取り組みで何とか理解させようとしても無理があります。継続的に指導していくという視点が大切です。

② 個別最適な学び・協働的な学びのために

　　主語と述語の理解は中学年になっても難しい児童が少なくありません。１年生に理屈で説明しても，あまり効果は出ないでしょう。多くの文例をあげて，何度も声に出すことで，感覚的に理解できるように意識したいところです。感覚的に分かった気になることで，多くの児童が進んで話をしたり発表したりしたくなるでしょう。

知識 及び 技能	・句点の打ち方を理解して文の中で使っている。 ・文の中における主語と述語との関係に気づいている。
思考力，判断力， 表現力等	「書くこと」において，語と語との続き方に注意している。
主体的に学習に 取り組む態度	語と語との続き方を丁寧に確かめながら，これまでの学習をいかして文を書こうとしている。

◎ 学習指導計画　全 4 時間 ◎

次	時	学習活動	指導上の留意点
1	1・2	・教科書 P42 の挿絵を見て,「きつねがはしる。」「たぬきはおどる。」を読む。 ・主語や述語に注意し，「—が（は）—。」の文型であることに気づく。 ・主語・述語・句点を意識して，教科書 P42 の文を視写する。 ・既習教材の「はなのみち」からも同じ文型を探させる。	・挿絵で意味を考えさせる。 ・「は」の読み方を確かめる。 ・句点を書く位置を確かめる。
	3	・教科書 P43 の挿絵を見て，「—が（は）—。」の文を考え，ノートに書く。	・作った多くの文例を声に出して読み，感覚的に理解できるようにする。 ・黒板から文を写すときの注意点を丁寧に指導する。
	4	・日常の生活から，「—が—。」の文を見つけたりノートに書いたりする。	・主語と述語に分けて，尋ねるようにする。 ・自分の身の回りの中から文を見つけるよう促す。

ぶんを　つくろう

<table>
<tr><td rowspan="2">本時の目標</td><td>「―が―。」「―は―。」の文型に気づき，主語と述語の関係に注意して，「―が（は）―。」の文を視写することができる。</td></tr>
</table>

板書例

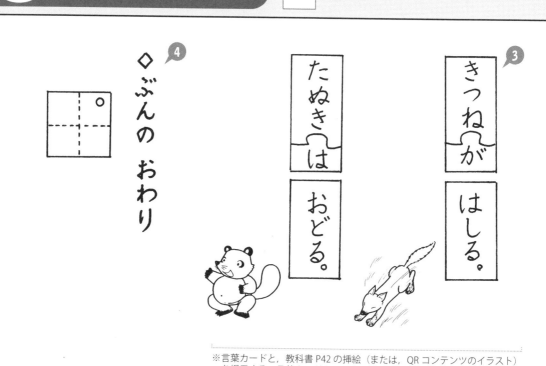

◇ぶんの　おわり　④

きつねが　はしる。　③

たぬきは　おどる。

※言葉カードと，教科書 P42 の挿絵（または，QR コンテンツのイラスト）を掲示する。言葉カードを入れ替え，主語と述語の関係に着目させる。

POINT 文法的な説明については，くわしく理解させる必要はない。具体例を挙げて感覚的に分かることをねらう。

1 教科書「きつねがはしる。」の文を読み，「題名」と「ぶん」の意味を知ろう。

T　教科書 42 ページは，最初の絵は，何が何をしている絵ですか。

C　きつねが…ジャンプ？それとも走っているのかな。

T　では，先生が教科書の最初の 2 行を読みます。「ぶんをつくろう。きつねがはしる」（範読）

T　今度は，みんなも一緒に読みましょう。

> ぶんをつくろう。きつねがはしる。

T　『ぶんをつくろう』がこのページの題名です。<u>文とは，「きつね」だけのような言葉だけでなく「きつねがはしる。」のように最後に「丸（。）」まであって意味が分かるものです。</u>

文についての説明を正確にするのは難しい。例を挙げながら，上記のような説明をすると 1 年生でも納得することが多い。

2 「たぬきはおどる。」の文を読み，「は」の読み方を確かめよう。

T　では，「きつねがはしる。」の次の文は読めますか。読める人は先生と一緒に読んでみましょう。

> たぬきはおどる。

> あれ？「は」なのに，「ワ」って読むの？

T　そうです。<u>この文の「たぬきワ」の「ワ」は，「は」と書きます。「は」と書いて，「ワ」と読むのです。</u>

助詞「は」は，ふだんの話し言葉では問題なく使えていても，読んだり書いたりする場合の習得には時間がかかるものである。後の教材「はをへを使おう」もあるので，ここでは簡単に説明しておき，少しずつ定着を図っていく。

ぶんを つくろう

め ぶんを よもう
　　ぶんを かこう

① ぶん

○ きつねが はしる。　　まるを つける

× きつね　はしる

② ◇「〜は〜。」の ぶん
　たぬきは おどる。
　（「わ」…よむ とき）

3 「─が（は）─。」の文型を確かめ，主語と述語の関係に着目しよう。

　　言葉カードを貼り，教科書の2つの例文を掲示する。

T 「きつね」と「はしる」の間の「が」をなくすと，「文」はどうなりますか。

「きつね, はしる。」になる。
なんだか変だね。

　　黒板の「は」と「が」（助詞）を入れ替えても大差ないことを確認したうえで，「はしる」と「おどる」の画用紙カードを入れ替えて示す。

T この2つの言葉を入れ替えると，どうですか。

C 「きつねがおどる」「たぬきははしる」となるから，べつに変じゃないね。

T そうですね。変な文ではありません。でも，教科書の絵に合っている文だと言えますか。

C 走っているのは「きつね」だから…，絵に合う文じゃなくなるよ。

　　<u>主語と述語の関係に着目させる。</u>

4 教科書の例文を視写しよう。「はなのみち」から同じ文型を探そう。

T 教科書の文をノートに書いてみましょう。

T まず，「きつねがはしる。」と書きましょう。文の終わりには「丸（。）」を忘れないようにしましょう。

丸を書くのは，この場所だね。

　　句点の位置を確認してから視写させる。机間巡視では，文の終わりに句点が付いているかなどを確かめていく。
　　支援が必要な児童には，教科書の例文をなぞらせたり，ワークシートを使ったりしてもよい。

T 次は「たぬきはおどる。」と書きましょう。

T 「はなのみち」にも，「─が─。」という文がありました。探してみましょう。（見つけた児童に発表させた後）この「─が─。」の文は，みなさんが読むお話の中でよく使われる文です。これからしっかり勉強していきましょう。

本時の目標　絵を見て，「—が—。」の文を考え，書くことができる。

板書例

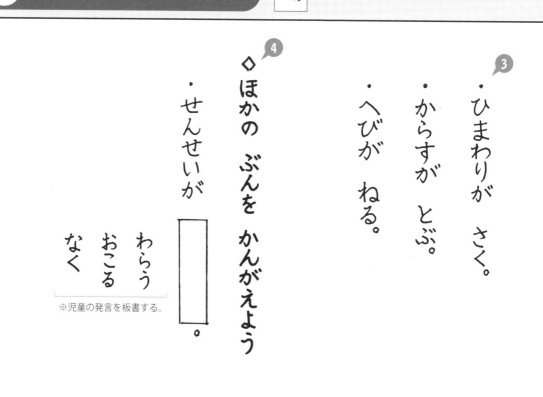

◇ほかの　ぶんを　かんがえよう

・せんせいが

　　　　わらう
　　　　おこる
　　　　なく

　　　　　　。

※児童の発言を板書する。

・ひまわりが　さく。

・からすが　とぶ。

・へびが　ねる。

POINT 作った文を声に出して読み，この文型に数多く触れて，慣れさせていく。黒板を写す作業も着実に積み重ねていけるよう

1 絵を見て文を作るというめあてを知ろう。

T　教科書 42 ページの 2 つの文を読みましょう。

C　（全員で）「きつねがはしる。たぬきはおどる。」
　　前時を振り返り，文について確認する。

T　今日は，この 2 つの文のような「○○が何々する。」という文をみんなに作ってもらいます。

T　教科書 43 ページの絵を見ましょう。何の絵ですか。

C　「ひまわり」だ。

C　あと，「からす」と「へび」。

T　そうですね。絵のとなりに言葉が書いてありますね。まず，いちばん上の絵は，ひまわりです。この絵を見て，どんな文ができますか。「ひまわりが？」

うーん…。

ひまわりがさく。

T　いいですね。こんなふうに教科書の絵を見て，絵に合う文を考えていきましょう。

2 教科書の絵を見て「—が—。」の文を考えよう。

T　では，次の絵は何でしたか。

C　「からす」です。

T　からすがどうするって言えばいいでしょうか。

空にいるから…とぶ！

「からすがとぶ。」です。

T　そうですね。では，次の絵はどうですか。

C　へびの絵だけど…。

T　へびは何をしているのでしょう。何の上に頭をのせているかな。

C　まくらの上だ。へびは目をつぶって寝ているんだ。

T　「○○が○○する。」という文にしてみましょう。

C　「へびがねる。」

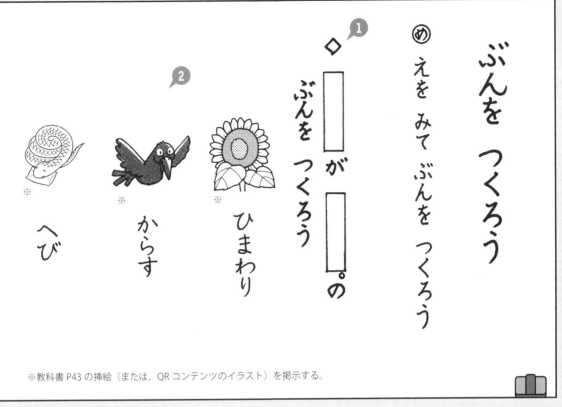

ぶんを つくろう

め えを みて ぶんを つくろう

① ◇ □ が □ の ぶんを つくろう。

② ひまわり からす へび

※教科書 P43 の挿絵（または，QR コンテンツのイラスト）を掲示する。

丁寧に指示する。

3 黒板の「―が―。」の文をノートに写そう。

T　黒板の３つの文をノートに写しましょう。

C　「ひまわりがさく。」「からすがとぶ。」「へびがねる。」の３つだね。

T　ノートに写すときは，まず，１行あけて，いちばん上に点（・）を書きましょう。点（・）は真ん中に書きますよ。そのすぐ下に文の１文字目を書きます。

黒板の字と同じように，点（・）をいちばん上に書くんだね。

T　文の終わりには，丸を忘れずにつけましょう。

　　板書の内容をノートに写す作業は，意外と難しい。「１行あけて」「いちばん上に」といった指示も１つずつ確認しながら進めるとよい。丁寧に指導していけば，見る力や書く力が着実につき，いずれ言葉の指示だけでできるようになっていく。また，ノートの使い方は，クラスによって様々な決まりがあるだろう。機会があるごとに意識させていくとよい。

4 他の「―が―。」の文を考えよう。

T　今度は，他の「○○が何々する。」の文を考えます。今，見えることで考えてみましょう。

T　最初は，みんなでやってみましょう。「○○が」をだれか言ってみてください。

C　せんせいが。

T　せんせいが，でもいいですよ。続く言葉は？

せんせいがわらう。　せんせいがおこる。　せんせいがなく。

T　もう，分かったかな？では，自分で「○○が」から考えてみましょう。

T　次の時間に，考えた文を発表してもらいます。

本時の目標　「―が―。」の文を考え，正しく書くことができる。

板書例

③
◇つくった　ぶんを　かこう
・くるまが　はしる。
・ねこが　なく。
・いぬが　ほえる。
・ともだちが　わらう。
・さかなが　およぐ。

※児童の発言を板書する。

④
◇かいた　ぶんを　はっぴょうしよう
・ひとり　ひとつ

POINT より数多くこの文型に触れて，慣れさせていく。身近なものを取り上げて気軽にたくさん発表させる。

1 これまでの学習を振り返り，今日のめあてを知ろう。

Ｔ　教科書 42，43 ページの絵の順番に，作った文もあわせて声に出して文を言いましょう。

> きつねがはしる。たぬきはおどる。ひまわりがさく。からすがとぶ。へびがねる。

前時を振り返り，文について確認する。

Ｔ　「―が―。」の文を作る勉強の最後です。今日は，自分で考えた文を，ノートに書いて発表してもらいます。
Ｔ　文を書くときは，最後の丸（。）まで忘れないようにしましょう。

2 前時に考えた「―が―。」の文を思い出し，自分で文を作ってみよう。

Ｔ　前の時間に，教科書の絵にない文も少し考えてみましたよね。どんな文を考えたか覚えていますか。
Ｃ　せんせいがわらう。
Ｃ　「せんせいがなく。」もあった。みんなで，「せんせいが」に続く文をいろいろ考えました。
Ｃ　「せんせいがおこる。」という文もあったね。
Ｔ　そんな文もありましたね。他に，自分で考えて文を作った人いますか。

> はい！くるまがはしる。

> ねこがなく。

Ｔ　いろいろ考えられますね。教科書のように動物のこと，家族のこと，目に見えるもの何でもいいのです。

自分の身の回りの中から「―が―。」の文を見つけて考えてみるよう促す。

め　ぶんを かんがえて かこう

ぶんを つくろう

① □ が □ 。

ぶんの おわりに 。 を つける。

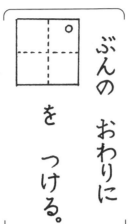

② ・せんせいが わらう。

・せんせいが なく。

・せんせいが おこる。

3 自分で考えた文をノートに書こう。

T では，考えた文をノートに書きましょう。

「いぬがほえる。」と書こう。

「ともだちがわらう。」にしよう。

T いっぱい書いてもいいですよ。考えられた文をできるだけ書いていきましょう。もし，思いつかないときは，黒板に書いてある文でもいいですよ。

　どうしても書き進まない児童がいた場合，黒板の文をそのまま写してもよいことにすればよい。何もしないで止まっているよりも，視写することの方がはるかに学習として意味がある。

4 ノートに書いた文を発表しよう。

T たくさん書けましたか。みんな，1つずつ発表しましょう。たくさん書けた人も，いちばん発表したいものを選んで上に○をつけておきましょう。

C いっぱい書けたのにな…，どれにしようかな。

T できるだけ他の人とは違う文がいいですが，同じ文でも発表してください。1人1回は発表してもらいます。では，1人ずつ発表してください。

さかながおよぐ。

とりがとぶ。

　短い文なので，全員に発表させたい。順番が回ってきてから何を発表するか迷って時間を取ることのないように，あらかじめ発表する文に印をつけさせておくとよい。

　時間があれば，ワークシートに取り組ませる。

ワークシート　ぶんを　つくろう

● えを　みて　ぶんを　つくりましょう。（なにも　かかない　□ますが　あっても　いいです。）

なまえ

① ひまわりが　さく。

② からす

③ へび

喜楽研

● えを　みて　ぶんを　つくりましょう。

（なにも　かかない　□が　あっても　いいです。）
ます

なまえ

① さかな

② はち

③ ねこ

喜楽研

ねこと　ねっこ

◎ 指導目標 ◎

・促音の表記，助詞の「を」の使い方，句点の打ち方を理解し，文の中で使うことができる。
・語と語との続き方に注意することができる。

◎ 指導にあたって ◎

① 教材について

　　促音，助詞「を」の学習です。促音の唱え歌と，促音の書き表し方を取り上げています。また，「―を―する。」という文型についても理解し，書くことができるようになることを目指します。

　　促音のある言葉，そして助詞「を」の文も，ふだんの会話では自然に使いこなせているはずです。しかし，書くときに特に間違いやすい内容でもあります。

　　促音は，音の数を意識させて指導することで，より理解が深まります。読みながら手をたたくと，促音は単独で発音はしなくても，一拍分の休止が入ることが実感できるでしょう。また，手拍子をとることで活動的にもなり，楽しんで取り組むことができます。

　　また，「を」と「お」の使い分けは 1 年生にとって難しい内容の 1 つです。継続的に取り上げ，繰り返し指導していく必要があります。

② 個別最適な学び・協働的な学びのために

　　促音が苦手な児童は，中学年になっても，書きとばしたり正確な表記ができなかったりします。逆に自然にできる児童は，文法的な理解ができているというより，普段の会話や読書などにより，促音にたくさんふれており，それを授業で改めて認識するという場合が多いようです。

　　したがって，授業でも，できるだけ促音を具体的に扱う場面を多く取り入れることによって，頭による理解とともに体で感じるといった面も進めていきたいところです。それによって，促音のような，言葉に関する学習が苦手な児童も楽しく学ぶことができるでしょう。

　　「を」の表記も同様です。読書などで普段から見慣れない児童にとっては，この学習で初めて意識することになります。授業時間だけで習得させようと考えず，この学習をきっかけとしてこれから定着させていくという意識が必要でしょう。

知識 及び 技能	促音の表記, 助詞の「を」の使い方, 句点の打ち方を理解し, 文の中で使っている。
思考力, 判断力, 表現力等	「書くこと」において, 語と語との続き方に注意している。
主体的に学習に取り組む態度	進んで促音や濁音のある言葉を見つけようとし, これまでの学習をいかして文を書こうとしている。

次	時	学習活動	指導上の留意点
1	1	・教科書 P44 の「促音の唱え歌」を読む。 ・促音の読み方と書き表し方を確認する。 ・促音のある言葉をノートに書く。 ・促音のある言葉を身の回りのものや教科書から集める。	・手をたたきながら読むことで, 促音を含む言葉の音の数を意識させる。 ・小さい「っ」の位置を確認する。
	2	・助詞「を」を使った例文を読み, その使い方を理解する。 ・助詞「を」を使った文を作り, 書く。	・「お」と「を」の呼び方を決める。 ・助詞「を」を完全に理解することは難しいので, 今後も継続的に指導する。

ねこと ねっこ

第 1 時 (1/2)

本時の目標｜促音について理解し，促音のつく言葉を正しく書くことができる。

板書例

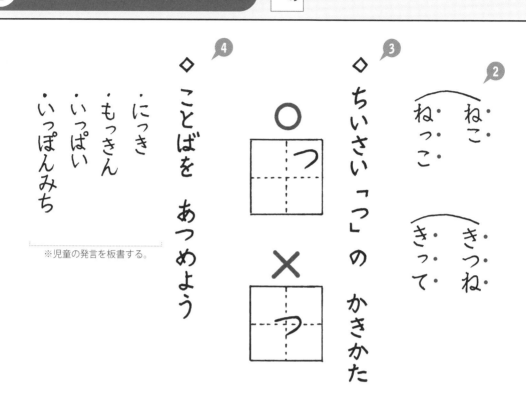

◇ことばを あつめよう
・にっき
・もっきん
・いっぱい
・いっぽんみち

※児童の発言を板書する。

◇ちいさい「っ」の かきかた

○ [つ] ✕ [っ]

ねこ・ ⌢ ねっこ・・
きつね・ ⌢ きって・・

POINT 促音のつく言葉は，手をたたきながら読ませることで体感し，理解を深めることができる。

---

1 「促音の唱え歌」の範読を聞き，促音のある言葉を確かめよう。

T 教科書を開きましょう。『ねことねっこ』です。先生がまず読みます。しっかり聞きましょう。
C 絵にも「ねこ」と木の「ねっこ」が描いてあるね。
　　教科書 P44「促音の唱え歌」を範読する。

T 小さい「つ」が出てきましたね。まず，題名の「ねっこ」がありました。小さい「つ」が入ると，「ねこ」が「ねっこ」になって全然違う言葉になりますね。小さい「つ」のつく言葉は読んだり書いたりするときに間違えやすいので，気をつけましょう。
T 今，先生が読んだ文の中で，「ねっこ」の他に，小さい「つ」がついている言葉はありますか。

「いっぴき」と「はらっぱ」。

「ばった」と「かけっこ」もです。

2 手をたたきながら促音のある言葉を唱えよう。

T 「ねこ」と「ねっこ」と，読みながら手をたたいてみましょう。

ねこ　　ねっこ

T 小さい「つ」は，読むときに 1 文字分あけているのです。もう一度やってみましょう。
C （手をたたきながら）ねこ。ねっこ。
C 本当だ。1 文字分あけているね。
T では「きつね」と「きって」はどうでしょう。
C （手をたたきながら）きつね。きって。
C 1 文字分あけて読むのは，小さい「つ」のときだけです。
T 他の言葉も手をたたきながら読んでみましょう。
C いっぴき，はらっぱ，…。
　　読めたら，唱え歌の全文を手拍子つきでリズムよく読む。

ねこと ねっこ

め ちいさい 「つ」の つく ことばを よんだり かいたり しよう

①
ねこが いっ・ぴ・き、
はらっ・ぱ ○○○。
ねっ・こ ○○○、
ばっ・たと かけっ・こ。

※教科書 P44 の挿絵を掲示する。

3 促音の書き表し方を知り，唱え歌の促音のある言葉を書こう。

T 小さい「つ」は，大きさだけではなく，書く場所にも気をつけましょう。
C 書くのは真ん中じゃないんだ。
T そうですね。「つ」の字は，マスの右上の小さなマスのところに書きます。覚えておきましょう。

C 点（，）や丸（。）と同じマスの中に書くんだね。
T 45 ページの十字線の入ったマスの中の「ねっこ」をなぞってみましょう。小さい「つ」の場所に気をつけましょう。
T では，黒板の小さい「つ」がつく 6 個の言葉をノートに写しましょう。

いっぴき，はらっぱ，ねっこ，ばった，かけっこ，きって…
6個ぜんぶ書けた！

唱え歌の中の促音のある言葉と「きって」の文字を丁寧に書かせる。

4 他の促音のある言葉を集めて，書こう。

T 他にも小さい「つ」のつく言葉を思いつきますか。
C 45 ページに「にっき」と「もっきん」があるよ。
T 手をたたきながら言いましょう。
C （手をたたきながら）にっき。もっきん。
T もっと，小さい「つ」のつく言葉がないか隣の人と考えてみましょう。教科書を見て 2 人で探してもいいですよ。

「いっぱい」と「いっぽんみち」があるね。

「はなのみち」を見てみよう！

教科書の他に，絵本などをあらかじめ用意しておくとよい。見つけた言葉を発表させ，板書し，いくつか選んでノートに書かせる。

T 小さい「つ」のつく言葉をたくさん見つけられましたね。
時間に応じて，ワークシート に取り組ませる。

ねこと ねっこ

本時の目標：「を」を正しく表記して文を書くことができる。

板書例

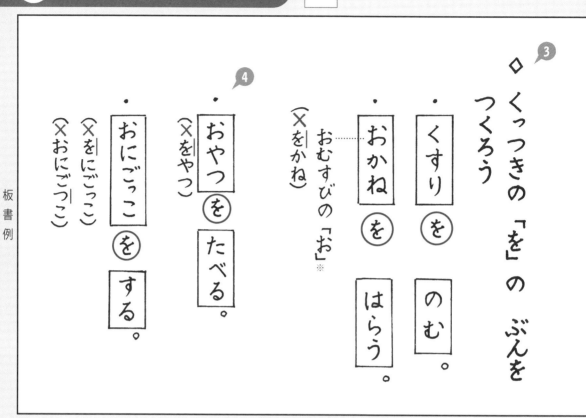

◇ くっつきの「を」の ぶんを つくろう ❸

・くすり を のむ。

・おかね を はらう。
（×をかね）
おむすびの「お」※

・おやつ を たべる。
（×をやつ） ❹

・おにごっこ を する。
（×をにごっこ）
（×おにごっこ）

POINT 繰り返し言う必要がある内容なので，「を」の説明の仕方を教師自身がはっきりと把握しておく必要がある。その上で，

1 教科書の例文を読み，今日の学習課題を知ろう。

T 教科書 45 ページの左側の文を読みましょう。

C 「ばったをみつける。」

T 「ばった」と「みつける」との間にある「を」という字は，「あいうえお」の「お」と読み方が同じです。

T 「を」と「お」は，読み方は同じでも，使うときが違います。

C 使うときが違うってどういうことかな。

C 字が違うのは分かるけど…。

T 「ばったをみつける」の文にある「を」は，「くっつきの『を』」と呼びます。今日は，この「くっつきの『を』」の使い方を勉強します。

「くっつきの『を』」と対比させる「お」については，例えば，既習の『うたにあわせてあいうえお』から「おむすびの『お』」と呼ぶことにしてもよい。

2 くっつきの「を」の使い方を理解しよう。

黒板に「ほんをよむ。」「くつをはく。」という 2 つの文を板書する。ここでは，「くっつき」の印象を強めるため，「ほん」「よむ」といった言葉をカードに書いて黒板に貼り付け，「を」だけ板書する。カードを準備しない場合は，これらの言葉を枠で囲んで示すようにする。

T 「くっつきの『を』」を使った文です。読んでみましょう。

C 「ほんをよむ。」「くつをはく。」

T 「ほん」という言葉で，「ほんお」という言葉ではないですね。「ほん」と「よむ」をくっつけるから，「くっつきの『を』」と呼ぶのです。

言葉と言葉をくっつけているから，「くっつきの『を』」なんだね。

もう 1 つの文は，「くつ」という言葉と「はく」という言葉をくっつけているんだね。

準備物
・「ばった」「を」「みつける。」と書いたカード（教科書と同じ色/形）
・「ほん」「よむ」などの言葉カード
・ワークシート QR

ICT　実物投影機を使用して，ノートの書き方を例示する。中点や「を」の使い方をどの児童にも分かりやすく伝えることができる。

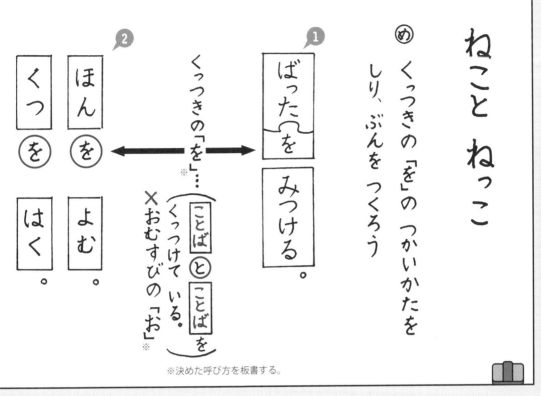

め　くっつきの「を」の つかいかたを しり、ぶんを つくろう

ねこと ねっこ

① ばった を みつける。

くっつきの「を」…
ことば と ことば を くっつけている。
×おむすびの「お」※

② ほん を よむ。
くつ を はく。

※決めた呼び方を板書する。

例文もたくさん発表させる。

3 くっつきの「を」を使って文を作ろう。

T　「くすりオのむ」というときは、「おむすびの『お』」か「くっつきの『を』」のどちらでしょう。

C　「くすり」と「のむ」をくっつけるから、「くっつきの『を』」です。

T　では、「おかねオはらう」はどうでしょう。

おかね ○ はらう。

「お」と「を」、どっちかな。

「おかね」と「はらう」が「くっつきの『を』」でくっついています。

　説明がどんなに分かりやすくても、１年生全員が「を」について完全に理解できることはないという前提で取り組みたい。そのためにも、今後作文などで扱うときに、助詞「を」は、「くっつきの『を』」と呼び方を統一しておく。「くっつきの『を』」を「難しいほうの『を』」「本をよむの『を』」などと言葉が少し違うと、それだけでも混乱する児童が出てくる。

4 くっつきの「を」を使った黒板の文を視写しよう。

T　最初の１マス目に「・（中点）」を書いてから、「ほんをよむ。」と書きましょう。最後に丸（。）を書くのも忘れないようにしましょう。

　１年生にも「・」(中点) も「なかてん」という言葉も教えることができる。中点を教えておくと、今回の視写のような場合とても有効である。

T　黒板に書いた「くっつきの『を』」を使った文を書き写しましょう。

「おかね」も「おやつ」も「お」があるから、間違えないようにしよう。

「おにごっこ」は「お」も小さい「つ」もあるよ。気をつけて書かないとね。

　ワークシート QR を配って練習させてもよい。また、「おやつ」などの「お」を含む言葉や、「おにごっこ」などの促音を含む言葉のある文を示して書かせるとよい。

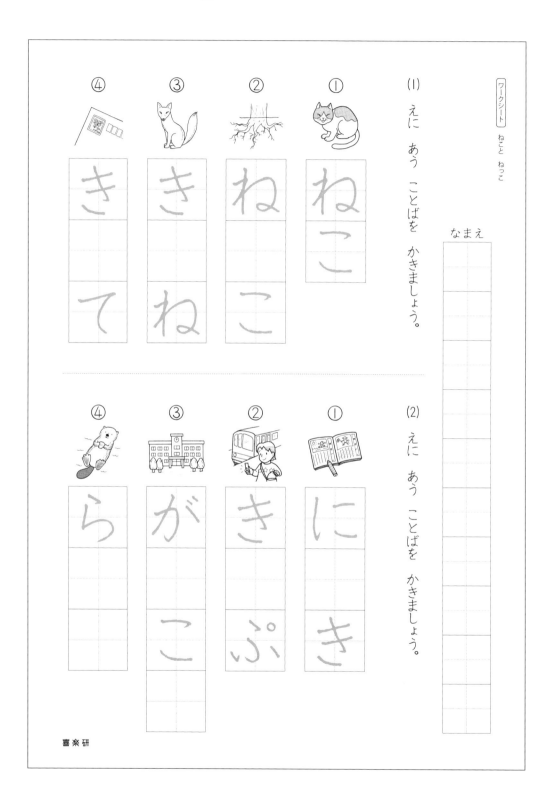

ワークシート

ねこと　ねっこ

なまえ

(1) えに　あう　ことばを　かきましょう。

① ねこ

② ねこ

③ きつね

④ きって

(2) えに　あう　ことばを　かきましょう。

① にき

② きっぷ

③ がっこう

④ らっこ

喜楽研

ワークシート　ねこと　ねっこ

● えを　みて　ぶんを　つくりましょう。（なにも　かかない　□が　あっても　いいです。）

なまえ

①
ばったをみつける。

②
にき

③
もきん

喜楽研

わけを はなそう

◎ 指導目標 ◎

・相手に伝わるように，行動したことや経験したことに基づいて，話す事柄の順序を考えることができる。

・言葉には，事物の内容を表す働きや，経験したことを伝える働きがあることに気づくことができる。

・身近なことや経験したことなどから話題を決め，伝え合うために必要な事柄を選ぶことができる。

◎ 指導にあたって ◎

① 教材について

　この教材では，教科書 47 ページに掲載されている動物園の挿絵を使って，自分が見たい動物とそのわけを簡単な質問形式でやり取りする学習活動を行います。自分が見たい動物とそのわけを話す活動は，児童にとって身近な話題であり，比較的話しやすいテーマです。

　1 年生にとって，対話形式の学習は「よくきいて，はなそう」に続いて 2 回目ですが，理由を話すという活動は初めてとなります。そこで，簡単なやり取りの話型を取り入れます。そうすることによって，児童が丁寧な言葉と普通の言葉との違いに気をつけて使う意識を高めることができるでしょう。

② 個別最適な学び・協働的な学びのために

　第 1 時では，教科書の挿絵を使って，話型を活用した対話を行います。丁寧な言葉を使って対話を行うことは，児童にとってあまり経験がないことでしょう。そのため，隣の人と一定の練習量を確保して，対話の仕方を経験するようにします。

　第 2 時では，前時の活動を発展させ，児童の思いつく食べ物を選択肢として，対話を行うようにします。

　この単元のみではなく，他の授業や普段の生活の中でも意図的にこのような簡単な対話形式を取り入れるとよいでしょう。それらの経験を重ねることで，相手のことを知ることは楽しいことであると実感することにもなります。そして，友達になるきっかけをつくることにもつながります。

知識及び技能	言葉には，事物の内容を表す働きや，経験したことを伝える働きがあることに気づいている。
思考力，判断力，表現力等	・「話すこと・聞くこと」において，身近なことや経験したことなどから話題を決め，伝え合うために必要な事柄を選んでいる。 ・「話すこと・聞くこと」において，相手に伝わるように，行動したことや経験したことに基づいて，話す事柄の順序を考えている。
主体的に学習に取り組む態度	話す事柄の順序を進んで考えながら，これまでの学習や経験をいかして考えとわけを話そうとしている。

◎ 学習指導計画　全2時間 ◎

次	時	学習活動	指導上の留意点
1	1	・教科書 P46 の話型を確認する。 ・教科書 P47 の挿絵を見て，動物園にどんな動物がいるのかを確認し，見たい動物とそのわけを考える。 ・「どうしてかというと，○○だからです。」という話型で，理由となる言葉を考える。	・どんな動物がいるのかを出し合って，名前と絵を一致できるようにする。 ・決まった話型を使って，挿絵の動物の名前と，その動物を見たいわけを言い表すことができるよう指導する。
	2	・食べたい食べ物を伝えるためには，どのような話型が使えるのかを確認する。 ・2人組で学んだ話型を使って伝え合う。 ・自分が食べたい食べ物を，学んだ話型を使って話す。 ・2人組で交流した後，グループや全体で発表する。	・前時の話型をもとにして，食べたい食べ物とそのわけを考えるように促す。 ・決まった話型を使って，食べたい食べ物とそのわけを言い表すことができるよう，練習時間を確保する。

わけを　はなそう

第 1 時（1/2）

本時の目標　話型を使って，自分の見たい動物とそのわけを話すことができる。

板書例

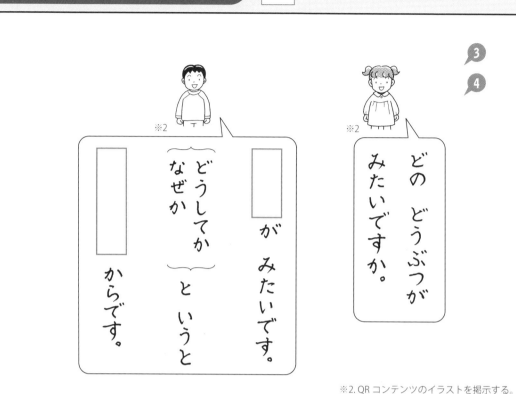

どの　どうぶつが　みたいですか。

〔　　　〕が　みたいです。

どうしてか
なぜか
というと

〔　　　〕からです。

※2. QRコンテンツのイラストを掲示する。

POINT　児童は語彙が少なく，「かわいい」「かっこいい」という言葉で表現しがちである。相手に分かりやすく伝えるために，

1 挿絵を見て，どんな動物がいるのかを確認しよう。

T　教科書 47 ページの挿絵を見ましょう。どんな動物がいますか。隣の人と動物の名前を確認しましょう。

ここにライオンがいるよ。

かばやぞうもいるね。

T　どんな動物がいるのか，発表しましょう。
C　ワニがいます。
C　コアラの親子です。
C　コアラのそばに，カンガルーの親子もいます。

挿絵の中の動物たちの名前と，それぞれの動物がどこにいるかを全員で確かめ合う。

2 見たい動物とそのわけを考えよう。

T　この絵の中で見たいと思う動物はいますか。ノートに動物の名前を書いてみましょう。

ノートに動物の名前を書くときに，うまく書けない児童に対しては個別で支援をする。

T　どの動物が見たいか，発表しましょう。

ライオンが見たいです。

ペンギンの親子を見たいです。

T　○○さんは，どうしてライオンが見たいと思ったのですか。
C　ライオンってかっこいいから！
T　どういうところがかっこいいのかな。
C　たてがみがかっこいいです。
T　ただ「かっこいい」だけではなく，思ったことを詳しく話してくれると，聞く方もよく分かりますね。

教師が見たい理由を尋ねて，この後の活動につなげる。

❶

め みたい どうぶつと わけを かんがえて はなそう

わけを はなそう

※ 教科書 P47 の挿絵を掲示する。

❷

らいおん
たてがみ かっこいい
※1

ぺんぎん
こどもが かわいい
※1

※1. 児童から出てきた動物を指したり，拡大したりして示してみせる。

どういうところがかっこいいのか，かわいいのかを詳しく話すように指導する。

---

3 教科書の話型を使って，練習しよう。

T 教科書 46 ページを見ましょう。2 人の友達が，お話をしています。読んでみましょう。

　音読のパターンとして，①教師→児童，②児童→教師，③教室を半分に分けて，④ペアで，が考えられる。

T 見たいわけを伝えるときは，「どうしてかというと～からです。」や「なぜかというと～からです。」と言っていますね。

T では，隣の人と，この話し方を使って，見たい動物とそのわけを話す練習をしてみましょう。

どの動物が見たいですか。

ペンギンが見てみたいです。どうしてかというと，ペンギンの子どもがかわいいからです。

4 練習したことを使って，わけを話してみよう。

T 練習したことをみんなの前でやってみましょう。

どの動物が見たいですか。

アルパカが見てみたいです。なぜかというと，毛がふわふわとしてかわいいからです。

　最初にチャレンジした児童の頑張っていた様子や工夫したところを教師が見つけて，ほめるようにする。また，聞いていた児童からもよかったところを発言させる。

　教師や友達が頑張りを見つけてほめることで，チャレンジする児童もどんどん出てくるだろう。

わけを はなそう

第 2 時 (2/2)

板書例

たべものの なまえ

- らあめん
- けえき
- はんばあぐ
- かれえらいす
- たこやき
- おこのみやき
- いちご
- ぶどう
- めろん
- うどん

※児童の発表を板書する。この食べ物の中から，食べたい食べ物を選ばせる。

※カタカナ表記の伸ばす音を含む言葉を，カタカナ未習の段階にひらがなで書く場合は，「らあめん」・「らーめん」のどちらでもよいことになっている。本時の板書では「らあめん」としている。

POINT　児童が出し合った食べ物の名前から選択肢を作ることは，児童と一緒に授業をつくる上でとても大切な活動となる。児童

1　前時の活動を振り返り，本時の活動を理解しよう。

T　前の時間は，見たい動物とそのわけを話す活動をしました。

前時で撮影していた発表の動画があれば，それを見るとどんなことをしたのかがすぐに思い出され，分かりやすい。

T　今日は，今，食べたい食べ物とそのわけを話す活動をします。どんな話し方ができそうですか。

「どの食べ物が食べたいですか。」と聞きます。

「なぜかというと」を使います。

わたしだったら「うどんが食べたいです。」と言うかな。

「どうしてかというと」でもいいです。

児童の発表を板書にまとめ，話型を確認する。

2　食べたい食べ物を出し合おう。

T　今，どんな食べ物を食べたいですか。隣の人と話をしてみましょう。

たこ焼きがいいなあ。大好きだもん。

お腹が空いたから，ラーメンが食べたいなあ。

T　思いついた食べ物を発表しましょう。
C　ラーメンです。
C　ケーキです。
C　ハンバーグがいいです。
C　カレーライスが食べたいです。

児童が発表した食べ物の名前を板書していく。この食べ物の名前を次の活動の選択肢として利用する。どの児童も分かる食べ物であることが望ましいが，分からない食べ物が出てきた場合は，画像検索などしてその場で提示できるとよい。

| 準備物 | ・黒板掲示用イラスト QR |

ICT　児童が食べ物の名前を言ったときに，画像検索をして提示すると，どんな食べ物のことを言ったのかどの児童も理解できる。

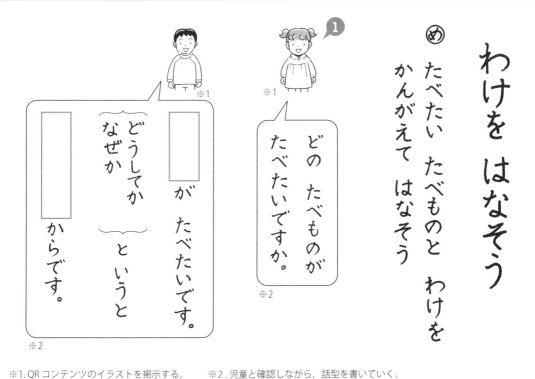

め　たべたい　たべものと　わけを
かんがえて　はなそう

わけを　はなそう

❶
どの　たべものが
たべたいですか。
※2

〔　　〕が　たべたいです。
どうしてか
なぜか　〕と　いうと
〔　　〕からです。
※2

※1

※1.QR コンテンツのイラストを掲示する。　※2.児童と確認しながら，話型を書いていく。

にとってより楽しい授業になるだろう。

3 話型に合わせて，自分が食べたい食べ物とそのわけを話す練習をしよう。

T　黒板に書いてある食べ物の中から 1 つ選んで自分が食べたい食べ物とそのわけを話します。ただ「好きだから」「おいしいから」だけではなく，どんなところが好きなのか，おいしいのかもあわせて詳しく話をしてくれると，聞いている相手にも話がよく分かりますよ。まず，話すことをノートに書いてみましょう。

　　自分が話す，答えの文「○○がたべたいです。どうしてか（なぜか）というと，◇◇からです。」をノートに書かせる。

T　ノートに書けたら，隣の人と話す練習を何度もしましょう。

どの食べ物が
食べたいですか。

ラーメンが食べたいです。
なぜかというと…

4 自分が食べたい食べ物とそのわけを発表しよう。

T　練習したことをみんなの前でやってみましょう。

どの食べ物が
食べたいですか。

お好み焼きが
食べたいです。
どうしてかと
いうと…

　　この時間も，最初にチャレンジした児童の頑張っていた様子や工夫したところを教師が見つけて，ほめるようにする。

T　みなさん，しっかりと食べたい食べ物とそのわけが言えましたね。今日みんなの前で発表して思ったことや，友達の発表を聞いてよかったところを発表してください。

　　学習を振り返り，全体で交流する。

おばさんと　おばあさん

◎ 指導目標 ◎

・長音の表記，助詞の「へ」の使い方，句点の打ち方を理解し，文の中で使うことができる。
・語と語との続き方に注意することができる。

◎ 指導にあたって ◎

① 教材について

　　長音についての学習です。題名の「おばさんとおばあさん」のように，長音によって意味の変わる言葉を含む唱え歌もあり，児童は楽しんで取り組むでしょう。また，「― へ ― する。」という文型についても理解し，書くことができるようになることを目指します。

　　楽しんで取り組むことで，長音についての印象は深くなるでしょう。ただし，本当に定着させるためには，使い慣れ，書き慣れることも大切です。たくさん書く時間を確保したいものです。「おねいさん」「いもおと」のように，発音につられた間違いもあります。これらについては意図的に取り上げ，間違いやすいことを指摘する方がよいでしょう。

② 個別最適な学び・協働的な学びのために

　　長音や「へ」の表記は，1年生にとって難しい内容の1つです。読書などでこれらの違いを普段から見慣れていない児童にとっては，この学習で初めて意識することになります。授業時間だけで習得させようと考えず，この学習をきっかけとしてこれから定着させていくという意識が教師側には必要でしょう。

　　「おばさん」と「おばあさん」といった1文字で内容が大きく変わるということがらは，楽しく学べることでもあります。児童にとって印象の残る学習にするには，この楽しさの部分を繰り返し強調したいところです。

知識 及び 技能	長音の表記, 助詞の「へ」の使い方, 句点の打ち方を理解し, 文の中で使っている。
思考力, 判断力, 表現力等	「書くこと」において, 語と語との続き方に注意している。
主体的に学習に取り組む態度	進んで長音のある言葉を見つけようとし, これまでの学習をいかして文を書こうとしている。

次	時	学習活動	指導上の留意点
1	1	・教科書 P48 の唱え歌を音読し, 長音のある言葉を読む。 ・教科書 P49 の長音のある言葉をノートに書き写す。 ・長音のある言葉探しをする。	・長音がある場合とない場合を比較し印象づけて, 長音になることで言葉の意味が変わるものがあることに気づかせる。 ・「おねいさん」などの間違いやすい例も示す。
	2	・助詞「へ」を使った例文を読み, その使い方を理解する。 ・「―へ―。」という, 助詞「へ」を使った文を作り, 書く。	・「へ」を「くっつきの『へ』」と呼び, 今後の呼び方として統一する。 ・文を作るときは, できるだけたくさんノートにかかせる。難しいときは, 隣の人と 2 人組で考えてもよいことにする。

本時の目標　長音のある言葉を正しく読んだり，書いたりする。

板書例

◇ のばして よむ ことばを みつけよう ④

すうじ
ゆうやけ　　　　　　　　　　　　　　　　　う—
おねえさん　　　× おねいさん　え—
おとうさん　　　× おとおさん
いもうと　　　　× いもおと
おとうと　　　　× おとおと　お—
ろうそく　　　　× ろおそく

まほう
ほうき
たいそう
ぼうし
ふうせん
かあど

※児童の発言を板書する。

※「カード」など長音のある言葉を，カタカナ未習の段階にひらがなで書く場合は，「かあど」「かーど」のどちらでもよいことになっています。本書の場合は，「かあど」としています。

POINT　理屈で説明するのは，難しい内容である。たくさん発表させて，たくさん書かせたい。

1 「長音の唱え歌」を音読し，長音のある言葉について知ろう。

T　（教科書P48を範読後）みんなで音読しましょう。
全員で一斉に音読する。

T　48ページの下に2人の絵がありますね。読んだ文でいうと，どちらがだれか分かりますか。

C　ほうきにのっている人が，おばさん。

C　体操している人が，おばあさん。

T　「おばさん」と「おばあさん」。似ているけれど，どこか違いますね。どんなところが違いますか。

 おばあさんは，おばさんよりお年寄りです。

 おばさんには「あ」がないよ。

 おばあさんは，読むときに「あー」と伸ばします。

長音があることで言葉の意味が変わるものがあると気づかせる。

T　1文字伸ばす音が入ると違う意味になる言葉もあるのです。今日はこの「伸ばす音」の学習をします。

2 長音のある言葉を読み，長音を理解しよう。

教科書P49の長音のある言葉を声に出して読む。

T　教科書のどの言葉にも，線が引いてあるところがありますね。線のところが伸ばす音のところです。

C　「おかあさん」だったら「かあ」のところだね。

T　音を伸ばすのを忘れると，どうなるでしょう。

人の名前みたいだね。　おかあさん→おかさん　若くなっちゃった。　おばあさん→おばさん

長音を抜かして印象づける。他の言葉も同様に間違い例を書いて注意を促す。1文字ずつ声に出しながら板書していく。

T　「おねえさん」は，「おねいさん」と間違える人がいますから気をつけましょう。

オ列長音の例外（本書P137参照）については，本時の学習内容がある程度身についた後で，例外だけを取り出して指導するとよい。

準備物
・教科書P48の挿絵（黒板掲示用）
・ワークシート QR

ICT　文の書き方が分からない児童もいる。長音の言葉をノートに書くときに，ノートを実物投影機で大きく映し出しながら指導するとよい。

おばさんと　おばあさん

め　のばして　よむ　ことばを　みつけて　かこう

① おばさん
　おば**あ**さん

※教科書 P48 の挿絵を掲示する。

② ③
おか**あ**さん　　×おかさん　　〈よむとき〉
おば**あ**さん　　×おばさん　　　あー
おに**い**さん　　×おにさん　　　いー
おじ**い**さん　　×おじさん

3　長音のある言葉を書き写そう。

T　教科書 49 ページの伸ばす音のある言葉を全てノートに書きましょう。

「おかあさん」から「ろうそく」まで書くのだね。

伸ばす音を忘れずに書かないと…ね。

T　まず，「おかあさん」だけを書きます。次は，「おばあさん」を隣に書きます。では，次は？
C　おにいさん。
T　そうですね。では，この後は，もう分かりますね。

　黒板や教科書を写すのは簡単な作業のようで，意外と児童は混乱することがある。確実に取り組ませるために，1つずつ指導していく。書き方も，1行に1つの言葉とそろえる方が混乱も少なくてよい。
　ワークシート QR を配って書かせてもよい。

4　長音のある言葉を他にも見つけて書こう。

T　実は，48 ページの文に，「おばあさん」の他に，伸ばす音のある言葉があります。隣の人と一緒に見つけましょう。

あ，「まほう」ってそうじゃない？

そうだね。「ほうき」も…，あと「たいそう」もあった！

T　見つけた言葉を発表してください。（発表後）では，もっと他の言葉はありませんか。
C　「ぼうし」「ふうせん」「カード」。

　長音のある言葉には，「カード」「ゲーム」のようにカタカナ表記も多い。ここで「カタカナの言葉以外」では混乱するため，児童が発表したものは，間違っていなければ否定せず「かあど」等できるだけそのまま板書していく。
　最初は板書した言葉をノートに書かせる。慣れてきたら「では，思いついた言葉をノートに書いて」と促していくとよい。

おばさんと　おばあさん
第 **2** 時（2/2）

本時の目標：くっつきの「へ」を使って文を書くことができる。

板書例

◇ くっつきの 「へ」の ぶんを つくろう

・やま へ いく。
・おみせやさん へ いく。
・たいいくかん へ いく。
・えいがかん へ いく。
　（×へいがかん）
　（×ええがかん）

※児童の発表を板書する。

❹ ❸

〈 ばしょの なまえ 〉
（ どこ ）〈 へ 〉いく。
↓
よむ ときは え と よむ。

POINT　最後には，くっつきの「へ」を使った文を隣と相談するなどして，たくさん書かせたい。

1 教科書の例文を読み，「くっつきの『へ』」を知ろう。

「こうえんへいく。」と板書する。

T　みんなで読んでみましょう。（全員で読む）

T　ひらがなの読み方が，いつもと違うなと思ったところはありませんか。

「へ」の読み方がふつうと違います。

「へ」と書いてあるけど，「え」と読んでいました。

T　そうですね。「こうえん」の「え」と同じ読み方をしていましたね。

T　この「こうえんへいく。」の文にある「へ」は，「くっつきの『へ』」と呼びます。今日は「くっつきの『へ』」の使い方を勉強します。

2 「くっつきの『へ』」の使い方を理解しよう。

T　「こうえんへいく。」という文は，「公園という場所へ行く」という意味に使われています。

T　では，次の文はどうですか。

「うみへいく。」「がっこうへいく。」という文を板書し，文を読ませる。ここでは，「くっつき」の印象を強めるため，「うみ」「いく」といった言葉をカードに書いて黒板に貼り付け，「へ」だけを板書する。カードを準備しない場合は，これらの言葉を枠で囲んで示すようにする。

T　「くっつきの『へ』」を使った文を書きました。みんなで読んでみましょう。

うみへいく。
がっこうへいく。

C　「うみ」「がっこう」という場所を表す言葉のあとに「へ」を使っています。「くっつきの『へ』」は，場所を表す言葉にくっついて，「え」と読むのです。

132

| 準備物 | ・「こうえん」「へ」「いく」と書いたカード（教科書と同じ色/形）
・ワークシート QR |

ICT　実物投影機で映しながら1つ, 2つの言葉をノートに書く書き方を示すことで, 書き方を分かりやすく伝えることができる。

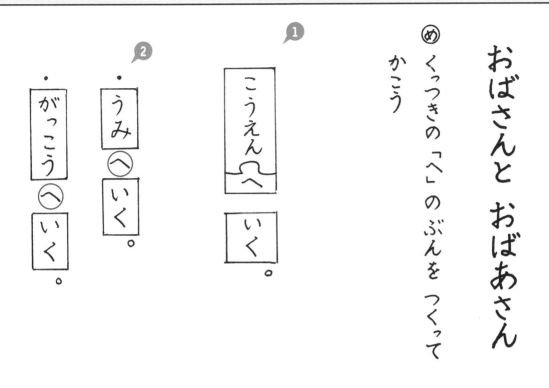

おばさんと　おばあさん

め　くっつきの　「へ」の　ぶんを　つくって　かこう

① こうえん へ いく。

② うみ へ いく。　がっこう へ いく。

---

3 「くっつきの『へ』」を使って文を作り, 視写しよう。

T　今度は, 「くっつきの『へ』」を使って文を作りましょう。「くっつきの『へ』」の前には, どこか場所を表す言葉を入れますよ。だれか考えられた人はいますか。

やまへいく。

おみせやさんへいく。

T　（児童の発表した文を板書して）うまく作れましたね。では, この文をみんなで声に出して読みましょう。
C　「やまへいく。」「おみせやさんへいく。」
T　「くっつきの『へ』」はみんな「え」と読めていましたね。では, この黒板の文をノートに写しましょう。

4 「くっつきの『へ』」を使った文をもっと作って書こう。

T　では, 「くっつきの『へ』」を使って, もっと文を作りましょう。学校の中のどこかの場所の名前とか, これまでに行ったことのあるところなど考えてみるといいかもしれませんね。
T　できるだけたくさん考えてノートに書いてみましょう。隣の人と相談して考えてもいいですよ。一緒に考えた文は, 2人ともノートに書くといいですね。

いいね！私は, この前映画を見に行ったから, 「えいがかんへいく。」って考えたよ。

「たいいくかんへいく。」ってどうかな。

書けた文を発表させ, 交流する。クラスの実態として自由作文が難しいような場合は, 教師が場所名を板書し, それを「—へいく。」の文にあてはめさせてノートに書かせてもよい。また, ワークシート QR などを使ってもよい。

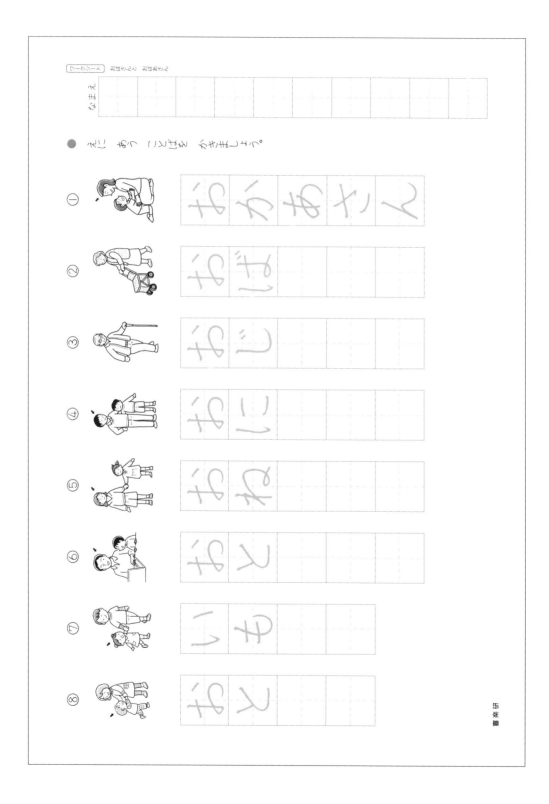

● えを　みて　ぶんを　つくりましょう。（なにも　かかない　□ますが　あっても　いいです。）

なまえ

① こうえんへ　いく。

② がっこう

③ えき

喜楽研

とおくの
おおきな
こおりのうえを
おおくの
おおかみ
とおずつ
とおる

あいうえおで　あそぼう

◎ 指導目標 ◎

・平仮名を読み，書くことができる。

・長く親しまれている言葉遊びを通して，言葉の豊かさに気づくことができる。

・姿勢や口形，発声や発音に注意して話すことができる。

◎ 指導にあたって ◎

①　教材について

　　リズムのよい詩です。五十音表も組み込まれており，児童も言葉を見つけるなど楽しんで読むことでしょう。教科書の上では，ここで初めて五十音表を扱うことになります。機械的に暗誦するだけでなく，表を様々な見方で見たり，児童の発見を取り上げたりして，平仮名への興味を引き出したいものです。

　　五十音表は，1 年生の教室では掲示されていることが多いことでしょう。単に掲示しているだけでなく，暗誦のときはもちろん，何かときっかけを見つけては五十音表につなげて意識させていくとよいでしょう。五十音表を覚えているかどうかは，国語辞典を引くときに大きな差となって出てきます。1 年生の段階では，あまり重要性が感じられないかもしれませんが，ぜひ徹底して暗誦する学習を組み込んでおきましょう。1 時間，2 時間で全員が覚えることを目指すのではなく，国語の時間は，五十音表の暗誦から始めるといった継続的な取り組みによって，無理なく実践できるでしょう。

②　個別最適な学び・協働的な学びのために

　　五十音を 2 年生以降でも不自由なく使いこなせるようになるには，かなりの練習量が必要です。そのためには，この単元の間に繰り返し練習するだけでなく，この単元の終了後も機会を見つけては練習することが大切です。

　　さらに，五十音を唱えることを楽しいと感じるようになってくると，きっかけがあれば自分から唱えるようにもなるはずです。そのため，リズムを味わったり，みんなでそろえて暗誦したりする楽しさも意図的に経験させておきたいところです。

知識 及び 技能	・姿勢や口形，発声や発音に注意して話している。 ・平仮名を読み，書いている。 ・長く親しまれている言葉遊びを通して，言葉の豊かさに気づいている。
主体的に学習に取り組む態度	進んで平仮名の五十音を確かめ，これまでの学習をいかして言葉遊びを楽しもうとしている。

◎ 学 習 指 導 計 画　　全 3 時 間 ◎

次	時	学習活動	指導上の留意点
1	1	・教科書 P50-51 の「あいうえおのうた」をリズムよく読む。 ・言葉を確認し，イメージをふくらませる。 ・自分たちの「あいうえおのうた」を作る練習をする。	・手拍子をつけて，リズムにのって音読する。 ・まず，「あ」から始まる行の「あいうえおのうた」づくりを 2 人組で取り組ませる。
	2	・「あいうえおのうた」の各行・各列の特徴を調べる。 ・自分たちの「あいうえおのうた」を 2 人組で考え，みんなが発表し，作り上げる。	・言葉の並びに注目させる。 ・クラスの「あいうえおのうた」の完成を目指す。
	3	・五十音表を口の形を意識しながら読む。 ・五十音表の特徴を知る。 ・五十音表の中から言葉を探したり，しりとりをしたりする。 ・五十音表を覚える。	・いろいろな読み方で読んでみる。 ・言葉探しを楽しむことで，五十音表に親しませる。 ・暗誦に向けて取り組む。

あいうえおで　あそぼう

第 **1** 時 （1/3）

板書例

4

◇ つくってみよう

（「あ・い・う・え・お」の　どれでもよい）

・あさがお　えにっき　あいうえお
・あめんぼ　いっぱい　あいうえお
・ありさん　いぬさん　あいうえお

※教科書の例や児童の発表を板書する。

あ ○○○
↓
○○ い ○○○
○○○ あいうえお

3

◇ てを たたきながら よもう

あや・・　いす・・　あいうえお

2

◇ ことばを たしかめよう

・くわの み
・なのはな

※児童の発言を板書する。

※ QR コンテンツの画像などを掲示して説明する。

POINT　リズムのよさを味わえるように，手拍子などを自由に組み合わせたい。

---

1 「あいうえおのうた」を音読しよう。

T　先生がまず読みます。聞きましょう。
　　教科書 P50-51 の「あいうえおのうた」を範読する。

T　リズムのいい詩です。今度は先生に続いて読みましょう。

（ふきだし）あやとり　あやとり
いすとり　いすとり
あいうえお　あいうえお

以下，同じように区切って全文を読んでいく。

T　次は，1 行ずつ，先生に続いて読んでみましょう。
T　「あやとり　いすとり　あいうえお」
C　「あやとり　いすとり　あいうえお」
　　同様にリズムよく全文を読む。

T　「ん」は「うん」ではなく，切って読みましょう。

2 言葉を確かめ，イメージをふくらまそう。

言葉の意味やイメージを確認する。児童の発する言葉を大切にしながら，言葉を確認していく。

T　知っている言葉はありますか。知らない言葉はどれですか。
C　「くわのみ」って何ですか。
T　「桑の実」を知っている人はいますか。

知っている児童に説明させる。いなければ，教師が説明する。画像などを見せてもよい。全ての言葉を詳しく説明していると時間が足りなくなる。音読する上でイメージできればよいので，あまり時間をかけすぎないようにする。

T　「わくわく」と「わいわい」から，どんな気持ちがしますか。
C　「わくわく」はうれしい気持ち，「わいわい」はみんなで一緒に楽しく，って感じがします。

準備物
・教科書P50-51「あいうえおのうた」（黒板掲示用）
・画像（かきのみ，くわのみ，なのはな）QR

ICT
児童にとってなじみのない言葉がある。その言葉の画像を事前に用意しておいて児童に提示すると，イメージしやすくなる。

あいうえおで あそぼう

め りずむに のって おんどくしよう
「あいうえおの うた」を つくってみよう

①

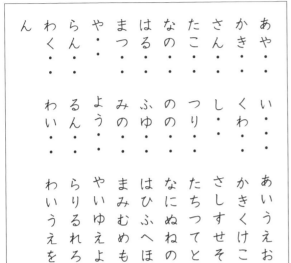

あいうえお
あ・・・い・・・あいうえお
かき・・・くわ・・・かきくけこ
さん・・・し・・・さしすせそ
たこ・・・つり・・・たちつてと
なの・・・の・・・なにぬねの
はる・・・ふゆ・・・はひふへほ
まつ・・・みの・・・まみむめも
や・・・よう・・・やいゆえよ
らん・・・るん・・・らりるれろ
わく・・・わい・・・わいうえを
ん

※教科書 P50-51 の「あいうえおのうた」を掲示する。

3 リズムよく手拍子をつけて，何度も音読しよう。

T 今度は手を叩きながら読んでみましょう。先生がお手本を見せます。

最初は分かりやすく「あやとり いすとり あいうえお」の下線部で手を叩くといったようなものがよい。

T では，今度は一緒にやってみましょう。

あやとり いすとり あいうえお
かきのみ …

全員 一緒に手拍子をつけて全文を読んでいく。

T 次は，1人でできる人いるかな。

挙手する児童がいれば，指名して読ませる。何人かを1人ずつ指名したり，列ごとに読ませたりと変化をつけて楽しく音読に取り組む。「あやとり いすとり あいうえお」の下線部を手拍子で唱えることにしてもよい。

4 クラスの「あいうえおのうた」を作る練習をしよう。

T みんなにも「あいうえおのうた」を作ってもらいます。同じようにリズムよく読めるうたを作りましょう。

T まず，「あ」から始まる行を考えてみましょう。1つ目の言葉は「あ」で始まる言葉，2つ目は「い」で始まる言葉です。隣の人と協力して考えましょう。

「あ」は，「あり」「あめんぼ」とかあるよ。

「い」だったら，「いっぱい」「いちばん」はどう？

先にできた児童に発表させたり，教科書の例「あさがおえにっき～」を確かめたりして，3～4音の言葉でリズムよくできると気づかせる。難しそうであれば，2つ目の言葉は，「あいうえお」のどの字で始まる言葉でもいいことにする。

T 自分達の「あ」から始まる行はできましたか。

C 「あめんぼ いっぱい あいうえお」でいいね。

T 考えられたら，忘れないように2人ともノートに書いておきましょう。

本時の目標　自分達の「あいうえおのうた」を作り，発表することができる。

板書例

◇ 4

くらすの 「あいうえおの うた」

あめんぼ　いっぱい　あいうえお
かまきり　くわがた　かきくけこ
さくらが　さいたよ　さしすせそ
たぬきが　てつぼう　たちつてと
なかよし　にこにこ　なにぬねの
はっぱが　ひらひら　はひふへほ
まんじゅう　もぐもぐ　まみむめも
やなぎが　ゆらゆら　やいゆえよ
らいおん　ろぼっと　らりるれろ
わにさん　わらった　わいうえを
ん

※児童の発表をもとに，「クラスのうた」を完成させ，板書する。

◇ 2

「あいうえおの うた」の あそびかた

① さいごに あいうえお （かきくけこ…）
② さいしょの もじが あかさたな…
③ ふたつめの ことばの はじまり
・「あいうえお」の「い」
・「かきくけこ」の「く」…

※児童の発表を板書する。

POINT 1行でもよいので，自分達で選んだ言葉で作らせたい。そのためには，友達の作品を参考にしたり，アドバイスをもらったり

1 「あいうえおのうた」を リズムよく音読しよう。

T　前の時間にいろいろな読み方をしました。<u>自分の好きなリズムの取り方で読みましょう。</u>
C　手拍子のところで声も大きくして読んでみよう。
C　全部に手拍子をつけて，ゆっくり読んでみよう。

T　では，窓側の列の人，立ってやってみましょう。

　　1列ずつ立って1人ずつ読ませる。間違えたり，リズムが崩れたりしたらやり直しさせる。<u>ユニークなものや，生き生きとした表情の児童など，</u>よいと思われるところがあったら，取り上げてほめるようにする。

T　○○くんは，大きく口を開けて大きな声でできていてよかったよ。

T　△△さんは，文字ひとつひとつにリズムよく手を叩いていたね。

パンパン

2 「あいうえおのうた」の 各行，各列の特徴を調べよう

T　この『あいうえおであそぼう』は，どんなふうに「あいうえお」で遊んでいますか。隣の人と考えてみましょう。

3つ目の言葉は「あいうえお」だね。

次の行は，「かきくけこ」，3行目は「さしすせそ」と続いているね。

T　どんなところが「あいうえおで遊んでいる」と言えますか。
C　1つ目の最初の字が，あかさたな…で，あいうえおの表の最初の字と同じです。
T　2つ目の最初の字がどうなっているか見てみましょう。1行目は「あいうえお」の「い」，2行目は？
C　「かきくけこ」の「く」で始まる言葉だね。
C　3行目は「さしすせそ」の「し」になっている！

　　各行の最初の文字も，1行目から順にあの列，かの列…で始まる言葉になっていることに気づかせる。

準備物　・教科書P50-51の「あいうえおのうた」（黒板掲示用）

ICT　児童が作成した作品をPDF形式で取り込み，児童の端末に共有すると児童も保護者も作品を読み味わうことができる。

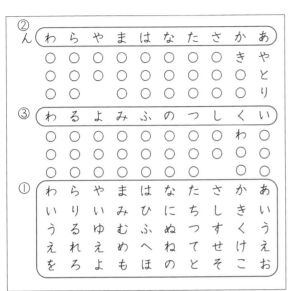

❶

め　「あいうえおの うた」を しらべよう

くらすの うたを つくろう

あいうえおで あそぼう

※教科書 P50-51 の「あいうえおのうた」を掲示する。
（児童の発表にあわせて，①，②，③の印をつけ，赤色で囲む）

してもよいことにする。

3 隣の人と「あいうえおのうた」を考えよう。

T　前の時間に，1行目を作ってもらいましたね。隣の人と2人で読んでもらいましょう。
C　あめんぼ　いっぱい　あいうえお。
C　あさがお　いろいろ　あいうえお。
T　同じように，2行目から後の行も作りましょう。どれか好きな行を選んで，隣の人と言葉を考えましょう。このうたの遊び方をヒントに考えましょう。

ぼくたちは「かきくけこ」の行で考えよう。か…か…「かまきり」

いいね！次の言葉は…「くわがた」でどうかな。

教科書 P51 の例「たいこを〜」も参考に，助詞がついた言葉になってもいいと気づかせる。

T　考えたらノートに書きましょう。1つできたら，他に同じ行や別の行でも考えてみましょう。みんなのうたを集めて全部の行を作れたらすごいですね。

4 自分達で作った言葉を発表し，集めて「クラスのうた」を作ろう。

T　作ったうたを発表してもらいましょう。
C　たくさん書けたけど，全部発表するのかな。
T　どのペアも1行ずつ発表しましょう。いくつも考えてたくさん書けた人は，その中でいちばんいいと思うものを2人で選んで発表して下さい。

決まらないようなら，「発表する行の上に○をつける」と指示を出すと作業が進みやすくなる。

T　「かきくけこ」を選んだ人から発表してください。

「かまきり　くわがた　かきくけこ」 です。

ぼくたちのは，「かっぱが　きのぼり　かきくけこ」 です。

全員の発表をもとに教師が整理して板書し，「クラスのうた」を仕上げる。最期に，全員で「クラスのうた」をリズムよく楽しく読む。

あいうえおで　あそぼう

第 3 時（3/3）

本時の目標　五十音表に親しむことができる。

板書例

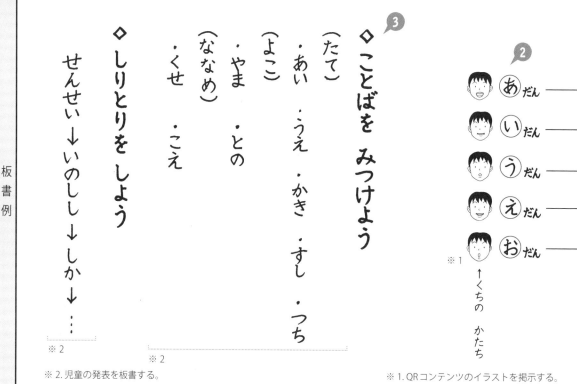

◇ ことばを　みつけよう

（たて）
・あい　・うえ　・かき　・すし　・つち

（よこ）
・やま　・との

（ななめ）
・くせ　・こえ

◇ しりとりを しよう

せんせい↓いのしし↓しか↓…

※2

※2. 児童の発表を板書する。

2

あだん ——
いだん ——
うだん ——
えだん ——
おだん ——

※1
↑くちの　かたち

※1. QRコンテンツのイラストを掲示する。

POINT　五十音表を使って，言葉探しやしりとりを楽しむことで，五十音表に親しませたい。自分が見つけた言葉の部分は覚え

1 五十音表をたてに読んで，自分の口の形を再確認しよう。

教科書 P52-53 を開かせる。

T　この「あいうえおの表」は「五十音表」とも言います。たてに順番に読んでいきましょう。

C　（全員で）「あいうえお，かきくけこ，…，ん」

T　「あ」の口をやってみましょう。どうなりますか。

大きく口をあけるのだったね。

同様に，「い」「う」「え」「お」の口の形を意識させ，口をどう開けば正しい発音ができるかを確認する。

T　「うたにあわせてあいうえお」で勉強しましたね。では，口の形に気をつけてもう一度読んでみましょう。

C　「あいうえお，かきくけこ，…，ん」

長くのばしたり，区切ってみたり，ひそひそ声にしたり，いろいろな読み方で読ませる。

2 五十音表を横に読み，特徴を知ろう。

T　次は，五十音表を横に読んでいきましょう。

C　あかさたなはまやらわ，いきしちにひみいりい…。

黒板の五十音表を指しながら，読ませていく。

T　1段目は，伸ばすと同じ音になりますよ。

あー，かぁー，さぁー，たぁー…。
全部「あ」になるね。

T　伸ばして「あ」になる 2 段目を「ア段」と言います。では，2 段目も同じように伸ばして読んでみましょう。

C　いー，きぃー，しぃー，ちぃー，…。

T　伸ばすと「い」になる「イ段」です。3 段目は？

C　うー，くぅー，すぅー，つぅー，…。「ウ段」！

C　4 段目が「エ段」，5 段目が「オ段」です。

C　どの段も「あいうえお」の口の形と一緒になるね。

準備物
・五十音表　2枚（1枚は書き込み用）
・黒板掲示用イラスト QR

ICT
五十音表データを端末に配信すると，直接書き込んで言葉探しができる。間違っても容易に修正することができる。

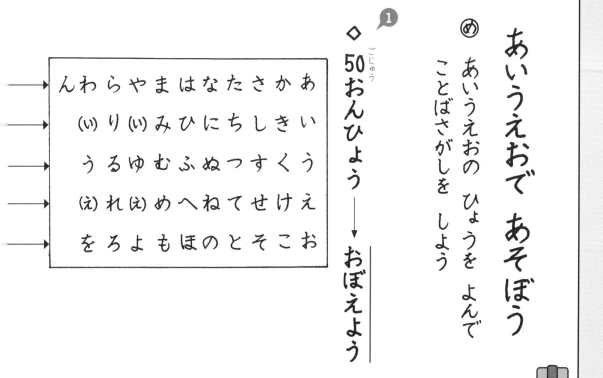

あいうえおで あそぼう

め あいうえおの ひょうを よんで ことばさがしを しよう

◇ 50おんひょう（ごじゅう） → おぼえよう

ん	わ	ら	や	ま	は	な	た	さ	か	あ
	（ゐ）	り	（ゐ）	み	ひ	に	ち	し	き	い
	う	る	ゆ	む	ふ	ぬ	つ	す	く	う
	（ゑ）	れ	（ゑ）	め	へ	ね	て	せ	け	え
	を	ろ	よ	も	ほ	の	と	そ	こ	お

やすくなる。

3 五十音表の中から言葉を見つけよう。しりとりをしよう。

T　五十音表の中で，続いている文字を使ってできる言葉を見つけてみましょう。

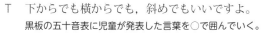

あい。　うえ。　かき。

T　下からでも横からでも，斜めでもいいですよ。
　　黒板の五十音表に児童が発表した言葉を○で囲んでいく。

T　今度は，しりとりをします。どの字も1回は始まりの字になるように，できるだけつなげていきましょう。最初の言葉は「せんせい」から始めましょうか。使った文字「せ」を消しますよ。
　　50音表の「せ」の肩にチェックを入れる。

T　どんどん発表して，いくつの文字を消せるかな。

C　「せんせい」→「いのしし」→「しか」→　…

4 五十音表を覚えよう。

T　今から五十音表を覚えましょう。五十音表は，覚えていると便利です。国語辞典を使うときに，覚えていない人はすごく困ります。

C　覚えられるかな。

T　今日で全部覚えなくてもいいから頑張りましょう。
　　五十音表の「ア段」だけを見せるか，板書する。

T　まずは「ア段」だけです。「あ」を指したら「あいうえお」と大きな声で言いましょう。

んわらやまは なたさかあ　あいうえお！

ひそひそ声で，テンポを変えて，区切ったりのばしたり，などの変化も楽しい。1文字ずつ消す，列ごとに交代して読む，など練習する。覚えたと思う児童は，後ろを向いて言うことなどに挑戦させてもよい。

つぼみ

◎ 指導目標 ◎

・事柄の順序を考えながら，内容の大体を捉えることができる。
・文の中における主語と述語との関係に気づくことができる。
・語のまとまりや言葉の響きなどに気をつけて音読することができる。
・文章の中の重要な語や文を考えて選び出すことができる。

◎ 指導にあたって ◎

① 教材について

　アサガオ，ハス，キキョウという 3 つの植物の，それぞれのつぼみの姿とそのつぼみがどのように開き，どんな花になるのかが説明されている文章です。そして，つぼみから花が開くところは同じでも，つぼみの形や開き方は花によってさまざまであることが述べられています。生物の共通性と多様性が，ここにも見てとれます。また，出てくるつぼみは，アサガオの他は児童もあまり目にしたことがないかもしれません。それだけにハスやキキョウのつぼみの形やその開き方を知った児童は，「へえ，そうなのか」と，初めて知る知識となり興味をもつでしょう。説明文を読むおもしろさです。

　また，説明の形としては，始めに「いろいろな花のつぼみを…」という呼びかけがあり，これから「つぼみ」についての説明をすることが，まず述べられます。次につぼみの形の説明とともに，「これは，何のつぼみでしょう。」という問いかけの文が出てきます。「何だろう」という思いをもったところで「答え」にあたる文が続き，何のつぼみだったのかがそれぞれの花の開き方とともに説明されます。このように「問いかけ」と，その「答え」で説明をすすめるのは，説明的文章でよく使われる形です。この説明文を通して，内容とともに説明のしかたの基本的な「型」に触れることができます。

　それから，ここでは画像が大切なはたらきをしています。「さきが　ねじれた　つぼみ」も，画像があることにより「ねじれた」とはどのような様子なのか，具体的な姿とつながります。つまり，ここで言葉と事実とをつなぐ役割をしているのが，画像（写真・イラスト・実物）だと言えます。

② 個別最適な学び・協働的な学びのために

　1 年生の児童が，初めて出会う説明的文章になります。つぼみとその花が，「問い」→「答え」というパターンの 3 回の繰り返しで説明されています。繰り返しの好きな 1 年生にとっては，分かりやすい文章の組み立てです。授業では，1 年生のこの時期，まず声に出して正しく読めることが出発点になります。何度も読むことを通して，このような説明的文章の組み立てや繰り返しにも気づいてきます。内容については，「何という花のつぼみのことが，書いてありましたか」のような具体的な問いかけも交えて，みんなで読みすすめます。その際，「どこを読んで分かったのか」「この文に，こう書かれているから」などと，文の表現をもとにして話し合うようにします。文から離れた「思い」だけの話し合いにならないことが大切です。一方，初めて知ったことや，どんなことをおもしろく思ったのかなど，個別の読みを経験ともつないで，自分なりの言葉で語り合う交流も大切な活動です。

知識及び技能	・文の中における主語と述語との関係に気づいている。 ・語のまとまりや言葉の響きなどに気をつけて音読している。
主体的に学習に 取り組む態度	・「読むこと」において，事柄の順序などを考えながら，内容の大体を捉えている。 ・「読むこと」において，文章の中の重要な語や文を考えて選び出している。
主体的に学習に 取り組む態度	・積極的に説明の順序を捉えながら文章を読み，学習課題に沿って分かったことや考えたことを伝えようとしている。

◎ 学習指導計画　全8時間 ◎

次	時	学習活動	指導上の留意点
1	1	・つぼみを見たこと（経験）を話し合う。 ・教科書を開き，教師の範読を聞いて，お話の大体をとらえる。	・「つぼみ」という言葉になじみをもたせる。 ・はじめにあたり，音読を聞くときの「聞き方」の姿勢なども指導する。
	2	・全文を音読し，どんなつぼみが出てきたのかを話し合い，3つのつぼみを確かめる。	・姿勢や発声など，クラスでの「音読の決まり」のようなものを確かめる。
	3	・音読し，「つぼみ」の話は，前書きと3つのつぼみの話で書かれていることを話し合う。	・つぼみは3つ出てくる。そのつぼみごとに音読し，まとまりに気づかせる。
2	4	・1つ目の，あさがおのつぼみや花が咲く様子は，「問い」に答える「答え」の形で書かれていることを話し合う。	・「さき」「ねじれた」などの語句は，写真ともつないで，その意味を分からせる。 ・「これは，なんの　つぼみでしょう。」は，「尋ねている（問題の）文」だということに気づかせる。 ・「問い」の「答え」にあたる文は，「その答えは，どこにどう書いてありますか。」という問いかけで，本文から見つけさせる。
	5	・2つ目の，はすのつぼみについても，「問い」と「答え」の文で説明されていることを話し合う。	
	6	・3つ目の，ききょうのつぼみについても，「問い」と「答え」の文を中心にして説明されていることを話し合う。	
3	7	・3つのつぼみの話には，共通する文があったことを振り返り，どの話も「問い」と「答え」で書かれていたことを話し合い，まとめる。	・「問い」「答え」そして，つぼみから花への変化の「説明」は，何かを説明するときの1つのパターン（型）であることに気づかせる。
	8	・「もっと知りたい」と思ったつぼみと，そのわけを隣どうしで話し合い，発表する。 ・学習を振り返り，できたことを確かめ合う。	・振り返りやまとめは，できたこと，頑張ったことを出し合い認め合う。いわゆる「反省会」にはならないようにする。

※発展として，ここに出てくる植物以外のつぼみを見せて，「問い」と「答え」の形で児童と応答できると楽しいでしょう。

本時の目標	・範読を聞き，『つぼみ』の話には3つの花のつぼみのことが書かれていたことが分かる。 ・つぼみを見たことなど，つぼみについて知っていることを話し合うことができる。

板書例

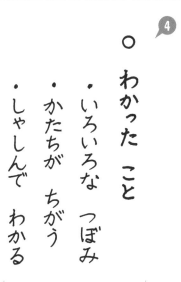

〈よそう〉
どんな つぼみが？
いくつ？

〈おはなしを きいて〉
・あさがお
・はす ┐の つぼみ （3つ）
・ききょう ┘

○ わかった こと
・いろいろな つぼみ
・かたちが ちがう
・しゃしんで わかる

※児童の発言を板書する。

POINT 範読がお話との出会いになる。聞きよい範読を心がける。また，1年生の始めにあたり，この時期に「聞き方」や「話し方」

---

1 花とそのつぼみを見て，つぼみとはどのようなものなのか，話し合おう。

できれば，何かの花とつぼみを見せるところから導入したい。ユリなどは大きく分かりやすい。タンポポなどは避ける。

T　ここに花があります。（見せる）何の花でしょう。
C　ユリの花です。お家にもあります。
C　ユリです。今，花屋さんでよく見る花です。
T　そう，これはユリの「花」です。では，（つぼみを見せて）これもユリですが，花ではありません。何というものでしょうか。知っていますか。

> 葉っぱではなく花の咲く前のもの。

> ユリの「つぼみ」だと思います。

T　そうです，ユリの「つぼみ」です。では「つぼみ」って，どんなものなのか，お話しできますか。
C　花が咲く前の，花の子どもかな？
C　花になる前の形を「つぼみ」って呼んでいます。

2 つぼみを見た経験を話し合い，教科書のつぼみの写真を見よう。

つぼみを見た経験を具体的に話し，つぼみに関心をもたせる。体験を「話す」「聞く」言語活動もとり入れたい。

T　では，ユリのつぼみの他に，何かのつぼみを見たことはありますか。見た人は，お話ししましょう。

> 4月に公園のさくらが咲く前に，枝にいっぱいつぼみがついていました。

> 学校のさくらの木にもありました。

> チューリップのつぼみも見ました。

T　どんなときに，つぼみはできていますか。
C　花が咲く前に，つぼみができています。
C　さくらのつぼみは，しばらくして花になりました。
T　いろんなつぼみがあるのですね。では，教科書の54ページを開けましょう。何の写真でしょうか。
　　ここで児童の関心を，教科書の『つぼみ』に切り替える。
C　3つの写真がある。つぼみかな。
C　何のつぼみだろうな。どんな花になるのかな。

準備物
・花とそのつぼみ（ユリなど実物があるとよい。
　なければその画像でもよい）
・ユリの花，つぼみの画像 QR

ICT
デジタル教科書の挿絵を拡大して映し，つぼみや様子から気づいたことを出し合うと，児童のつぼみに対する興味関心を高めることができる。

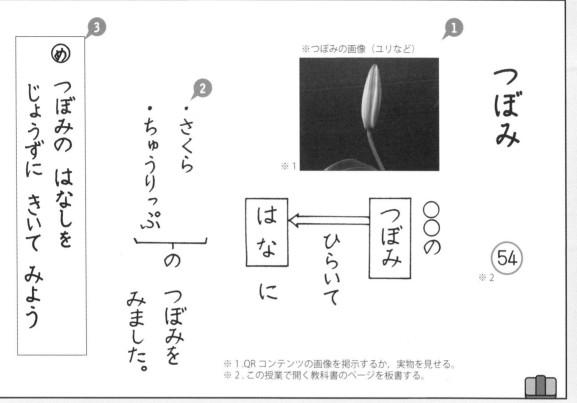

③

め
つぼみの はなしを
じょうずに きいて
みよう

②
・さくら
・ちゅうりっぷ ｝の つぼみを
　　　　　　　　みました。

は な
に

○○の
つぼみ
ひらいて
→ はな に

①
※つぼみの画像（ユリなど）
※１

つぼみ

㊿

※２

※１．QR コンテンツの画像を掲示するか，実物を見せる。
※２．この授業で開く教科書のページを板書する。

などの基本的な学習習慣も繰り返し教え，習慣化できるようにする。

3 つぼみの写真について話し合い，範読を聞く姿勢になろう。

教科書の写真を見て，何のつぼみなのか簡単に話し合う。

C　『つぼみ』って書いてある。つぼみのお話かな。

C　1 つはあさがおのつぼみみたいです。何のつぼみかは，そのあとに書いてあると思います。

T　そうです。あとの文章を読むと分かりそうですね。はじめに先生が読みます。はい，聞く姿勢ですよ。

聞くときの姿勢を「聞く姿勢」として教えておく。
1 年生は，範読を聞くことにも練習が必要。まず読むページを正しく開けていることを確かめる。黒板の端などにも「54」と開くページを書き，どこを読むのかを意識させる。

T　読んでいるところを指でなぞります。まず『つぼみ』の「つ」をおさえましょう。

はい，押さえました。

読み始める前に，最初の文字を押さえさせる。聞くことに集中させるための手立てである。耳，目，指を使わせる。

4 範読を聞き，『つぼみ』に書かれていたことを話し合おう。

T　では，読みます。（範読）

最初の読み聞かせのときには，文章と写真とを照らし合わせられるように特にゆっくりと読む。また「問い」の文のあとは，児童が「何だろう」と考えられるくらいの間をあけて「答え」の文を読む。練習して，いい範読で出合わせたい。

C　考えていたつぼみは，出てきましたか。

C　はい，あさがおは知っていたけど，はすとききょうのつぼみは初めてでした。つぼみは 3 つでした。

T　お話を聞いて，分かったことを話しましょう。

いろんなつぼみがあるのだなと思いました。

3 つのつぼみが出てきたけれど，形はみんな違うことが分かりました。

写真があるので，つぼみの形がよく分かりました。

詳しい読みは次時からになる。ここでは 3 つのつぼみが取り上げられ，違いなどが書いてあることが分かればよい。

本時の目標　全文を読み通し, あさがお, はす, ききょうの3つのつぼみや花のことが説明されていることを, 文章から読み取る。

板書例

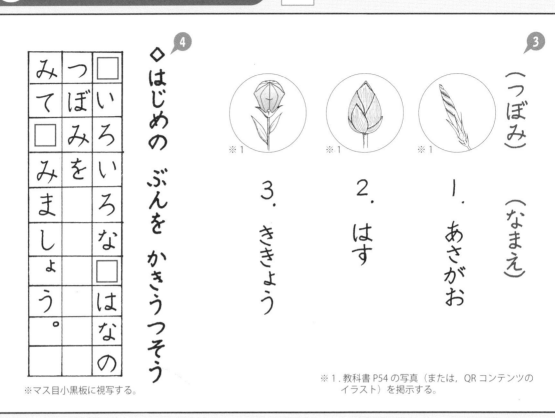

④
◇ はじめの ぶんを かきうつそう

	い	つ	み
	ろ	ぼ	て
	い	み	□
	ろ	を	み
	な		ま
	□		し
	は		ょ
	な		う
	の		。

※マス目小黒板に視写する。

③
（つぼみ）　（なまえ）

1. あさがお

2. はす

3. ききょう

※1
※1
※1

※1.教科書 P54 の写真（または, QR コンテンツの
　　イラスト）を掲示する。

POINT　低学年の国語では, 1時間の中にも「読む」「書く」「話す」「聞く」の言語活動を総合的に入れるようにする。児童は,

**1　3つの写真と文を見て,「つぼみ」の話が
書かれていることを話し合おう。**

T　教科書 54 ページを見ましょう。写真が出ていま
す。何の写真ですか。

C　つぼみです。あさがおのつぼみもあります。

C　3つとも違うつぼみです。

T　では, 写真の上の文を先生が読みます。「いろ
いろな　はなの　つぼみを　みて　みましょう。」
このあと, 何のお話が書いてあるのでしょうか。

写真のつぼみの
話が書いてある
と思います。

3つのつぼみ
のことです。
つぼみの中身
かな？

T　これからつぼみの話が始まることが, この初めの
3行の文に書いてあるのですね。

T　今日は『つぼみ』のお話を, みなさんも一緒に読
んでいきます。読んだ後,「こんなつぼみのことが
分かった」ということを教えて下さい。

2　先生と一緒に, 全文を音読しよう。

全文を音読する。音読の初めなので, まずは先生のあとに
ついて読むやり方で読んでいく。

T　では, この『つぼみ』の話をみんなで読みましょ
う。初めは先生と一緒に読みます。先生は, 丸（。）
と点（、）などで小さく止まって（区切って）読み
ます。そこでみなさんも同じように読むのですよ。

つぼみ　　つぼみ
いろいろな　　いろいろな
はなの　つぼみを　　はなの　つぼみを

このように, 初めは小さく区切り, 次第に点と丸で区切って,
その間を一息で読めるようにする。声がそろわないときはそ
の部分をきちんと読み直す。句点, 読点を意識させる。

つぼみ

め 「つぼみ」を おんどくしよう

❶ いろいろな はなの
つぼみを
みて みましょう。

どんな
つぼみが？

❷ ◇せんせいの あとに ついて
おんどくしよう

（おんどく する とき）
・せすじを のばす
・ほんは りょうてで もつ
・せんせいの いう とおり よむ
・おおきく はっきり ゆっくりと
（くちも）

※クラスで決めたことを別紙に書いておき，適宜掲示するとよい。

「視写」や「音読」にも意欲的に取り組むことが多い。「話し合い」中心の学習にならないようにする。

3 もう一度音読し，何のつぼみが出てきたのかを確かめ合おう。

T　もう一度，声に出して読みましょう。あとで，出てきたつぼみを教えて下さい。読みます。『つぼみ』

C　『つぼみ』（教師のあとについて最後まで音読）

音読前に，音読するときの「決まり」（やり方，気をつけたいこと）を確かめ合い，クラスで定着するよう繰り返し教える。どれもまずはやって見せ，次にやらせてみて，できたことをほめる。
・背筋を伸ばして座る。
・本は両手で持つ。
・先生の指示にあわせて読む。（かってに速く読まない）
・大きく，はっきり，ゆっくりと声を出す（口も大きく）

T　初めに出てきたのは，何のつぼみでしたか。その写真を指で押さえて，発表しましょう。

あさがおの花のつぼみです。

はすのつぼみもありました。

はすもあったけど，初めじゃない。

順番も意識させて，出てきた3つのつぼみを確かめ合う。

4 はじめのページを書き写そう。みんなで，声を合わせて読み通そう。

T　出てきたつぼみは，あさがお，はす，ききょうのつぼみでしたね。54ページの写真では，まず，あさがおのつぼみはどれでしょう。指で押さえましょう。

C　はい，（押さえて）これです。

同様にききょうやはすも，写真とつないでとらえさせる。

T　今度は54ページの文をノートに書き写しましょう。

まず，マス目の小黒板に先生が書いて，書き方を教える。

T　先生はこの黒板に書きます。教科書をよく見てみましょう。「いろいろな」は，いちばん上のマスから書いていいですか。

いいえ，「いろいろな」の前（上）は，1マス空けます。

見て回り，正しく写せていればノートに○をつけていく。
視写は，これからの学習の土台ともなる力。継続的に取り組ませることによって視写の力は着実に身についていく。

T　最後に，先生と声をそろえて読みましょう。（斉読）

本時の目標　音読を通して, 『つぼみ』の話（説明文）の組み立て（構成）は, 前書きと3つのつぼみとその花の話（話題）でできていることが分かる。

板書例

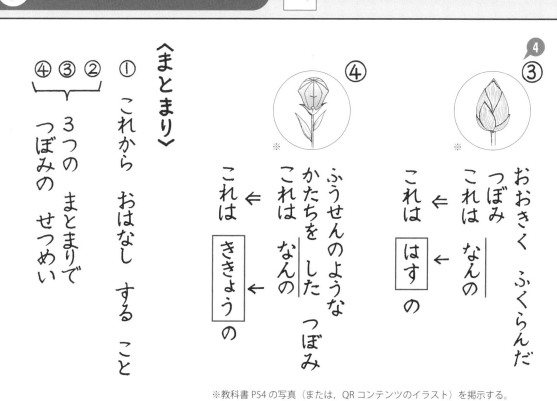

④③②
}
3つの　まとまりで
つぼみの　せつめい

① これから　おはなし　する　こと

〈まとまり〉

これは　[ききょう]　の　←

これは　なんの　つぼみ

ふうせんのような
かたちを　した　つぼみ

④

おおきく　ふくらんだ
つぼみ
これは　なんの　←
これは　[はす]　の　←

③

※教科書 P54 の写真（または, QR コンテンツのイラスト）を掲示する。

POINT　「音読が好き」という児童は多い。音読という活動は単調なように見えるが, 児童が好きな活動でもある。形を変え, 目先を

1 音読で気をつけること（決まり）を振り返り, 全文を斉読しよう。

　授業のはじめは音読から入り, まず声を出させる。すらすらとは読めない児童もいるので, 短く確実に読めるように練習していく。まずは, 声をそろえて読む斉読から始める。

T　読むときの「決まり」がありました。振り返りましょう。姿勢とか読むときに気をつけたいことです。

　小黒板や紙に書いておいて音読の際に提示するか, または常に掲示しておくのもよい。

C　背筋を伸ばして座る。（その姿勢をさせ, ほめる）

C　本は, 両手で持つ。（できていたら, ほめる）

T　○○さん, 本の持ち方上手, 姿勢もいい。花丸！

T　先生も一緒に読みます。先生に合わせて, みんなで声をそろえて読みましょう。

つぼみ
いろいろな　はなの　つぼみを　〜

はじめなので, 読む速さ, 間の取り方など, 教師がリードするようにして音読をすすめる。

2 1 人で音読しよう。友達の音読を聞き合おう。

　斉読の次は, 1 人 1 人が読む 1 人音読につなぐ。児童それぞれが文章と向き合い, 自分のペースで音読する。

T　今度は 1 人ずつ, 自分で読みましょう。

C　「つぼみ　いろいろなはなの〜」（各自で音読）

T　今度は, 1 人で立って読みます。『つぼみ』のお話を, 4 人で分けて読んでもらいましょう。

　下のように 4 つの部分に分け, 指名して読ませる。

　　①教科書 P54………… 前書き
　　②教科書 P55-56 …… あさがお
　　③教科書 P57-58 …… はす
　　④教科書 P59-60 …… ききょう

T　はじめ（①）は, △△さん読みましょう。

C　はい, 「つぼみ　いろいろな〜　」（①を読む）

　続けて②③④も指名して音読させる。その後, 交代して別の 4 人に音読させる。

152

| 準備物 | ・教科書P54の3つのつぼみの写真，または，黒板掲示用イラスト |
| ICT | あさがおや他に生活科で植物を育てる学習と合わせて，児童がタブレットなどの端末で写真撮影をしておくと記録を残していくことができる。 |

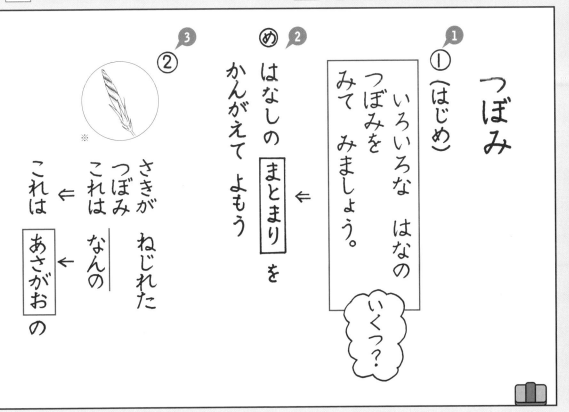

変え，飽きさせず音読を楽しませるのも意味のある言語活動になる。

3 「あさがお」について書かれている文章のまとまりを話し合おう。

音読を通して，全体が4つの部分からできている（組み立てられている）ことに気づいてくる。このことを次に確かめる。

T では，○○さんが読んだ②のところ（P55-56）に書いてあったのは，何のことでしたか。
C 「ねじれたつぼみ」のことです。
C それは，P56 ではあさがおのつぼみのことです。
T ②（P55-56）をみんなで読んでみましょう。
C （音読して）やっぱり，あさがおのつぼみと花のことでした。P55 はつぼみで P56 は花のことです。
T すると P55 と P56 は，1つのお話だと言えますね。何のお話と言えますか。題をつけるとしたら？

『あさがおのはなし』
『あさがおのつぼみと花』かな。

P55 は「問い」，P56 は「答え」になるが，どちらも話題は『あさがお』ということで，1つのまとまりだと気づかせたい。

4 『つぼみ』の話は，4つのまとまりでできていることを話し合おう。

『つぼみ』の話は，あさがおと，はすときききょうのつぼみと花という3つのまとまりで書かれていることを確かめる。

T では，③（P57-58）には，何のことが書いてあったのでしょうか。みんなで③を読んでみましょう。（斉読）

ここに出てくるつぼみははすです。
はすのことが書いてあります。

T では，ききょうのつぼみのことが書いてあったのは，どこですか。ページを指で押さえましょう。
C （みんな）④のところ（P59 と P60）です。
T 読んで確かめましょう。ききょうが出てくるかな。
C （P59，60を斉読して）ききょうの話でした。
T ②③④と，3つのまとまりが見つかりました。では初めの①の「いろいろなはなの…」のところは，どんなことが書いてあると言えるかな。
C これからお話（説明）することが書いてあります。

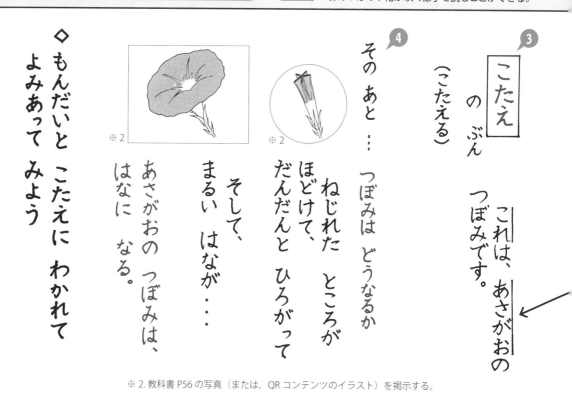

つぼみ

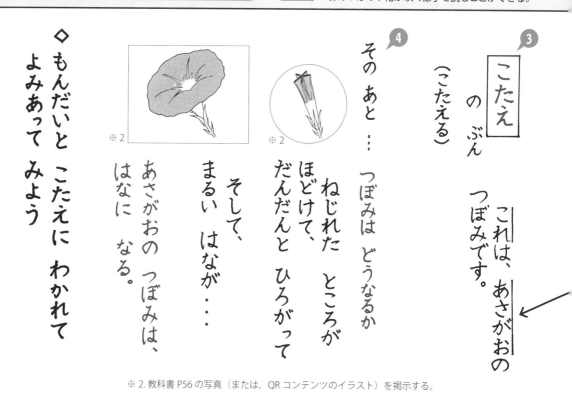

つぼみ

第 **4** 時 （4/8）

本時の目標

・あさがおのつぼみの形や咲く様子は，「問い」と「答え」の文で書かれていることが分かる。

・写真と照らし合わせて言葉の意味をとらえ，あさがおのつぼみや花が咲く様子を読むことができる。

板書例

③

こたえ

の ぶん

（こたえる）

これは、あさがおの
つぼみです。

④

その あと …

つぼみは どうなるか

ねじれた ところが
ほどけて、
だんだんと ひろがって

※2

そして、
まるい はなが …

あさがおの つぼみは、
はなに なる。

※2

◇ もんだいと こたえに わかれて
よみあって みよう

※ 2.教科書 P56 の写真（または，QR コンテンツのイラスト）を掲示する。

POINT 児童は，文には「問いかけ」の文があることをここで知る。その言い方は「問い」の文，「問題」の文，「たずねている」文など，

1 全文を音読し，あさがおのつぼみの様子を，写真とつないで考えよう。

T 『つぼみ』のお話を４つに分けて，列ごとに読んでもらいましょう。（前時に学習した①〜④にわけて音読）

T このように，『つぼみ』の話は４つのまとまりで書かれていました。今日は，このまとまりに何が書いてあるのかを読んでいきます。あとで，分かったことを発表しましょう。はじめに出てきたつぼみのところを音読しましょう。（教科書 P55-56 を音読）

T ②（P55）のはじめの文を，もう一度読みましょう。

C 「さきが ねじれた つぼみです。」（斉読）

T 「さき（先）」って，教科書の絵では，どこですか。「さき」のところを指で押さえましょう。

ここです。

各自で押さえさせた後，黒板でも指しに来させる。
「ねじれた」についても同様に確かめ合う。このとき，どこがねじれているのかだけでなく，「ねじれた」様子についても写真とつないで確かめ合う。タオルなど，何かをねじって斜めになるところを見せるのもよい。

2 「これは なんの つぼみでしょう。」の文は，どんな文なのかを考えよう。

T では，55 ページの文をみんなで読みましょう。

C 「さきが ねじれた つぼみです。
これは なんの つぼみでしょう。」

T ２つ目の「これは なんの つぼみでしょう。」という文は，ふつうの文と少し違います。どんなときに，このような言い方をしますか。

「なんのつぼみ」って聞いているから…。

何かたずねるときかなあ。

教科書 P55 の「これは なんの…」の文は「問い」（問いかけ・問題・たずねる）の文であることに気づかせる。

T そう，何かをたずねるときの言い方ですね。これは「問題の文」「問いの文」「たずねる文」なのです。もう一度，みんなで読んでみましょう。

C 「これは なんの つぼみでしょう。」

準備物
・教科書のあさがおのつぼみと花の写真，または，黒板掲示用イラスト
・タオルなど（「ねじれて」を見せる）
・マス目小黒板（視写見本掲示用）

ICT
デジタル教科書にある「マイ黒板」機能を活用して，あさがおの挿絵と問いの文，答えの文をまとめていくと，児童も分かりやすい。

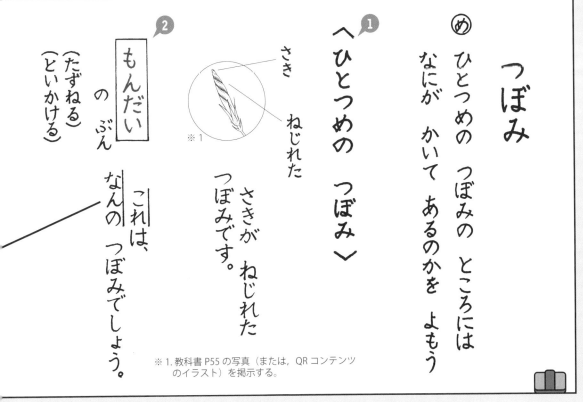

めつぼみ

ひとつめの　つぼみの　ところには
なにが　かいて　あるのかを　よもう

❶〈ひとつめの　つぼみ〉

さき　ねじれた

さきが　ねじれた
つぼみです。

※1

❷
もんだい
（たずねる）
（といかける）
の ぶん

これは、なんの　つぼみでしょう。

※1. 教科書 P55 の写真（または，QR コンテンツのイラスト）を掲示する。

文の性格を表す文名を，児童の意見も聞いてクラスで決めておくとよい。ここでは「問題」の文としている。

3 何のつぼみなのかは「問い」と「答え」の文章で書かれていることを話し合おう。

T 「問題の文」では，何をたずねているのかな。
C 「何のつぼみか」，花の名まえを尋ねています。
T では，「これは」の「これ」とは，どのことですか，その文を指しましょう。
C 「さきがねじれたつぼみです。」のつぼみのこと。
C 写真のつぼみのことです。

T では，「なんのつぼみでしょう」という「問題」の「答え」はどこに書いてありますか。読める人は？
C 次のページの 56 ページです。（P56 を音読）
「問い」（P55）と「答え」（P56）の部分（のセット）で説明されていることを話し合う。

T そうです。あさがおの写真のページ（P56）に，「答え」が書かれています。どの文で分かりますか。

「これは，あさがおのつぼみです。」の文で，答えは「あさがお」だったことが分かります。

4 答えの文を読み取り，「問い」と「答え」に分かれて読もう。視写もしよう。

T そのあとの文には，何が書いてあるのでしょうか。
C 「…が　ほどけて，だんだんと　ひろがって…」と，つぼみから花が開いていく様子が書いてあります。
C 「まるい　はな」が咲くことも書いてあります。
「ほどけて」「ひろがる」などの言葉も教科書の写真を指させてつなぐ。

T では，あさがおのところを「問題」と「答え」のページに分かれて読みましょう。あとで交代します。
クラスを 2 つに分けて音読させる。分かれて読むことで，「問い」と「答え」で書かれていることを意識づける。児童を適宜 2 グループに分け，交代して音読させるとよい。

さきが…です。これは，なんのつぼみでしょう。

これは，あさがおのつぼみです。…

最後に，P55-56 からクラスの実態に応じて書ける文の量を決め，視写させる。

<table>
<tr><td>本時の目標</td><td>2つ目のつぼみの話を読み，はすのつぼみの形や咲き方について，「問い」とその「答え」の形で書かれていることが分かる。</td></tr>
</table>

板書例

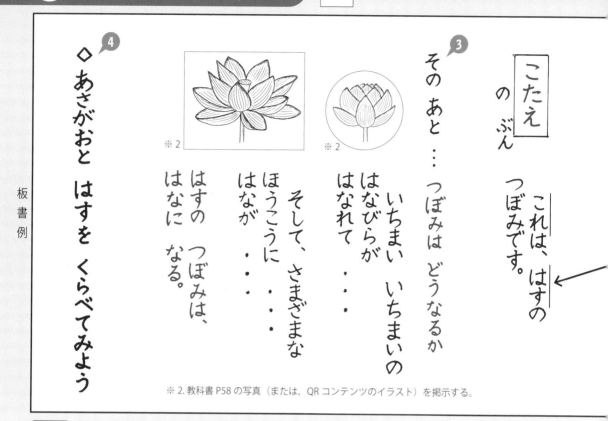

④
◇あさがおと はすを くらべてみよう

③
その あと … つぼみは どうなるか

はなびらが
いちまい いちまいの
はなれて ・・・

そして、さまざまな
ほうこうに ・・・
はなが ・・・

はすの つぼみは、
はなに なる。

こたえ
の ぶん

これは、はすの
つぼみです。

※2. 教科書 P58 の写真（または，QR コンテンツのイラスト）を掲示する。

POINT 「はす」の話を，「あさがお」での説明のしかたとも比べて，どちらも「問い」と「答え」のパターンで書かれている

1 全文を音読し，「問い」と「答え」の役割に分かれて読もう。

T 読む姿勢をしましょう。（全文を斉読）

T 今度は，はじめのページ（P54）は先生が読みます。つぎの「あさがお」からは，つぼみのページ（問い）は窓側の列，花のページ（答え）は，廊下側の列の人が読みます。次も同じで，つぼみのページと花のページを交代で読みます。では先生から読みます。

T 「いろいろな はなのつぼみを みてみましょう。」

さきがねじれた つぼみです。
これは、なんのつぼみでしょう。

これは、あさがおのつぼみです。
ねじれたところがほどけて…
まるいはながさきます。

このように，「問い」と「答え」の部分を分けて交代で読む。

T 今度は，「問題」と「答え」のところを，それぞれ1人で読んでもらいましょう。

前書きも入れて1ページずつ7人で読む。この他，列ごと，隣どうしで，など読む組に変化をもたせて読む。

2 はすのつぼみの「問い」と「答え」の文を文章から見つけよう。

T 1つ目のつぼみは，あさがおでした。では，2つ目のつぼみの話を読みましょう。何ページかな。

C 57 ページです。「おおきくふくらんだつぼみです。これは，なんのつぼみでしょう。」（一人読み）

T 「おおきくふくらんだ」ところを指しましょう。そして，この57ページをみんなで読みましょう。（斉読）

T では，今読んだところに，1つ目の「あさがお」のお話の文と同じ文はありましたか。

C 「これは，なんのつぼみでしょう。」は同じです。

T この文は，どのような言い方の文でしたか。

C 「たずねている」文，「問題」の文でした。

T では，問題の「なんのつぼみでしょう」の答えは，どこに書いてありますか。そこを読みましょう。

C 次の58 ページの「これは，はすのつぼみです。」つぼみの答えは「はすのつぼみ」と分かります。

T すると，はすのつぼみのお話も「問題」と「答え」の文で書いてあることが分かりますね。

| 準備物 | ・教科書のはすのつぼみと花の写真，または，黒板掲示用イラスト QR
・マス目小黒板 (視写見本掲示用) | ICT | デジタル教科書にある「マイ黒板」機能を活用して，はすの挿絵と問いの文，答えの文をまとめていくと，児童も分かりやすい。 |

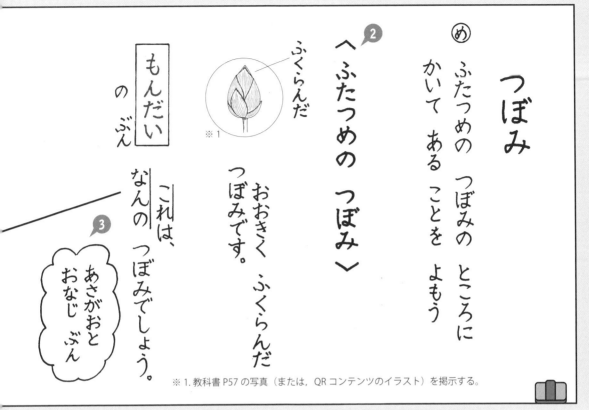

つぼみ

め ふたつめの つぼみの ところに かいて ある ことを よもう

② 〈ふたつめの つぼみ〉

ふくらんだ

※1

おおきく ふくらんだ つぼみです。

もんだい の ぶん

これは、なんの つぼみでしょう。

③ あさがおと おなじ ぶん

※1. 教科書 P57 の写真（または，QR コンテンツのイラスト）を掲示する。

ことに気づかせる。このような「対比」（同じ点と違う点が分かる）は１年生でもでき，読む力のひとつとなる。

3 あさがおの「問い」と「答え」の文と比べ，はすのつぼみが花になる様子を読み取ろう。

「はす」の話も，「あさがお」と同じパターンで，「問い」とその「答え」で説明されていることを話し合う。

T では２つ目の，はすのお話の「問題」と「答え」の文を読みましょう。その文の横に線を引きましょう。

これは，なんのつぼみでしょう。これは，はすのつぼみです。

T あさがおの「問題」と「答え」の文も読みましょう。児童に読ませ，同じ言い方（構成）だと気づかせる。

T 「はす」の答えの，後の文も読みましょう。(P58 斉読)

T はすのつぼみは，どうなるのですか。

T まず，「一枚一枚の花びらが離れていきます」というのはどのような様子でしょうか。その様子が分かる写真があります。指で押さえましょう。

写真を指で押さえさせながら，「はなれて」の意味を読み取らせる。次の文の「さまざまなほうこうに」「ひろがって」の意味も，画像と照らし合わせて読み取らせる。

4 あさがおとはすのつぼみを比べよう。

T あさがおのつぼみと比べて，「はすのつぼみも同じだな」と思うところはありましたか。

C どちらも，つぼみは開いて花になるところが同じです。

T では，違うところはありましたか。

つぼみの形が違います。

花びらの開き方が違います。はすは，一枚一枚の花びらがはなれていきます。

花の形も違います。あさがおは，まるい花が咲くけれど，はすの花は，花びらが一枚一枚いろんな方向にひろがって咲きます。

あさがおとはすのつぼみの様子，花の咲く様子の違いを確かめ合う。

時間に応じて，P57 の「問い」の文と，P58 の「答え」の文を視写させる。

本時の目標　3つ目のききょうのつぼみの話を読み，どのつぼみについても，まず「問い」の文があり，それに答える形で説明されていることが分かる。

板書例

◇ おなじ ぶん、にた ぶん
・もんだいの ぶん
・こたえの ぶん

※2

※2

ききょうの つぼみは、
はなが
はなに なる。
つながった まま
そして、とちゅうからは ・・・

その あと … つぼみは どうなるか
さきの ほうから
いつつに わかれて、
ひらいて ・・・

※2. 教科書 P60 の写真（または，QR コンテンツのイラスト）を掲示する。

こたえ の ぶん

これは、ききょうの つぼみです。

POINT　「問い」の前には，つぼみの姿が書かれ，「答え」のあとには，つぼみから花までの変化が述べられている。この 4 つの

1 「問い」と「答え」に分かれて，全文を音読し，振り返ろう。

授業の始めは音読から…としておくのもよい。音読を続けていくと読み方も安定し，読む声にも自信が出てくる。1人ずつ読む，列ごとに読むなど，変化をつけて練習させる。

T　今日は，1人に1ページずつ読んでもらいましょう。読みたい人は手を挙げましょう。

挙手ではなく指名してもよい。7人で交代して音読させる。

T　はじめの54ページから順に交代して読みましょう。

つぼみ いろいろな はなの つぼみを…

さきが ねじれた つぼみです。これは…

T　お話の1つ目と2つ目に出てきたのは，何のつぼみでしたか。
C　1つ目はあさがお，2つ目ははすのつぼみでした。
T　今日は，3つ目のつぼみの話を読みます。

2 3つ目のつぼみの話にも，「問い」と「答え」の文があることを話し合おう。

T　3つ目のつぼみのページ（P59）を開けましょう。そして，つぼみの写真を指で押さえましょう。
T　3つ目のつぼみは，どんなつぼみだと書いてありますか，写真と文を指して，読みましょう。（斉読）
T　では，1ページずつ（P59とP60）交代して読みます。

窓側と廊下側の列などに分かれて音読する。

T　「あさがお」「はす」と同じ文は出てきましたか。
C　「これは，なんのつぼみでしょう。」は同じ文です。
C　「問題」の文です。
T　「問題」の文は，3つ目も同じ文ですね。
T　次の，60ページはどうでしょう。「あさがお」「はす」と同じ文，似たような文はありましたか。
C　「これは，ききょうのつぼみです。」が同じ文です。「ききょう」のところが違うだけです。
T　これは，どんな文ですか。
C　「答え」の文です。

| 準備物 | ・教科書のききょうのつぼみと花の写真，または，黒板掲示用イラスト **QR**
・マス目小黒板（視写見本掲示用） | I C T | デジタル教科書にある「マイ黒板」機能を活用して，ききょうの挿絵と問いの文，答えの文をまとめていくと，児童も分かりやすい。 |

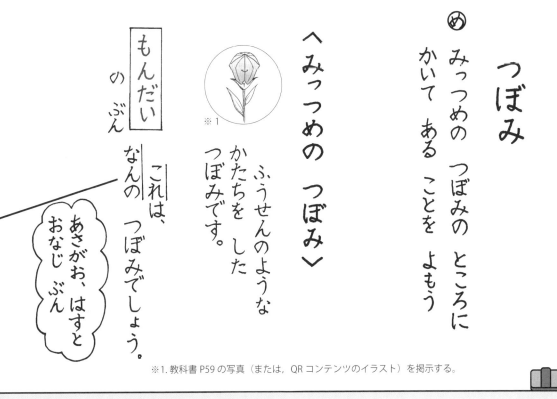

※1. 教科書 P59 の写真（または，QR コンテンツのイラスト）を掲示する。

文が繰り返されていることを取り上げてもよいだろう。

3 ききょうのつぼみはどうなるのか，答えのあとの説明を読もう。

答えの文のあとには，つぼみから花が咲く様子の説明があることを話し合う。

T　3つ目のつぼみの話にも「問題」の文があって，「答え」の文がありました。同じでした。

T　3つ目のつぼみは，「ききょう」でした。では，答えの文のあとには何が書いてあるのか，答えのページ（P60）を読みましょう。（斉読）

T　ききょうのつぼみは，どうなるのですか。

> 先の方から5つに分かれて開いていきます。

> そして，途中からは，つながったまま花が咲きます。

T　「5つにわかれて…」のところはどこでしょうか。写真でも指で押さえましょう。

写真を指で押さえさせながら，その意味を読み取らせる。「とちゅうからは，つながったまま…」の様子も写真を指させ，照らし合わせてとらえさせる。

4 まとめとして，同じ「問い」が繰り返されていることを確かめよう。

T　ここを読むと，つぼみはどうなっていくのかが分かりますね。どんなことが分かりましたか。

C　つぼみは開いて花が咲くことです。

これまでと同じように，3つ目の話にも「問題」の文と「答え」の文が繰り返されていることをまとめる。

T　3つ目のききょうのつぼみの話を，1つ目のあさがおや2つ目のはすのつぼみの話と比べてみると，同じ文やよく似た文があることが分かりました。

T　「同じだな」「似ているな」と思った文はどの文でしたか，読んでみましょう。

> これは，なんのつぼみでしょう。

> これは，ききょうのつぼみです。

T　違っていたところは，どこですか。

C　「ききょう」が，「あさがお」「はす」でした。

T　つぼみの話には，このように「問題」の文と「答え」文が出てくるのです。この文を書き写しましょう。

時間に応じて，P59，60 を視写させる。

本時の目標　あさがお, はす, ききょうのつぼみの話には, どれも「問題」の文と「答え」の文, 「せつめい」の文があったことが分かる。

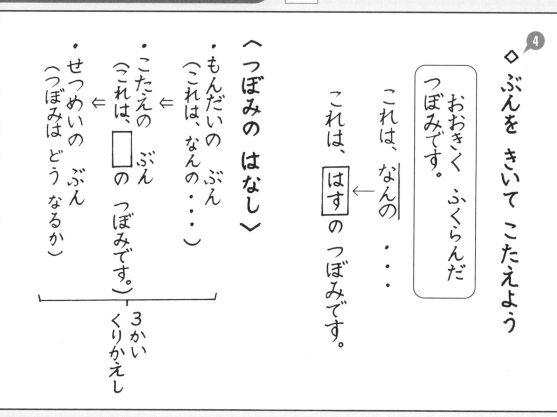

板書例

❹

◇ ぶんを きいて こたえよう

```
おおきく ふくらんだ
つぼみです。
```

これは、なんの ・・・

これは、[はす]の つぼみです。

〈つぼみの はなし〉

・もんだいの ぶん
　（これは、なんの ・・・）　←

・こたえの [　] ぶん
　（これは、[　]の ぶん
　　　っぼみです。）　←

・せつめいの ぶん
　（つぼみは どう なるか）

3かい くりかえし

POINT　まとめとして, この話が「問題」と「答え」の形が繰り返されて, 書かれていることを意識づける。そのため, 指で文を

1　全文を音読し, 「問題」の文を確かめよう。

T　お話にはいくつのつぼみが出てきましたか。どんなつぼみのことが書いてありましたか。
C　3つで「あさがお」「はす」「ききょう」です。
T　この3つ, どんなつぼみでどんな花だったのか, 読んで振り返りましょう。読む姿勢ですよ。(斉読)
T　55ページの「これは, なんのつぼみでしょう。」という文を指で押さえましょう。
T　この文は, 他にもありましたね。このような文を, 何と呼びましたか。

「問題」の文と言いました。

はすやききょうのページにもありました。

「問題」の文の他にも「問い」の文や「問いかけ」「尋ねている」文などの言い方がある。1年生でもなじみやすい語として, ここでは「問題」の文という言い方で通している。

2　「問い」に対しての「答え」があったことを振り返り, 確かめよう。

T　55ページの「これは, なんのつぼみでしょう。」という「問題」の「答え」は, 何でしたか。
C　「これは, あさがおのつぼみです。」が答えでした。
T　その「答え」の文は, どこに書いてありましたか。指で押さえましょう。

つぎのページ (P56) に書いてありました。はじめの文です。

あさがおの花の写真もあるので, 分かります。

T　そして, 「答え」の文のあとには, 何が書いてありましたか。
C　あさがおのつぼみがどうなっていくのかです。
C　つぼみは, ほどけて広がっていくことです。
C　丸い花がさくことです。
T　つぼみから花になっていく「せつめい」ですね。

同じように, はすやききょうのページでも確かめ, 「問題」「答え」「せつめい」の文があることを確かめる。

| 準備物 | ・教科書の3つのつぼみの写真，または，黒板掲示用イラスト QR
・（あれば）さくらやチューリップなど児童の知っているつぼみの画像（クイズの素材） | ICT | これまでにまとめた「マイ黒板」機能を活用すると，3つとも挿絵と問いの文，答えの文があることが視覚的に分かりやすい。 |

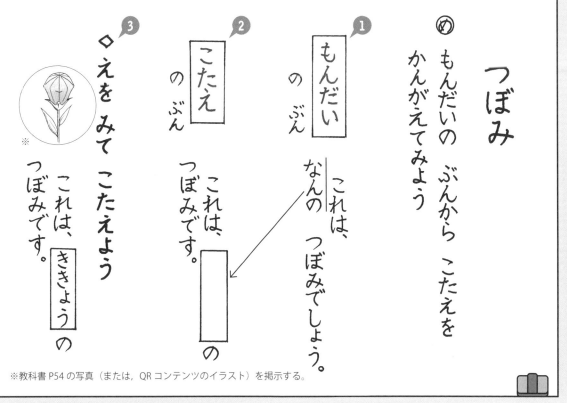

つぼみ

め もんだいの ぶんから こたえを かんがえてみよう

① もんだい
のぶん

これは、なんの つぼみでしょう。

これは、□ の つぼみでしょう。

② こたえ
のぶん

これは、□ の つぼみです。

③ ◇えをみて こたえよう

これは、□ の つぼみです。

これは、ききょう の つぼみです。

※教科書 P54 の写真（または，QR コンテンツのイラスト）を掲示する。

押さえさせたり，クイズのような形を入れたりもしている。

3 「問い」と「答え」の応答をして，説明のしかた（構成）を捉えよう。

T　先生は，このつぼみの話から次のような「問題」と「答え」の文を作りました。

T　先生が１つ写真を見せて「問題」の文を読みます。みなさんは，四角 の中に言葉を入れて読みましょう。

T　（ききょうのつぼみの画像を見せて）これは，なんのつぼみでしょう。

これは， ききょう のつぼみです。

　　他，あさがお，はすのつぼみ画像も見せて答えさせる。あと何人か指名して「問題」を出し「答え」の文を読ませてもよい。

　　また，このほか児童にもなじみのあるさくらなどのつぼみの画像があれば「問題」に出して，児童が 四角 に花の名前を入れて「答え」の文を読むようにさせるとよい。

　　何かの花を見せ「これは，なんの花でしょう」という問いもできる。

4 まとめとして，「問い」と「答え」に分かれて音読しよう。

　　今度は，画像の代わりに文を読み，それに合う「答え」の文を考えて読ませて「問い」「答え」のつながりをつかませる。

T　今度は，写真の代わりに，先生がつぼみの文を読みます。みなさんは四角 の中に合う言葉を入れて「答え」の文を読みましょう。写真は見せません。

T　「おおきくふくらんだつぼみです。」
　　「これは，なんのつぼみでしょう。」

C　分かった，「これは， はす のつぼみです。」
　　他のつぼみについても，「問い」と「答え」の応答をする。

T　『つぼみ』のお話には，3つの「問題」と「答え」の文が出てきました。隣どうし，「問題」のページと「答え」「説明」のページに分かれて，読み合いましょう。終わりまで読み終われば交代です。

さきがねじれたつぼみです。これは…

これは，あさがおのつぼみ…

最後に，どれか１つのつぼみの話を各自選ばせ視写させる。

<table>
<tr><td>本時の目標</td><td>・全文を振り返り，もっと知りたいと思ったつぼみについて，そのわけとともに伝え合うことができる。
・学習を振り返り，できたことを確かめる。</td></tr>
</table>

板書例

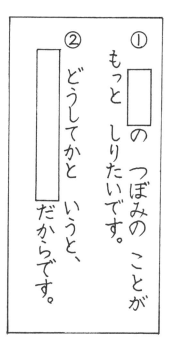

◇ ❹ ふりかえろう
・いろいろな つぼみが わかった。
・おんどくが じょうずに なった。
・「もんだい」と「こたえ」の ぶんが わかった。
・しゃしんで よく わかった。

※児童の発言を板書する。

○ ❸ みんなの まえで はっぴょう
・あさがお （○にん）
・はす　　（○にん）
・ききょう （○にん）

はくしゅ

① □の つぼみの ことが もっと しりたいです。
② どうしてかと いうと，□だからです。

POINT 「もっと知りたい」と思ったつぼみはどれか？またそのわけは？という課題は，児童には案外答えにくいかも知れない。

1 課題を聞き，隣どうしで「問い」と「答え」を分けて音読しよう。

本時の課題「『もっと知りたいと思ったつぼみは何か』を，わけとともに話すということ」を伝える。

T このお話には，3つのつぼみ（と花）が出てきました。覚えていますか。

C あさがお，はす，ききょうです。

T では，この中で「もっと知りたい」と思った花のつぼみはどれですか。今日は，そう思ったわけといっしょに話してもらいます。

T どの花のつぼみを選ぶかを考えながら，もう一度読みましょう。隣の人と2人組になって1ページずつ（「問い」と「答え」を分けて）読みます。最後まで読めたら，読むページを交代します。

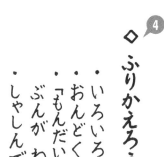

さきがねじれたつぼみです。これは…

これは，あさがおのつぼみです。…

2 「もっと知りたい」と思ったつぼみとそのわけを，隣どうしで話し合おう。

T では，どのつぼみのことを「もっと知りたい」と思ったのか，また，そのわけも隣の人に話しましょう。

T わけの言い方は「わけを話そう」のところで，勉強した言い方を思い出しましょう。

2つの文でわけを伝える言い方を，簡単に振り返る。1つの「型」として確かめ合っておくと，ここで使える。
（1文目）○○のつぼみのことが，もっとしりたいです。
（2文目）どうしてかというと（なぜかというと）□□だからです。（わけ）

あさがおのつぼみのことが，もっとしりたいです。どうしてかというと，先がねじれているなんて，知らなかったからです。

上手な児童を何人か指名し，みんなに聞かせて見本にする。

準備物
・発表用の低い台
・教科書の3つのつぼみと花の写真，または，黒板掲示用イラスト 🔲QR

ICT
家庭学習として，児童用端末で家や公園などにある植物のつぼみや花の写真撮影を取り入れる。安全面などを考慮し，保護者へ協力を依頼しておく。

め つぼみ

どの つぼみの ことが もっと
しりたいか、その わけと
いっしょに おはなししよう

◇ ❶

ふたりで おんどくしよう

・「もんだい」と 「こたえ」の
ぺえじを わけて よむ
（となりの ひとと こうたいで）

◇ ❷

「もっと しりたい」と おもった
つぼみと その わけを はなそう

○ となりの ひとに はなそう

難しいと思われたときは，全体の感想や音読や視写など他の活動に移ることも考える。

3 みんなの前でも，「もっと知りたい」つぼみについて発表しよう。

T 「もっと知りたい」と思ったつぼみとそのわけを，隣の人に上手にお話しすることができました。今度は，みんなの前でも聞いてもらいましょう。

T あさがおを選んだ人は手を挙げて！（例：10人挙手）
T では，まずあさがおの「問い」と「答え」のページを，みんなで読みます。そして発表です。

あさがおを選んだ10人が前に並んで，1人ずつ話す。小さな台があるとよい。

あさがおのつぼみのことが，もっとしりたいです。
どうしてかというと，「ほどけて，広がって」いくところが不思議で，その様子を見てみたいと思ったからです。

発表が終わった児童には，みんなで拍手を送る。これも習慣化できるとよい。「あさがお」の発表が終わったら，同様のパターンで「はす」のところを全員で音読し，同じ「話形」で「はす」の発表に移る。「ききょう」についても同様に進める。

4 学習を振り返り，まとめよう。できたこと，頑張ったことを知り合おう。

T 発表を聞いて，思ったことはなかったでしょうか。
C わたしは「はす」のつぼみを見たことがなかったので，選びました。つぼみと花の開き方が分かったので今度，本物を見てみたいと思いました。
C 風船みたいな「ききょう」のつぼみの中に，何が入っているのか，「知りたい」と思いました。
T この『つぼみ』の勉強をして，「初めて知った」「よかった」「頑張った」ということを発表しましょう。

いろんな形のつぼみと開き方があることが分かりました。

音読で2組に分かれて読むのが面白かったし，何回もしてうまくなりました。

「問題」の文と「答え」の文を見つけられました。

「ほどけて」の様子は，写真を見てよく分かりました。

振り返りとまとめとして，できたことを確かめ合い，ほめ合う。他，音読や視写などの活動も考えられる。

おもちやと　おもちゃ

◎ 指導目標 ◎

・拗音の表記，句点の打ち方を理解し，文の中で使うことができる。
・語と語との続き方に注意することができる。

◎ 指導にあたって ◎

① 教材について

　　拗音の学習です。理屈を理解させようとするとなかなか難しい内容ですが，単元名の「おもちやとおもちゃ」のように，児童にとっては楽しめる学習でもあります。この楽しい部分をできるだけ前面に出しつつ，進めたいところです。

　　ふだんの会話では，自然に使えているはずの拗音ですが，表記となると難しく感じる児童も少なくありません。「おもちや」は 4 音で，「おもちゃ」は 3 音であることを意識させると分かりやすくなります。

　　句点（。）読点（、）や促音（っ）も同様ですが，拗音の表記も，学年が進むといい加減に書くことが普通になってしまう児童がいます。高学年になるとマスのまん中に書いてしまう児童が何人かいるのではないでしょうか。低学年のうちに，正しい位置に書くことを習慣にさせたいものです。

② 個別最適な学び・協働的な学びのために

　　「おもちや」と「おもちゃ」のように，拗音にすると別の意味になるという言葉の組み合わせは，児童が見つけることは難しいかもしれません。

　　ただし，「としょかん」を「としよかん」と間違った表記にすると，読み方が変わってしまうことを声に出して確認すると，これも楽しい学習になる可能性があります。児童のできる範囲で楽しい雰囲気を作り，意欲を引き出しましょう。

知識及び技能	拗音の表記，句点の打ち方を理解して，文の中で使っている。
思考力，判断力，表現力等	「書くこと」において，語と語との続き方に注意している。
主体的に学習に取り組む態度	進んで拗音のある言葉を見つけようとし，これまでの学習をいかして文を書こうとしている。

◎ 学習指導計画　　全 2 時間 ◎

次	時	学習活動	指導上の留意点
1	1	・教科書 P62 の拗音の唱え歌を音読し，「おもちゃ」と「おもちや」の言葉の違いに気づく。 ・教科書 P63 の拗音のある言葉を読み，ノートに書き写す。	・拗音で意味が変わる言葉を考える。 ・拗音の書き方を意識させる。
	2	・拗音のある言葉を集める。 ・拗音のある言葉を使って文を書く。	・拗音のある言葉が載っている絵本や拗音のある言葉一覧を用意しておく。 ・文を作るときは，できるだけたくさんノートに書かせる。難しいときは，隣の人と 2 人組で考えてもよいことにする。

〈参考資料〉拗音のある言葉（例）第2時 QR

「ゃ」のつく言葉
・おちゃ　・いしゃ　・でんしゃ　・くじゃく　・おもちゃ　・かぼちゃ　・じてんしゃ　・こんにゃく　・ひゃくえん
・あかちゃん　・おじいちゃん　・おばあちゃん　・おにいちゃん　・おねえちゃん　・ちゅうしゃ　・ちゅうしゃじょう

「ゅ」のつく言葉
・きゅうり　・ききゅう　・ちきゅう　・ぎゅうにゅう　・かしゅ　・はくしゅ　・かいじゅう　・りゅう　・きゅうしょく

「ょ」のつく言葉
・きんぎょ　・ちょきん　・としょしつ　・としょかん　・ひょう　・だちょう　・じょうぎ　・りょうて　・りょうり
・ほうちょう　・ぎょうざ　・にんぎょう　・じょうろ　・ちょう　・びょういん　・きょうしつ　・きょうかしょ
・べんきょう　・きょうそう　・がっしょう　・きょうだい

「ゃ・ゅ・ょ」に「っ」が続く言葉
・しゃっくり　・ひゃっぴき　・しゅっせき　・しゅっぱつ　・しょっき　・しょっかく

本時の目標　拗音のある語を正しく読み，書くことができる。

板書例

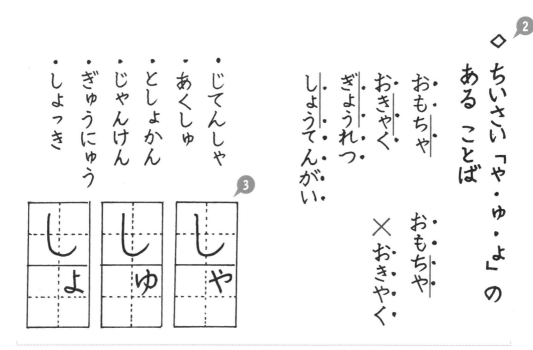

◇ ちいさい「や・ゆ・よ」の
　ある ことば　❷

おもちゃ・　　　×おきやく・
おきゃく・　　　おもちゃ・
ぎょうれつ・
しょうてんがい・

・じてんしゃ
・あくしゅ
・としょかん
・じゃんけん
・ぎゅうにゅう
・しょっき

❸

| しょ | しゅ | しゃ |

※展開④の活動では，これらの言葉を正確に視写させる。

POINT 「おもちや」と「おもちゃ」のような対比できる言葉には，他に「いしや（石屋）」と「いしゃ（医者）」，「びょういん（病院）」と

1 拗音のある言葉について知り，教科書の唱え歌を読もう。

教科書 P62 の唱え歌を範読する。

T 「おもちや」と「おもちゃ」が出てきました。おもちを売る店とおもちゃを売る店では，違う店ですか。

全然違う！ぼくが行きたいのはおもちゃ屋さんだもん。

でも，字で書いたらすごく似ているね。

T 「や」の大きさが違うと別のお店になってしまいます。おもちやさんで，「ゲームありますか。」って言うと，お店の人にびっくりされてしまいます。このように，小さい字になると，読むときも意味も違ってしまう言葉もあるのです。

T 今度は，先生の後について読んでみましょう。
　教師との掛け合い，列ごと，などいろいろな方法で唱え歌の音読を楽しませる。

2 拗音のある言葉を読み，拗音を理解しよう。

T 小さい字のある言葉が他にも出てきました。分かりましたか。

C 「おきゃく」「ぎょうれつ」「しょうてんがい」。

T 小さい字のままと，大きな字にしたときの両方を，手をたたきながら声に出して読みましょう。まずは「おもちゃ」と「おもちや」。何回手をたたくかな。

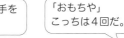

「おもちゃ」3回手をたたきました。

「おもちや」こっちは4回だ。

拗音の文字が大きい場合にどうなるか，声に出して比べて印象づける。手拍子で音数の違いにも気づかせる。また，「おきゃく」などと，小文字を大きな文字にして読んだときの違和感も児童には楽しいものとなる。

T 63 ページの言葉も手をたたきながら声に出して読みましょう。
　教科書の・印 1 つにつき手を 1 回たたいて読ませる。

ICT	ノートに書くことが苦手な児童もいる。拗音の言葉をノートに書くときに，ノートを実物投影機で大きく映し出しながら指導するとよい。

⊛ ちいさい「や・ゆ・よ」の ある ことばを
みつけて かこう

おもちゃと おもちゃ

① おきゃく・ ぎょうれつ

しょうてんがい。

おもち・ ・・・

おもちゃ・・・。

おもちゃ・ ・・・・

おもちゃや・・。

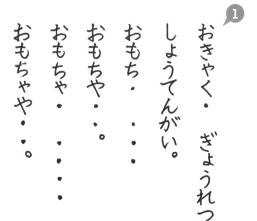

※教科書 P62 の唱え歌と挿絵を掲示する。

「びよういん（美容院）」も考えられる。あわせて示すと，学びがより深まる。

3 拗音のある言葉の書き方を知り，黒板の言葉を視写しよう。

T　小さい「や・ゆ・よ」を書くときは，マスのどこに書いたらいいでしょう。

右の上の方です。

小さい「っ」と同じ場所です。

T　そうですね。小さい「っ」も同じですが，まん中に書いてしまう人がいます。気をつけましょう。

C　丸（。）も点（、）も，みんな右上だね。

　細かい部分を意識して文字を練習していると，児童は全体をきれいに書くようになる。細かい指摘は，細かい部分まで見分け，書き分けられるような力を育てることにつながる。

4 黒板の言葉を正確に視写しよう。

T　黒板の言葉をノートに写します。「や・ゆ・よ」の場所も気をつけて正しいところに書きましょう。

T　「おもちゃ　おもちゃ」から「しょっき」までノートに写しましょう。

T　「おもちゃ おもちゃや」の次の行は，「おきゃく」，1マスあけて「×」を書いてから「おきゃく」です。

大きい「や」か小さい「ゃ」か，気をつけないとね。

「しょうてんがい」のあとは1行あける，だね。

　黒板を写すだけの作業だが，正確に写すことを意識させ続けることによって，力がついてくる。

　ワークシート で，教科書に載っている拗音のある言葉をもう一度練習させてもよい。

本時の目標　拗音のある言葉を使って文を書くことができる。

板書例

3
4
◇　ぶんを　つくろう

・じょうぎ
・きょうかしょ
・でんしゃ
・じどうしゃ
・きょうしつ

※　児童の発表を板書する。

・じてんしゃに　のりました。
・ぎゅうにゅうを　のみました。
・きゅうしょくを　たべました。
・じてんしゃで　としょかんへ
　いきました。
・おねえちゃんと　おちゃを
　のみました。

※　児童の発表を板書する。

POINT　たくさん拗音のある言葉を見つけるためには，目につく身近なものからだけではなかなか思いつかない。拗音の言葉一覧を

1 拗音のある言葉の読み方，書き方を確かめよう。

T　小さい「ゃ・ゅ・ょ」のある言葉には，どんな言葉がありましたか。

C　「おもちゃ」「ぎょうれつ」「じゃんけん」とか，いろいろあった。

T　教科書63ページの6つの言葉を，手をたたきながら声に出して読んでいきましょう。

　　手拍子とともに斉読させる。

T　書き方はどうでしたか。教科書63ページの左側に問題がありますね。絵に合うように，教科書に「ゃ・ゅ・ょ」を書きましょう。

　　教科書のマス目に拗音を書き込ませ，「きゅうしょく」「おちゃ」の言葉を完成させる。

T　「ゃ・ゅ・ょ」の場所は，正しいところに書けていますか。みんなで確かめましょう。

　　板書で確かめ合う。児童を指名して書きに来させてもよい。

2 拗音のある言葉を見つけよう。

T　今日は，小さい「ゃ・ゅ・ょ」のある言葉をもっと見つけましょう。何があるかな。例えば…，今，みんなの机の上にあるもので探してみましょう。

「じょうぎ」

「きょうかしょ」もそうです。

T　いいですね。他に何か思いついた人はいますか。

C　「でんしゃ」「じどうしゃ」

C　「きょうしつ」も！

　　出し合った言葉を板書していく。あまり出ないようなら，教科書の巻末（教科書P130）のひらがな表から探させたり，用意しておいた絵本を読み上げ，本の中の言葉から拗音を抜き出させたり，などの方法がある。

　　また，『『ゃ』のつく言葉を見つけましょう」というよりも，「『しゃ』のつく言葉はあるかな？」などと限定した方が考えやすい児童もいる。

おもちゃと おもちゃ

め ちいさい「や・ゆ・よ」の ある ことばを
みつけて、ぶんを つくろう

① ◇「や・ゆ・よ」を かこう

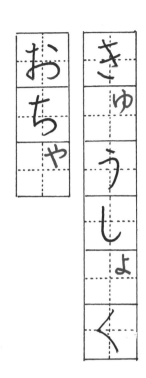

きゅうしょく

おちゃ

② ◇ ちいさい「や・ゆ・よ」の ある
ことば

教師が準備しておくとよい。

---

3 拗音のある言葉を使って，文を作ろう。

T 今度は，小さい「や・ゆ・よ」のある言葉を使って，文を作りましょう。だれか思いついた人は発表してください。

じてんしゃに
のりました。

ぎゅうにゅうを
のみました。

T 上手に文が作れましたね。「じてんしゃ」や「ぎゅうにゅう」という言葉が入っています。教科書の言葉の他にも，今見つけた言葉を使うといいですよ。

まず，何人かの児童に発表させ，見本を示す。出ないようなら，教師がいくつか紹介すればよい。

T 自分で作った文は，ノートに書きましょう。

---

4 語と語の続き方に気をつけて，もっと文を作って書こう。

T 文が書けた人は，発表してください。
C 「きゅうしょくをたべました。」
C 「じてんしゃでとしょかんへいきました。」
T 言葉が２つも入った文が作れましたね。
T 自分が書いた文には，くっつきの「を」や「へ」がありますか。その字は，間違えずに書けていますか。隣の人と確かめ合ってみましょう。

T 確かめ合えたら，もっと文を作って書きましょう。できるだけたくさん作れるといいですね。隣の人と相談して考えてもいいですよ。一緒に考えた文は，２人ともノートに書きましょう。

「おねえちゃん
とおちゃをの
みました。」は
どうかな。

いいね！「おね
えちゃん」と
「おちゃ」を使っ
ているんだね。

書けた文を発表させ，交流する。

おおきく　なった

◎ 指導目標 ◎

・観察したことなどから書くことを見つけ，必要な事柄を集めたり確かめたりすることができる。
・身近なことを表す語句の量を増し，文章の中で使うことができる。

◎ 指導にあたって ◎

① **教材について**

　　観察したことを文にする練習です。教科書では「あさがおの観察」を例に挙げています。あさがおは，蔓がでたり，1学期中に花が咲いたりと観察の素材としては，とても扱いやすい素材です。生活科で育てている植物の代表と言えるでしょう。あさがおに限らず，ここでは，生活科で育てている植物の観察を題材とするとよいでしょう。

　　観察したことを文章にするという作業は，1年生にとっては難しいものです。まず，書き方を指導した上で，観察したことを口頭で発表させ，それを文章で表すという段階をていねいに進めることで，苦手意識をもたずにすむ児童が増えるでしょう。

　　また，観察記録を継続するためのコツは，はっきりと分かる観察の視点（種，発芽，蔓，つぼみ，花など）を示すことです。指導者としては，その時期を逃さないように観察記録を書く時間を計画に入れておきたいところです。

② **個別最適な学び・協働的な学びのために**

　　元々書くことが好きな児童には，書き足らない程度の分量かもしれませんが，苦手な児童にとってはどうしてよいのか分からないというのが，書く活動です。「何を書いたらよいのか分からない」「どう書いたらよいのか分からない」の二重苦の状態で，「がんばれ」「しっかり考えろ」と言われるとますます嫌になってしまいます。

　　あさがおの観察は，理科的（生活科的）な活動ですが，文章の練習としても好材料です。その理由は，「種」「発芽」「双葉」「本葉」「蔓」「つぼみ」「開花」「種」と適度な間隔で，成長の特徴が児童にも分かりやすく見えるからです。

　　書くことが苦手な児童の力を伸ばすには，「今日は双葉の様子を観察しましょう」「今日は蔓をよく見てね」とポイントを明確に指示します。逆にいうと，他の部分の絵は描ききれなくてもかまわないことを伝えておきます。そうすることで，「何を書いたらよいか」が明確な状態になります。さらに，葉であれば，「さわった感じ」「枚数」「形」といったことを必ず調べて書くように指示します。「どのように書いたらよいのか」も分かりやすくなるでしょう。

◎ 評価規準 ◎

知識 及び 技能	身近なことを表す語句の量を増し，文章の中で使っている。
思考力，判断力，表現力等	「書くこと」において，観察したことなどから書くことを見つけ，必要な事柄を集めたり確かめたりしている。
主体的に学習に取り組む態度	植物をさまざまな観点から積極的に観察し，これまでの学習をいかして観察したことを記録しようとしている。

◎ 学習指導計画　全4時間 ◎

次	時	学習活動	指導上の留意点
1	1・2	・教科書 P64–65 を見て，あさがお（生活科で育てている植物）の観察の仕方について話し合う。 ・教科書を見て，観察記録の書き方を知る。 ・実際にあさがおを観察してみる。	・色や形，さわった感じなど教科書の様子を発表させる。 ・色，形，大きさなど観察のポイントを示す。 ・教科書の2つの書き方例の共通点・相違点を見つける。
2	3・4	・カードに観察記録を書く。 ・書いた観察記録を交流する。 ・学習を振り返る。	・カードの書式にあわせて，書き方を指導する。あさがおの成長にあわせて重点的に観察することを書かせる。 ・実際に見ながらカードをかくときには，まず文の作成から取り組ませる。 ・友達の観察記録を見て回らせ，感想を交流し，よかったところを共有する。 ・観察ポイントを再確認する。

本時の目標
・観察記録につながる植物の観察の仕方を理解することができる。
・観察記録のかき方を理解することができる。

板書例

③（第2時）
め　かんさつきろくの　かきかたを　しり、
あさがおの　かんさつを　しよう

◇　かんさつきろくの　かきかた
1
（おなじ　ところ）
・えと　ぶんが　ある
・あさがお
・だい、なまえ、ひづけ

（ちがう　ところ）
・「はっぱ」と「つぼみ」
・えの　かきかた
・ぶんの　かきかた

④
◇　あさがおの　かんさつを　しよう
かんさつぽいんとで　よく　みる

ひにち　だい　2　なまえ

POINT　生活科の学習と合科にして進めたい。観察記録は、実際には、種の観察から始まることが多いだろう。指導時期は「あさがお」

1 【第1時】あさがお（生活科で育てている植物）の観察を思い出そう。

T　教科書 64, 65 ページを見てみましょう。女の子や男の子は何をしていますか。

C　2人とも植木鉢の葉っぱを見ている。あさがおかな。

T　見たものがどんな様子だったかかいたものを観察記録と言います。みんなもあさがおを育てていますね。その観察記録をかきたいと思います。

T　まず観察の仕方から勉強します。今日はもうあさがおを見ましたか。どんな様子でしたか。

今朝、あさがおを見たよ。どうだったかな…。

昨日よりつるが伸びていたような…。

T　観察記録は「よく見て、詳しくかく」ことが大切です。何となく見ただけでは、かくことが分からないかもしれません。

2 観察の仕方を確かめ、試しに観察してみよう。

T　教科書では、どんなことを観察していますか。

C　葉っぱのこと。手と大きさを比べています。

C　つぼみのこと。2つあるって言っているね。

T　64 ページの最初に観察することが書いてあります。

C　いっぱいあるなあ。覚えられないよ。

T　全部覚えなくてもいいのです。他にもよく見るとよいことがあるかもしれません。最初は一緒に観察します。だんだん1人でできるようになりましょう。
あさがおを1鉢だけ教室に持ってくるか、画像を見せる。

T　みんなであさがおを観察してみましょう。教科書の観察のポイントで1つずつ確かめながら見ていきましょう。まず、色からです。

葉っぱは緑色です。

全部の葉っぱが緑色じゃないと思います。

色、高さなど9つの観点で1つずつ確認していく。

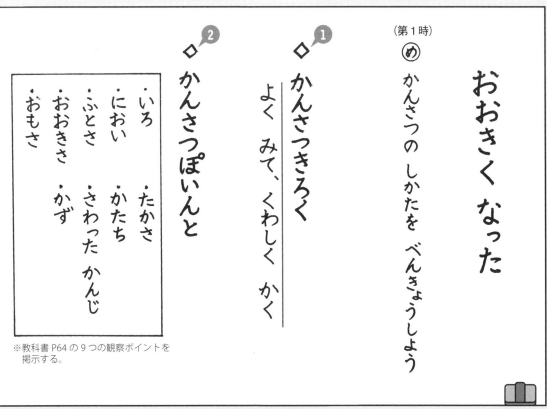

（第1時）

め　かんさつの しかたを べんきょうしよう

おおきく なった

◇① かんさつきろく
　よく みて、くわしく かく

◇② かんさつぽいんと
・いろ　　・たかさ
・におい　・かたち
・ふとさ　・さわった かんじ
・おおきさ・かず
・おもさ

※教科書 P64 の 9 つの観察ポイントを掲示する。

等の植物の育ちに合わせて計画的に取り組み，種の段階から今回の指導を始めてもよい。

3 【第2時】2つの観察記録を見比べて，観察記録のかき方を知ろう。

T　教科書の2つの観察記録を見ましょう。（2つの作例に1，2と番号をつけて）1と2で同じところはありますか。

 どちらも絵と文がある！

 題，名前，日にちが書いてあります。

T　では，違うところはどこですか。
C　1は「はっぱ」，2は「つぼみ」について観察しています。
C　絵の描き方も文の書き方も違います。
T　1の絵では，葉っぱの大きさがよく分かるように手も描いてあって，2の絵では，つぼみの様子が分かるようにつぼみのアップを描いています。

T　記録の文は，どこが同じでどこが違いますか。
C　どっちも題を見て何について書いているか分かる。
C　2は，ポイントを□で囲んで分かりやすい。

4 実際にあさがおを観察しよう。

あさがおのある場所に移動するか，あさがおを教室に持ち込んで観察させる。

T　教科書の観察ポイントを見ながら観察しましょう。よく見て詳しくかきましょう。近くの人と相談しながら書いてもいいですよ。

 葉っぱの色は緑色だね。／黄色いところも，緑が濃い葉っぱもあるよ。

T　そうですね。葉っぱは緑と決めてしまわないで，よく見ると違うことが分かるときもあります。
T　高さは，自分の体や自分が持っているものと比べたらいいですね。「自分のおなかの高さ」とか「人差し指と同じ長さ」などと書くといいですよ。

1年生の学習では定規で長さを測らない。実際には，教えればほとんどの児童は使えるので，担任の考えによっては長さの単位（㎝）を使うことを教えてもよい。

おおきく　なった

第 3, 4 時（3, 4/4）

本時の目標：観察のポイントに気をつけて観察し，記録をカードにかくことができる。

板書例

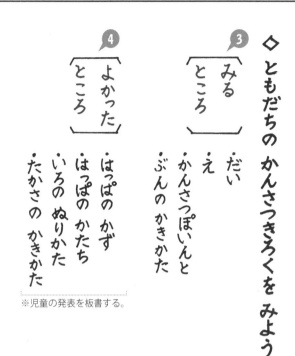

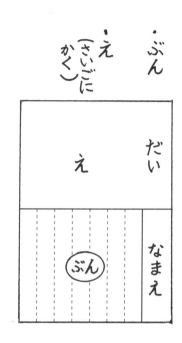

（第4時）

め　かんさつきろくを　よみあおう

◇　ともだちの　かんさつきろくを　みよう

③　みるところ
・だい
・え
・かんさつっぽいんと
・ぶんの　かきかた

④　よかったところ
・はっぱの　かず
・はっぱの　かたち
・いろの　ぬりかた
・たかさの　かきかた

※児童の発表を板書する。

・ぶん
・え
（さいごに　かく）

だい		なまえ
え		
	⟨ぶん⟩	

POINT 1年間でたくさんの枚数を書く観察カードなので，「月日」「名前」を最初に書くといった基本的なことをしっかりと強調する。

1 【第3時】観察したことを振り返ろう。観察カードに日付と名前を書こう。

T　前の時間に，あさがおの観察をしたことを思い出しましょう。「9つの観察ポイント」で観察できましたか。

ぼくは，色と形を観察したよ。

わたしは，葉っぱの数を数えた。

前時に学習した観察ポイントを掲示し，確認しておく。

T　今日は，観察したことをこのカードに書きます。

T　まず，月日と名前を書きましょう。

観察カードを児童に配り，書式に合わせて指導する。題名の欄には，教科書の例を参考にして，そのときのあさがおの成長の段階に応じて重点的に観察して分かったことを書かせる。（発芽・双葉・本葉・つる・つぼみ・開花・種など）

T　教科書のカードの書き方を確かめておきましょう。

2つの作例の書き方を再確認する。教科書P124を見て，横書きのカードの書き方もあわせて確かめておくとよい。

2 カードに観察記録をかこう。

T　カードと筆箱，色えんぴつを持って，あさがおのところへ行きましょう。

生活バッグなどカードを記入する際の台になるものも持っていく。

T　まず，文のところから書いていきましょう。観察ポイントを3つは書けるといいですね。書ける人はもっと書きましょう。

何について書こうかな。

本葉の色と大きさと数について書こうかな。

児童は絵から描きたがるが，1年生の場合，スピードに差があり，いつまでも描き直して進まない児童もいる。ここでは，文の方を一斉に指導して進める。絵の方は，残りを教室か宿題扱いかで，描かせるようにする。

準備物	・観察記録用紙（児童数）**QR** ・教科書P64の観察ポイントを書いたもの 　（黒板掲示用） ・（各児童）記入用ボード, 色鉛筆など	ICT	タブレットなどの端末であさがお全体の様子や葉, 茎などの様子を撮影して記録しておくことで, 観察カードがかきやすくなる。

（第3時）

㊎ かんさつきろくを かこう ①

おおきく なった

◇ かんさつぽいんと → 3つ かく ②

　・いろ　　・たかさ
　・におい　・かたち
　・ふとさ　・おおきさ
　・おおきさ・さわった かんじ
　・おもさ　・かず

※教科書 P64 の9つの観察ポイントを掲示する。

◇ かんさつかあどに かこう

・だい｛ふたば、ほんば、つる、つぼみ、など
　　あさがおのようす｝
・なまえ｛さきに かく
・ひにち｛

---

3 【第4時】友達の観察記録を見て回ろう。

T　今日はそれぞれの観察記録を読み合います。わざわざ時間をとって読み合いをするのは, これから何回も観察カードをかくので, どんどんうまくなってほしいからです。今日はまだうまくかけていなくても全然問題ありません。

T　自分の観察カードを机に出して, 友達のカードを見て回って, いいところをたくさん見つけましょう。

葉っぱの数が書いてある。次はわたしも書くことにしよう。

葉っぱの形や色について, 文も絵も上手にかいているなあ。

児童を立ち上がらせ, 他の児童のカードの題の書き方, 絵, 観察ポイント, 文の書き方などをじっくり見て回らせる。全員分を見終わったら, 席に戻るよう指示する。

4 感想を交流し, 全体を振り返ろう。

T　友達のカードを見た感想で「いいなあ」と思ったところを発表してください。

○○さんは, あさがおの高さを自分のおなかぐらいの高さだと書いていて, 様子がよく分かりました。

△△さんは, 葉っぱの色について, 文にも書いていたように, 絵も緑色と黄色と黄緑色を使っていました。絵と文でよく分かりました。

感想を言い合い, よかった点を共有する。

T　では, 勉強したことを振り返ってみましょう。
C　観察の仕方を習って, 観察カードをかきました。
C　観察するポイントもたくさんありました。

T　次は, あさがおはどうなっているでしょうね。
　あさがおの成長を見ながら, 初期は1週間, 本葉が増えだしたら2週間に1回程度で続けていく。

おおきな　かぶ

◎ 指導目標 ◎

・語のまとまりや言葉の響きなどに気をつけて音読することができる。

・場面の様子や登場人物の行動など，内容の大体を捉えることができる。

・文の中における主語と述語との関係に気づくことができる。

・場面の様子に着目して，登場人物の行動を具体的に想像することができる。

◎ 指導にあたって ◎

① 教材について

　　民話によくある，同じフレーズが繰り返される作品です。登場人物が少しずつ小さくなっていくにも関わらず，最終的にはかぶがぬけるという展開は 1 年生にも分かりやすいものです。児童は，一見単純なストーリーに，思いのほか引きつけられるでしょう。登場人物についての学習を進めやすい教材でもあります。登場人物については,特徴や順番などを理解することが大切です。順番をきちんととらえることで，徐々に小さい人や動物が出てくることが分かります。板書を有効に活用して，イメージ化させます。それによって，登場人物が一生懸命にかぶをぬこうとしていることがより深く理解できるでしょう。

　　また，音読の楽しさを充分に味わわせたい教材です。そのためにも，宿題と授業を連動させてスムーズに読めるようになっていることが前提です。その上で，登場人物の特徴をとらえ，状況に応じた声の出し方ができるようになることが理想でしょう。

② 個別最適な学び・協働的な学びのために

　　この単元の言語活動は，音読発表となっています。児童がこのお話を好きになると，音読練習にも一層力が入ることでしょう。それには，授業中に文章や挿絵に着目させて新たな発見を体感させることが有効です。例えば，「繰り返し」について指導するときは，「他にも繰り返しはあるかな」と文章を読み直させると，「ここにもあった」「これも繰り返しかな」と次々と見つけることでしょう。そうすることで，音読練習のときに繰り返し部分を意識して取り組むようになるかもしれません。

　　挿絵も，児童によっては何となく眺めているだけという場合があります。「おおきなかぶってどれくらい大きいのかな」とおじいさんと比べさせることで，その大きさを認識させることができます。

　　音読でも挿絵を活用する場面でも，自分だけが取り組んで終わりにするのではなく，友達の音読や意見と比べて考える機会をもたせたいところです。意見を聞くことが自分の学びを豊かにすることだと感覚的に理解できれば，聞く姿勢も変わってくるでしょう。

◎ 評 価 規 準 ◎

知識及び技能	・文の中における主語と述語との関係に気づいている。 ・語のまとまりや言葉の響きなどに気をつけて音読している。
主体的に学習に 取り組む態度	・「読むこと」において，場面の様子や登場人物の行動など，内容の大体を捉えている。 ・「読むこと」において，場面の様子に着目して，登場人物の行動を具体的に想像している。
主体的に学習に 取り組む態度	積極的に登場人物の行動を捉え，これまでの学習をいかして音読や劇遊びをしようとしている。

◎ 学 習 指 導 計 画　全 6 時 間 ◎

次	時	学習活動	指導上の留意点
1	1	・教師の範読を聞く。 ・教科書 P76-77 を見て，学習の見通しをもち，これからの学習に意欲をもつ。 ・登場人物を確かめ，あらすじを理解する。 ・教師の後に続いて全文を音読する。	・登場人物について出てくる順番も板書に整理しイメージ化して理解させる。
2	2	・リズムを楽しみながら音読をする。 ・おじいさんの最初の言葉の中で，繰り返し部分の音読の工夫を考えて発表する。	・繰り返しのリズムを楽しませる。 ・繰り返しの言葉の始めと後のどちらかを大きな声で読ませ，工夫して変化をつける意識をもたせる。
	3	・場面や登場人物についてイメージを広げながら音読をする。	・イメージを広げるために，おじいさんの様子について考えさせてから読ませる。
	4	・グループで役割を分担し，登場人物になりきって音読発表の練習をする。 ・感想を交流する。	・練習途中で，どこかのグループに見本で音読発表をさせる。
3	5 ・ 6	・グループで音読発表をする。 ・学習を振り返る。	・発表の際の立ち方やあいさつ，見る側の態度や見方などについても指導する。 ・繰り返しや言葉の響き，またリズムを楽しみながら学習したことを確かめる。

おおきな　かぶ

本時の目標：登場人物を確かめ，あらすじを理解することができる。

板書例

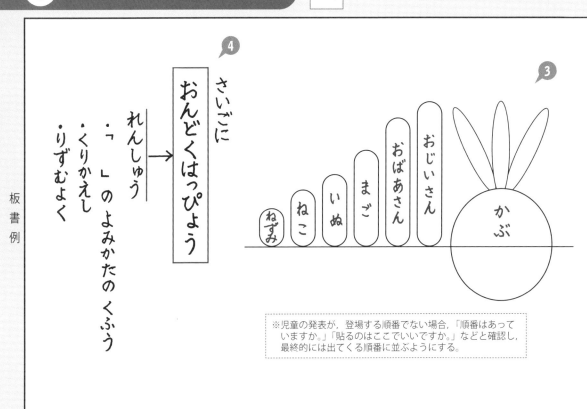

④
さいごに

おんどくはっぴょう

れんしゅう
・「　」のよみかたの くふう
・くりかえし
・りずむよく

③

かぶ

ねずみ
ねこ
いぬ
まご
おばあさん
おじいさん

※児童の発表が，登場する順番でない場合，「順番はあっていますか。」「貼るのはここでいいですか。」などと確認し，最終的には出てくる順番に並ぶようにする。

POINT 登場人物の特徴と順番が，内容の理解にとても重要である。板書でイメージ化してとらえさせる。

1 全文の範読を聞き，感想を交流しよう。学習課題を確かめよう。

T　まずは，先生が読みます。聞いてください。

　　教科書 P66 を開かせ，範読する。範読のときは，ゆっくりと間をとって読む。有名なお話でも，読み聞かせをしてもらうのは初めての児童もいると考える。

T　お話を聞いて，どう思いましたか。どんなリズムでしたか。

最後にかぶが抜けてよかった。

「うんとこしょ，どっこいしょ。」がいっぱいあった。

楽しいリズムだと思った。早く読んでみたい！

　　教科書 P76-77 を開いて，学習課題を確かめる。

T　何をしているところだと思いますか。
C　教科書を読んで発表しています。
C　かぶを引っ張っているよ。楽しそう。
T　学習の最後は音読発表です。これからたくさん練習して，リズムよく読めるようになりましょう。

2 「題名」「登場人物」とは何かを知ろう。

T　このお話の題名は「おおきなかぶ」です。題名とは，お話の名前のことをいいます。

T　では，このお話の登場人物はだれでしょう。

おじいさんとおばあさん！まごも出てきました。

いぬやねこやねずみもそうなのかな？

T　人のように，お喋りしたり，踊ったりするように書かれていたら，犬でも花でも，そのお話の「登場人物」になります。

　　「登場人物」という言葉を確認する。動物や植物が登場人物に入るかどうかも，説明する必要がある。「かぶ」もあげる児童が出てくるかもしれないが，上の説明で判断すれば，「かぶ」は重要な役割を果たしていても決して登場人物にはならない。

　　また，実際のかぶの写真を見せ，一般的な大きさを説明するとよい。

| 準備物 | ・画像（かぶ） QR
 ・登場人物カード（黒板掲示用）
 （※登場する順でちいさくなっていくように大きさを工夫したもの） | ICT | 実際のかぶの画像を示し，一般的な大きさを説明するとよい。 |

おおきな かぶ

め おはなしを きいて
とうじょうじんぶつを しらべよう

〈よみきかせ〉

② 「おおきな かぶ」‥だいめい

① 〈とうじょうじんぶつ〉
おはなしに でて くる ┐ ひと
　　　　　　　　　　　 ┘ どうぶつ

※ QR コンテンツの
かぶの画像を掲示
する。

---

3 登場人物を，順番に確かめよう。

T　最初に出てくるのはだれでしょう。

いちばん初めは
おじいさんです。

T　次はだれかな。
C　おばあさん。
T　それから？
　できるだけ順番で発表できるよう促していく。順番を関係なく発表させると，途中の登場人物を見逃してしまう児童がいる可能性が高くなる。もし，順番に関係なく発表させた場合は，人物名を書いたカードを順番に並べ直すという学習も成立する。（板書参照）
　このお話では順番は重要なので，おさえておく必要がある。

4 全文を音読しよう。
学習の見通しをもとう。

T　『おおきなかぶ』の学習の最後は音読発表です。
　まずは，みんなで大きな声で音読しましょう。

教師に続いて，全文を音読する。

T　『おおきなかぶ』のお話は，登場人物が出てきては，
　かぶを引っぱるという繰り返しですね。
C　「ひっぱって」って何回もあったね。
C　「うんどこしょ，どっこいしょ。」も。

T　『はなのみち』のお話で音読したときは，かぎ
　（「　」）のところの読み方を工夫しましたね。
C　くまさんの気持ちを考えて音読したね。
T　『おおきなかぶ』にもかぎのところがあります。
　どんなふうに読んだらいいかを考えて音読発表できるといいですね。
T　繰り返しやリズムを楽しんで音読しましょう。

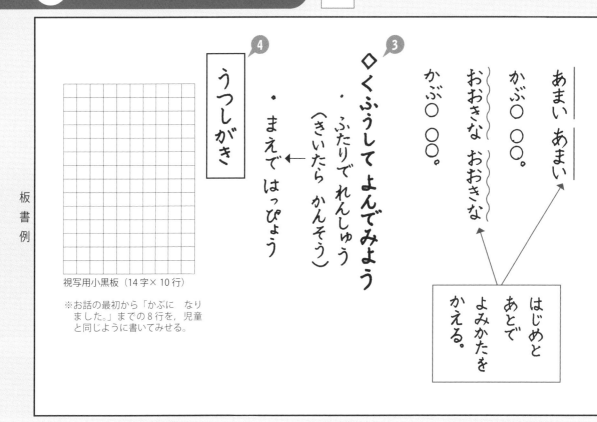

板書例

視写用小黒板（14 字× 10 行）

※お話の最初から「かぶに　なりました。」までの 8 行を，児童と同じように書いてみせる。

うつしがき

・まえで はっぴょう

◇くふうして よんでみよう

・ふたりで れんしゅう
　（きいたら かんそう）

かぶ○ ○○。

おおきな　おおきな

かぶ○ ○○。

あまい あまい

はじめと あとで よみかたを かえる。

POINT 「あまいあまい」「おおきなおおきな」のところで，声の大きさの変化をつけて読むことがポイントである。形式的に読む

1 全員で全文を音読しよう。音読練習の意識を高めよう。

T　全員で音読しましょう。さん，はい。

『おおきな　かぶ』おじいさんが，かぶの たねを　まきました。…（全文音読）

T　前の時間にも伝えたように『おおきなかぶ』の学習の最後は音読発表です。グループごとで音読をしてもらいます。しっかり練習していきましょう。

　音読発表会の計画を予告すると，ふだんの音読練習の意識が高まり，成果が出ることが期待できる。

T　では，姿勢よく，本をしっかり持って，もう一度音読しましょう。

　立って読むときの姿勢や本の持ち方なども日頃から繰り返し指導しておく。発表の練習がスムーズに，効率的に取り組むことができる。

2 おじいさんの最初の言葉で，繰り返し部分の音読の工夫を考えよう。

T　おじいさんの最初の言葉には，繰り返しがあります。どちらを大きな声で読むといいでしょう。

「あまいあまい」と「おおきなおおきな」のことだね。

ぼくは，「あまい あまーい」とか「おおきなおーきな」と，後の方を大きく読むと，気持ちがこもった感じがします。

T　いいですね。その他にも，いろいろな読み方を試してみましょう。

　ふつう，繰り返し部分は，後の方を大きく読む方が効果的な場合が多い。ただ，ここでは児童が読み方の工夫を意識すればそれでよしとする。無理に「後の方を大きな声で」と決める必要はない。

　また，どちらを大きく読むのかということよりも，変化をつけることの方が重要かもしれない。両方の読み方で音読させ，自分自身で比べさせてみたい。

準備物　・小黒板（14字×10行あるとよい）

ICT

おおきな かぶ

め　くりかえしを くふうして りずむよく おんどくしよう

① おんどくれんしゅう

〈きを つける こと〉
・よむ ときの しせい
・ほんの もちかた

② ◇ おんどくの くふうを かんがえよう

〈くりかえしの ことば〉　〈くふう〉

だけにならないように気をつける。

3　2人で音読を聞き合って練習し，発表してみよう。

T　自分の読み方を決めましたね。その読み方で実際に読んでもらいます。

T　隣の人と2人組で音読して聞き合いましょう。聞いた方は，感想を伝えましょう。あとで前に出て発表してもらいます。

ぼくは，後ろを大きく読むよ。「あまいあまーいかぶになれ。…」

ちゃんと後ろの方が大きな声で読めていたね。

　読み方を決めることと，実際にその読み方ができることは別で，自分では大きく読んだつもりでも，聞く側ではその変化が全く分からないという場合もある。

T　次は，交替して今聞いた人が読みます。互いに聞き合って，もっと上手くなるように練習しましょう。

　まず2人組で何回か練習し，そのあと前で発表させる。全員に発表させず後半は翌日に，など発表時は聞く側がだらけないように調整する。

4　かぶができるところまでを視写しよう。

T　最初からかぶができるところまでをノートに写しましょう。かぎ「　」の書き方も気をつけましょう。

点，丸，かぎを書く場所に気をつけよう。

教科書をよく見て，その通りに書けばよかったね。

　ここでは最初の8行分を指示しているが，クラスの実態に合わせて，教師の判断で量を調節するとよい。

T　今日は，点をとばさないでできるかな。

T　1マスあけに気をつけましょう。教科書をよく見て書きましょう。

　今までに指導してきたことを意識させ，定着させることが重要である。

　視写活動では，児童のノートと同じ書式の小黒板があると指導しやすくなる。教師が児童と同じように書いて見せることができる。（板書例参照）

本時の目標　場面や登場人物についてイメージを広げながら音読することができる。

板書例

④
◇くふうして よんでみよう
・おじいさんの はなしかたを おもいだす
・「 」のまえは あいだを あける

③
○はなしかた
・ゆっくり
・おおきな こえ

※教科書 P66 の挿絵（または、QR コンテンツのイラスト）を掲示する。

※児童の意見を板書する。（おじいさんの気持ちが出ても否定せずに板書する）

○たねまきの とき
・だいじそうに
・ひとつずつ
・ていねいに
・「はやく おおきく なって」。

POINT それぞれにできるだけ具体的なイメージをもたせ，それをすぐに忘れないように意識させて音読につなげる。

1 全員で音読しよう。繰り返しの言葉やリズムのよさを確かめよう。

T　もう，上手に読めるようになったかな。まずは，全員で音読しましょう。（全文音読）

　本時では，朗読や表現読みと呼ばれている読み方を練習する。しかし，その前提として，間違いなくすらすら読める状態になっていなくてはならない。音読が苦手な児童にとっては，授業での練習が上達の場である。音読が上手で積極的な児童だけに目を奪われることなく，全体の音読の状態も把握したい。

T　「うんとこしょ，どっこいしょ。」はどんなふうに読んでみましたか。

（重そうに）うーんとこしょ，どっこいしょー。

T　いいですね。かぶが本当に重そうですね。

2 おじいさんのイメージを広げよう。

T　このお話のおじいさんは何歳ぐらいかな。みんなのおじいさんは何歳かな。

C　70 歳ぐらいかなあ…。

C　うちのおじいちゃんより年寄りに見えるよ。

　挿絵をヒントに児童なりのイメージをもたせ，豊かな音読とすることを目指したい。おじいさんのイメージは児童によって多少の違いはあって構わないが，極端な意見が出たときは，修正しておく。

T　おじいさんは，どんなふうに種をまいたかな。

大事そうに。
ていねいに。
「早くおおきくなって。あまくなれ〜。」ってお願いする気持ちで。
ひとつずつ。

　ここでは，おそらくおじいさんの気持ちも出るだろうが，児童の発表を否定せずに板書していく。

準備物 ・教科書P66の挿絵，または黒板掲示用イラスト

ICT 音読の様子を録画することによって，音読が工夫できているかどうかを見返すことができる。

おおきな かぶ

め おじいさんの はなしかたを くふうして おんどくしよう

① おんどくれんしゅう

◇ぜんいんで よもう
・すらすら
・「うんとこしょ、どっこいしょ。」を くふうする

② 〈おじいさんの ようす〉
○なんさい？
・70さい ※1

※1. 児童の意見を板書する。
（児童から出た意見を聞き，話し合って絞る。無理に1つに絞る必要はない）

3 おじいさんの話し方を考えて，音読しよう。

T そんなおじいさんは，どんなふうに話したのでしょう。

お年寄りだから，ゆっくり話すと思うな。

大きな声ではっきり話をすると思う。

T 「あまいあまい～」のところで音読してみましょう。70歳の声で読んでみますよ。さん，はい。
C （全員で）あまい あまーい かぶに なれ。…

T 年をとったおじいさんの話し方で読めましたね。

年齢や種をまくときの動きなど具体的にイメージをもてると，「 」の会話部分が工夫しやすくなる。せっかく広げたイメージを意識させるとよい。あまり変化がないときは，「20歳の声ではどうかな」などとわざと反対の声を出させるという方法もある。

4 読み方を工夫して音読しよう。

T では，工夫した読み方で最初から続けて読んでみましょう。（全文音読）
T おじいさんの話し方はどんな感じだと考えたのでしたか。思い出してください。
C ゆっくり，大きな声で読む。

「 」部分だけを練習しているときは上手に読めていたのに，地の文と続けて読むと普通に戻ってしまうということもよくある。全文通して読むときもあらためて音読の工夫を意識させる。

T かぎ「 」の前は，3つ心の中で数えて，おじいさんの話し方を思い出してから読み始めましょう。では，もう一度最初から全員で読みましょう。

おじいさんが，かぶのたねを まきました。

「 」の前後は，ゆったりと間をあけさせるとよい。

おおきな　かぶ

第 4 時（4/6）

板書例

◎　ならぶ　じゅんばん

〈はっぴょうの　きまり〉

○はじめの　ことば
・「いまから　○はんの　おんどくを　はじめます。」
・「きをつけ、れい」

○おわりの　ことば
・「これで　はっぴょうを　おわります。」
・「れい。」

○ほんの　もちかた
・よむとき…くちを　かくさない
・はじめと　おわり…とじて　からだの　よこ

④

◇　れんしゅうしよう

POINT 発表の流れをおおまかにイメージさせることで，練習の意欲が高まり，本番がスムーズに進みやすくなる。

1 クラス全体で音読練習をして，音読の工夫を共有しよう。

T　今日は，グループで役を決めて発表会の練習を始めます。自分の分担がどこになっても，しっかり読めるようにしましょう。まずは，全員で音読しましょう。

　音読発表が目の前なので，児童の意欲も高まっている。ちょっとした声かけで，音読の工夫の意識をさらに高められる。

T　しっかり練習している人は，他の人が工夫しているところも，よく分かるはずです。周りの人で上手な人はいませんか。

○○さんは，「うんとこしょ，どっこいしょ。」で，本当に重いものを引っ張るような声で読んでいます。

□□さんの音読は，おじいさんが話しているみたいに聞こえます。

T　かぎ（「　」）ではないところは「地の文」と言います。「かぎの言葉」と「地の文」とで読み方が変わると上手に聞こえますよ。

2 グループで役を決めて分担しよう。

T　グループでだれがどの役をするかを決めましょう。

　クラスで音読発表に使える班があれば，そのまま使う。音読力に大きく偏りがある場合は，今回のみのグループを編成する。

T　登場人物はだれがいたでしょう。登場人物だけでなく，「地の文」もだれが読むか決めましょう。

わたしは，いっぱい読みたいから地の文がいいな。

ぼくは，おじいさん！いろいろ工夫したことを発表したい。

　できるだけ，どの児童も活躍し達成感が味わえるようにしたい。登場人物6人と地の文で7人が必要だが，1年生が7人グループでうまく練習を進めるのは難しい。クラスの人数によっては，4人程度のグループにして，ねこやねずみは誰かが2役兼任してもよい。

184

ICT 音読の工夫を録画撮影すると，自分を客観的にとらえることができる。どこがよいか，どこを改善したらよいかが考えやすくなる。

おおきな　かぶ

め　おんどくはっぴょうの　れんしゅうを
　しよう

② 〈はんで　きめる　こと〉
　よむ　ところ（やくわり）
　・おじいさん
　・おばあさん
　・まご
　・いぬ
　・ねこ
　・ねずみ
　・じの　ぶん（「　」では　ない　ところ）

③ ◎あいさつを　する　ひと

　◎たつ　ばしょ

---

3 発表会の決まりを確かめ，音読練習をしよう。

T　どの役をするか決めたら，最初のあいさつをする
　人や立つ場所も決めましょう。

（吹き出し）おじいさんから，話に出てくる順に1列に並ぶことにしようよ。

（吹き出し）それなら，地の文の人はいちばん最後の端にいくことにする？

　音読発表がよい雰囲気で進むかどうかは，内容と共に，進
行のスムーズさにも影響される。形式的だが，以下のような
ことを決めておくと内容が引き立つ。
　・立つ位置，並ぶ順番
　・最初の言葉，終わりの言葉
　・号令「気をつけ」「れい」
　・本を持たせるのであれば，本の持ち方
　（読むときは口が隠れないようにする，本を開いていない
　ときは片手で体の横に持つ，など）

T　発表の決まりにも気をつけながら練習しましょう。

4 手本を見て感想を交流し，発表会に向けてもっと練習しよう。

　グループごとに音読発表の練習をさせる。

T　3班がうまく練習ができていたようです。ちょっ
　とだけみんなの前で見せてもらいましょう。

　机間巡視で進んでいる班を見つけておき，最初の部分だけ
でもやってもらうとよい。練習がスムーズに進んでいない班
には刺激になる。どこに立つか具体的にイメージできるだけ
でも意欲が高められる。

T　すごいねえ，立つ位置もちゃんと決めてあったね。
　3班の発表を少しだけ見せてもらって，どうでした
　か。よかったところや他に思ったことがあれば発表
　してください。

（吹き出し）発表の決まりのとおりに，初めの言葉がちゃんと言えていました。

（吹き出し）おじいさん役の△△さんが，はっきりと大きな声でよかった。

T　みんなが言うように上手でしたね。あとは，最初
　の人が，もう少し大きな声で言うともっと上手です。
　できていないところがあれば，あわせて指導する。

本時の目標：グループごとに音読発表をすることができる。

板書例

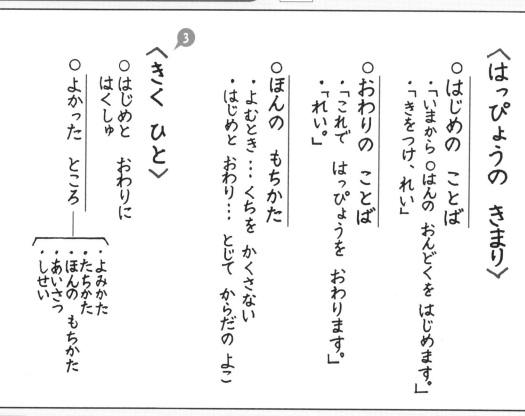

〈はっぴょうの きまり〉

○はじめの ことば
・「いまから ○はんの おんどくを はじめます」
・「きをつけ、れい」

○おわりの ことば
・「これで はっぴょうを おわります」
・「れい」

○ほんの もちかた
・よむとき … くちを かくさない
・はじめと おわり … とじて からだの よこ

③
〈きく ひと〉
○はじめと おわりに
・はくしゅ
○よかった ところ
・よみかた
・たちかた
・ほんの もちかた
・あいさつ
・しせい

POINT　1時間扱いでもよい。そのときは，発表前の最後の練習は「5分だけ」などと時間を区切る。2時間扱いの場合，練習が

1 【第5時】
発表の仕方をもう一度確かめよう。

T　発表の順番は，3班からでしたね。前の時間に練習したことを思い出して，いい発表会にしましょう。

T　発表するときに気をつけることは何でしたか。

前にならんで，あいさつをする。

本を持つときには，口をかくさないようにする。

読み方を工夫して音読する。

T　音読発表会で気をつけることをみんなで確かめられましたね。

図工などの時間を使って，かぶやお面などを作って発表会に使うのもよい。ただ，あくまで音読の発表を中心に考えたい。工作にあまり時間をとりすぎたり，児童が音読よりも造形的な方に意識がいってしまったりしないように気をつける。

2 最後の音読練習をしよう。

T　本番前に，今から練習の時間を取ります。最後の練習です。発表するときに気をつけることを思い出しながらグループで練習しましょう。

並び方は，これで大丈夫！

姿勢も気をつけよう！

発表の経験を重ねるごとに，児童なりのイメージができ，発表もスムーズになっていく。最初のうちは，教師の指示やアドバイスで成功の体験を味わわせることを目指したい。

最後の練習の段階では，教師は遅れている班に集中的に入り，具体的に指導していく。

T　順番は大丈夫かな。
T　ここはもっと大きな声で。
T　昨日よりよくなっているね。これで十分だよ。

この段階では，できないことを注意するのではなく，できていることを取り上げ，ほめることに集中したい。

おおきな かぶ

め おんどくはっぴょうかいを しよう

① おんどくはっぴょうかい

〈はっぴょうの じゅんばん〉

① 3はん
② 1ぱん
③ 1ぱん
④ 2はん
⑤ 5はん
⑥ 6ぱん

※発表順を書いておくと, 児童が何度も尋ねるということがなくなる。1班から順番通りでも構わないが, まず見本になる班を教師が指名したり, 希望で決めたりするとよい。

〈はっぴょうの しかた〉
・たつ ばしょ
・ならびかた
・よみかたの くふう

進んでいない班にどんどんアドバイスするとともに, 間に休憩を取るなど時間の取り方も配慮する。

3 【第6時】音読発表会をしよう。他のグループの発表もしっかり聞こう。

T 音読発表会を始めます。みんながんばって練習してきたことをしっかり出しましょう。

T 他の班の発表も一生懸命聞きましょう。最初と終わりには拍手をしましょう。よかったところも発表してあげられるといいですね。では, 3班の人からどうぞ。

今から3班の音読を始めます。

気をつけ, れい。

T みんなそろっていたね。姿勢もよかったですよ。
T 声の変化が練習通りできていましたよ。
T かぶを引っ張る動きがあっていてよかったね。

　児童から「よかったところ」がなかなか出なければ, 教師が「立ち方」「本の持ち方」「あいさつ」「姿勢」なども含め, その都度ほめる。そのうち, 同じように言える児童が出てくる。他の班の見本ともなり次の発表につながっていく。

4 発表会の感想を交流し, 『おおきなかぶ』の学習を振り返ろう。

T 全部の発表が終わりました。発表会はどうでしたか。自分が発表してどんなことを思いましたか。他の班の発表を聞いて思ったことは何かありますか。

楽しかったから, またやりたいです！

4班の発表は, みんな声が大きくて姿勢もよかったから, 次は自分の班でも同じように頑張りたいです。

音読練習で指摘してきた声の変化を全員で出せることが理想だが, 実際には, 元気がよいだけの発表になりがちである。まだ1学期（夏休み前）なので, それでもよしとする。

T 『おおきなかぶ』の学習はどうでしたか。
C 繰り返しのところをどうやって読めばいいか考えて音読できました。
C グループで役を決めて楽しく音読発表できました。

　登場人物や場面から, 繰り返しの読み方, 声の強弱やリズムに気をつけて練習したことなど振り返る。

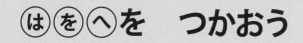

（は）（を）（へ）を　つかおう

◎ 指導目標 ◎

・助詞の「は」,「へ」及び「を」の使い方を理解して文や文章の中で使うことができる。
・語と語や文と文との続き方に注意しながら，内容のまとまりが分かるように書き表し方を工夫することができる。

◎ 指導にあたって ◎

① 教材について

　1 年生にとっては理屈で納得するには難しい内容です。しかし，教材文は，挿絵も楽しいものになっています。この教材の楽しさを生かし，繰り返しているうちに自然に力がついているという展開を目指したいものです。

　「は・を・へ」について，この単元の中で理解ができることを目指すのは当然です。ただし，大人でも「は・を・へ」について理屈で考えるというよりも慣れで使いこなしている部分が多いのも事実です。また，高学年になっても，作文などで「は・を・へ」の使い方が不正確な児童がいることも珍しくありません。そういったことをふまえると，1 年生の児童が「は・を・へ」を使いこなせるようになるのはとても難しいことだということに気づきます。少なくとも 1 年生の終わりまで断続的に指導を続けることを前提にしなくてはなりません。

② 個別最適な学び・協働的な学びのために

　本単元の内容は，1 年生に説明して本当に理解してもらうのは，とても難しい内容です。ここでは，こういう注意点があるという意識がもてればよいと考え，1 年かけて指導していくという見通しで指導していきます。

　できるだけ楽しく声に出して慣れていくことをメインのねらいとし，もし，間違いがあってもあまり時間を取らずに簡単に指摘して進むなど，無理なく繰り返すための工夫を取り入れていきましょう。

知識 及び 技能	助詞の「は」,「へ」及び「を」の使い方を理解して文や文章の中で使っている。
思考力, 判断力, 表現力等	「書くこと」において, 語と語や文と文との続き方に注意しながら, 内容のまとまりが分かるように書き表し方を工夫している。
主体的に学習に取り組む態度	進んで助詞の使い方を確かめながら, 学習課題に沿って文を作ろうとしている。

◎ 学習指導計画　全 3 時間 ◎

次	時	学習活動	指導上の留意点
1	1	・教科書 P78「唱え歌」の範読を聞く。続いて連れ読みする。 ・助詞「は」「を」「へ」の使い方, 読み方に注意する。	・指でなぞらせながら聞かせる。 ・「は」「を」「へ」の助詞は, 強調して読む。 ・「は」「を」のカードを使って, 言葉と言葉をつなぐものだと理解させる。
	2	・「唱え歌」を音読する。 ・「わ」と「は」,「お」と「を」,「え」と「へ」の使い方を理解し, 簡単な文を作る。 ・「唱え歌」をノートに視写する。	・「へ」のカードも使う。 ・「くっつきの『は・を・へ』」と呼び, 使いながら慣れていくようにする。 ・視写した文の助詞「は」「を」「へ」に赤線を引き確認する。
	3	・教科書 P79 の文型に合わせて, 助詞「は」「を」「へ」を正しく使って文を書く。 ・書いた文を発表し合う。	・ノートに文を書かせてから, 黒板に書いて発表させる。

板書例

③

くっつきの は
（よみかた…「わ」）

・せんせい は たべる。
（× せんせい はたべる。）
ことば／ことば

くっつきの を
（よみかた…「お」）

・せんせい を よぶ。
（× せんせい をよぶ。）

・わに は あらう。
・かお を あらう。

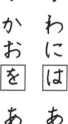

※教科書 P79 の挿絵（または、QR コンテンツの
イラスト）を掲示する。

POINT 難しい内容である。焦らずに，この時間は，「くっつき」について，視覚的に理解できることを目指す。

1 「わにの唱え歌」を音読しよう。　1 行ずつ意味を確認しよう。

T　教科書を開きましょう。先生が先に読みます。指でなぞりながら聞きましょう。(P78 の唱え歌を範読)

T　今度は 1 行ずつ先生が読むので続いて読みましょう。

かわに, わにが すんで いた。

かわに, わにが すんで いた。

1 行ずつ連れ読みをする。短い文なので，連れ読みも難しくはない。助詞「は」「を」の部分は，分かりやすく，ゆっくり，はっきりと読む。読みの速さや句読点での間などをまねることで自信をもって読ませたい。

T　リズムのよい楽しい文ですね。では，言葉を確かめましょう。(難語があれば説明する)

2 「くっつきの『は』」を確かめ，呼び方を知ろう。

T　最初の 2 行をもう一度みんなで音読しましょう。
C　「かわに, わにが すんで いた。わには, かわから かおを だし,」
T　どうですか。何か気がつきませんか。
C　「わ」がいっぱい出てきます。
T　そう，「わには」に「わ」と「は」がありますね。
C　読み方は同じなのに，字が違うよ。
T　読み方は同じで，もとの字が違う方を「くっつきの『は』」と呼ぶことにします。

T　「くっつきの『は』」は，言葉と言葉をくっつけます。例えば「せんせいは たべる。」という文で考えると，『は(ha)たべる』は変ですね。「ハタベル」という言葉ではないですからね。
C　「せんせい」と「たべる」をくっつけているんだね。

せんせい は たべる。
ことば／ことば

準備物	・は を のカード (裏にマグネット貼付) ・教科書P79の挿絵, または黒板掲示用イラスト
I C T	文を書く位置が分からない児童もいる。「は」「を」を使った文をノートに書くとき, ノートを実物投影機で大きく映し出しながら書き方を指導する。

は を へ を つかおう

め ことばを くっつける は を みつけて たしかめよう ① ④

かわ・、わに・ す・・い・。
わには、かわ・・ かおを だ・、
どこへ い・・、か・・・。
わには、き・・・ ね・・・、
なにを し・・、か・・・。

※教科書 P78 の唱え歌を板書する。展開④の活動で再度音読するときに助詞「は」「を」に傍線を引くとよい。

② ◎きが ついた こと
・「わ」が たくさん
・「わ」「は」の よみかたが おなじ

※児童の発言を板書する。

---

3 「くっつきの『を』」も確かめよう。

T 「くっつきの…」と言ったら,「くっつきの『を』」もありましたね。覚えていますか。
T 「せんせいを よぶ。」という文で考えると,「を よぶ」という言葉もないですよね。

> 「くっつき」「つなぎ言葉」などの表現の仕方はクラスで決めればよい。ただし, 1度決めたことは, ときにより言い方が変わることがないように気をつける。
> ここの説明では, より単純な文の方がよい。まず,「くっつき」ということを言葉と言葉をくっつけることとして理解させ, その上で教材文を読み直すのがよい。

T 教科書 79 ページの文を読みましょう。
C 「わには あらう。」「かおを あらう。」

> 「は」「を」のカードの色を教科書のように変えると, 言葉をくっつけるものだと視覚的に理解しやすくなる。

4 「くっつきの『は・を・へ』」に気をつけて,「わにの唱え歌」を音読しよう。

T 今日は,「くっつき」の勉強をしましたね。「くっつきの『は』」や「くっつきの『を』」に気をつけながら, 読みましょう。
T みんなで教科書 78 ページを読みましょう。さん, はい。

> かわに, わにが すんで いた。
> わには, かわから かおを だし, …

最後に全員でリズムよく音読する。

> 「くっつき」を意識させるために, 教師がわざと「は」「を」の部分をより分かりやすく大きな声で読んだり,「ここだね」「そうそう」などと言ったりして強調するとよい。

本時の目標 「わ」と「は」，「お」と「を」，「え」と「へ」の使い方が分かる。

板書例

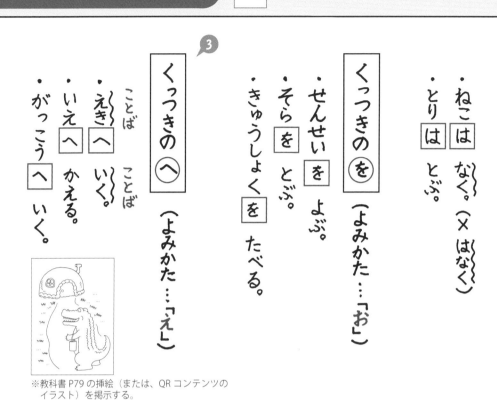

③

くっつきの へ （よみかた…「え」）

ことば　ことば
・えきへ いく。
・いえへ かえる。
・がっこうへ いく。

くっつきの を （よみかた…「お」）

・せんせいを よぶ。
・そらを とぶ。
・きゅうしょくを たべる。

・ねこは なく。（×はなく）
・とりは とぶ。

※教科書 P79 の挿絵（または、QR コンテンツのイラスト）を掲示する。

POINT 「くっつきの『は・を・へ』」に使いながら慣れていくようにする。1 年生の終わりまで言い続けるつもりで，児童の理解

1 「わにの唱え歌」を音読しよう。

T 「くっつきの『は・を』」を勉強しましたね。今日も，まずは教科書の 80 ページを読みましょう。

かわに，わにが すんで いた。
わには，かわから かおを だし，…

T 言葉と言葉をくっつけるのが，「くっつきの『は』」と「くっつきの『を』」でしたね。

　前時の例文「せんせいはたべる。」「せんせいをよぶ。」を使って思い出させる。難しい学習内容であることをふまえ，前回学習したことが分からなくなっていると覚悟して，丁寧に確認した方がよい。

　「言葉」と「文」という用語についても，何度も使っていて当然とっくに理解していると考えていると，実は意味が分かっていない児童がいる場合もあるので気をつけたい。

2 「くっつきの『は・を』」を使って文を作ろう。

T 「くっつきの『は』」を使って，文を作ってみましょう。
C はい！「ねこはなく。」
T 上手に作れました。「ねこ」と「なく」という言葉をくっつけているのが，「は」ですね。
T 「はなく」という言葉ではないですよね。
T 他にも「くっつきの『は』」「くっつきの『を』」を使って文を作りましょう。隣の人と相談してもいいですよ。

「とり」で考えてみたよ。「とりはとぶ。」うーん，「くっつきの，を」は難しいな…。

分かった！「そらをとぶ。」

T 難しい人は，黒板の例文の「せんせい」「たべる」「よぶ」などの言葉を変えてみるだけでもいいです。
C せんせいはわらう。
C きゅうしょくをたべる。

　作った文を児童に順に発表させ，板書していく。

準備物
・は を へ のカード（裏にマグネット貼付）
・教科書P79の挿絵，または黒板掲示用イラスト **QR**

は を へ を つかおう

め くっつきの へ を たしかめよう
は を へ を つかってぶんを つくろう

① ④

かわ・、わに・ す・・い・。
わには、かわ・ かおを だ・、
どこへ い・・、か・・・。
わには、き・・・ね・・・、
なにを し・・、か・・・・。

※教科書 P78 の唱え歌を板書する。展開④の活動で助詞「は・を・へ」に傍線を引くとよい。

②
くっつきの は （よみかた…「わ」）
・せんせい は たべる。

の具合を判断しながら説明を繰り返す。

3 「くっつきの『へ』」を確かめて，文を作ろう。

T 「くっつき」には「へ」もあります。この例文では，「えき」と「いく」をくっつけています。
C やっぱり，言葉と言葉をくっつけているね。
T 「えきへ」という言葉でも「へいく」という言葉でもないですよね。

えき ことば
へ
いく。 ことば

T この「くっつきの『へ』」は，前に『おばさんとおばあさん』のところで勉強しています。覚えていますか。
C 読み方は「え」だよね。
T 「こうえんへ いく」のように「へ」の前には場所の名前が入りました。思い出しましたか。
　教科書 P79 の例文「いえへかえる。」も確認する。

T では，他の文を作ってみましょう。
C がっこうへいく。
C おみせへいく。

4 「わにの唱え歌」を視写しよう。

T 教科書 78 ページを視写しましょう。特に，「くっつき」に気をつけましょう。
C 全部で5行だね。きれいに書こう！

T 視写ができた人は，「くっつきの『は・を・へ』」に，赤線をひきましょう。1つ目は，何かな？

「わには」の「は」。　　2行目にあります。

もし，線引きが抜けていても，赤線を追加すればよい。ただ，間違えた場合は1年生にとっては，教師の明確な指示がないと混乱する。赤線は消しゴムでは消えにくいので，「消さなくても，×をつければよいことにします」などと指示するとよい。

は を へ を つかおう

本時の目標　助詞「は」「を」「へ」を正しく使って文を作ることができる。

板書例

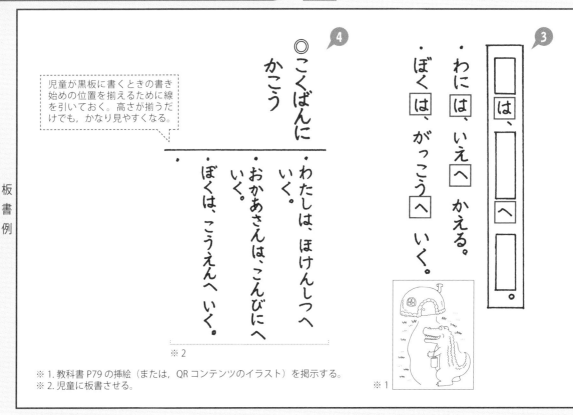

児童が黒板に書くときの書き始めの位置を揃えるために線を引いておく。高さが揃うだけでも，かなり見やすくなる。

④
◎ こくばんに
　かこう

・わたしは、ほけんしつへ
　いく。
・おかあさんは、こんびにへ
　いく。
・ぼくは、こうえんへ　いく。

※2

③
□ は、
□ へ
□ 。

・わには、いえ□へ□　かえる。
・ぼく□は、がっこう□へ□　いく。

※1

※1. 教科書 P79 の挿絵（または，QR コンテンツのイラスト）を掲示する。
※2. 児童に板書させる。

POINT 作文が苦手な児童には，どんどんヒントを与えて自分の手で書くことを経験させる。それでも思いつかない場合は，

1 「□は，□を□。」の文を作ってノートに書こう。

T　教科書 79 ページの上の 2 つの文を読みましょう。
C　わには　あらう。かおを　あらう。
T　この 2 つの文が一緒になると，「わには，かおを　あらう。」という 1 つの文になりますね。みんなも，このような「くっつきの『は』・『を』」を使った文を作ってみましょう。できる人はいるかな。
C　はい！「わたしは，おかしをたべる。」
T　上手に文が作れましたね。今，○○さんが発表してくれた文をノートに書きましょう。（教師は板書）
　　ヒントに「くまはくりをたべる」の動画 QR を見せてもよい。

T　では，自分が考えた文を書きましょう。
　　ノートに書かせるときは，箇条書きで書かせる。「中点（•）で始め，中点の位置は，全て 1 マスにそろえる」といったことを繰り返し指導していくとよい。ノートが見やすくなり，机間巡視も効率的にできるようになる。

2 作った文を黒板に書いて発表しよう。

T　書いた文を発表してもらいます。まず，1 列目の人，黒板に書いて発表してください。

わたしは，ほんをよむ。

おとうとは，げえむをする。

黒板に順に書かせることで，以下のことが期待できる。
・児童が意欲的に取り組むようになる。
・児童が黒板に書くとき，自分で意識して見直す。
・表記の間違いが確認できる。
・黒板に書いている間に，教師は他の児童のノートを確認することができる。
　1 年生の場合，黒板に上手に書くことは難しいものである。書き始めの高さに線を引いたり，点を書いたりする工夫が必要となる。

準備物
・は を へ のカード（裏にマグネット貼付）
・教科書P79の挿絵，または黒板掲示用イラスト QR
・動画2点 QR
・ワークシート QR

ICT
児童が書いた「は」「を」「へ」を使った文を実物投影機で映したり，画像で回収したものを共有したりして，互いの文を読み合う。

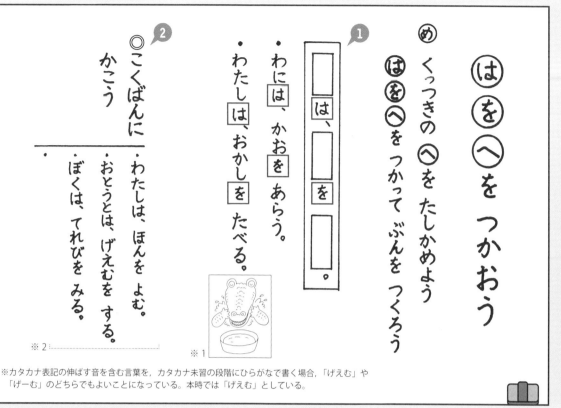

め くっつきの へ を たしかめよう
は を へ を つかって ぶんを つくろう

は を へ を つかおう

①
は、□□を□□。

・わに、かおを あらう。
・わたしは、おかしを たべる。
※1

②
◎こくばんに かこう
・わたしは、ほんを よむ。
・おとうとは、げえむを する。
・ぼくは、てれびを みる。
※2

※カタカナ表記の伸ばす音を含む言葉を，カタカナ未習の段階にひらがなで書く場合，「げえむ」や「げーむ」のどちらでもよいことになっている。本時では「げえむ」としている。

写してでも書かせるようにする。

3 「□は，□へ□。」の文を作って ノートに書こう。

T 次は，「わには，かえる。」と「いえへ　かえる。」の文が一緒になると，どうなりますか。
C 「わには，いえへ　かえる。」

T 今度は，そのような「は」と「へ」を使った文を作りましょう。だれか，できた人はいますか。
C 「ぼくは，がっこうへいく。」
T 今度は，さっきの「くっつきの『は・を』」とは違う文です。では，1行あけて書きましょう。

先の助詞「は」「を」を使った文と混乱したり，書くことが思いつかなかったりする児童もいるだろう。ここでは，まず文を書いてみることが大切である。「くまはびょういんへいく」の動画 QR を見せたり，アドバイスを与えたり，黒板の文を写させたりしてでも，とにかく文をノートに書くように促す。
ワークシート QR を使ってもよい。

4 作った文を黒板に書いて 発表しよう。

T また，順番に黒板に書いてもらいます。
C 早く書きたい！
T 今度は，まず2列目の人に書いて発表してもらおうかな。

わたしは，ほけんしつへいく。

おかあさんは，こんびにへいく。

ぼくは，こうえんへいく。

黒板に書きたいと希望する児童は多いだろう。時間が許せば，次の列や希望した児童にできるだけ書かせてやりたい。黒板がいっぱいになった場合は，全面を消して全てを書く場にすれば1度に書ける人数も増える。

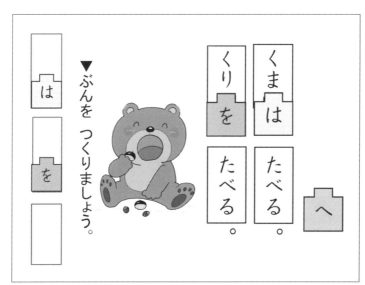

▼ぶんを　つくりましょう。

ワークシート　◯◯（◯）を　つかおう

なまえ

● □の なかに、ただしい ひらがなを かいて、ぶんを つくりましょう。「□は　□を　□。」か「□は　□へ　□。」の かたちに しましょう。

①

うしが

だいく　メキ　うし

②

こうえん　さんかく　いく

③

きょうし　のほ　きょうしつ

光村図書

すきな　こと，なあに

◎　指導目標　◎

・身近なことや経験したことなどから話題を決め，伝え合うために必要な事柄を選ぶことができる。
・語と語や文と文との続き方に注意しながら，内容のまとまりが分かるように書き表し方を工夫することができる。
・言葉には，事物の内容を表す働きや，経験したことを伝える働きがあることに気づくことができる。
・丁寧な言葉と普通の言葉との違いに気をつけて使うとともに，敬体で書かれた文章に慣れることができる。
・相手に伝わるように，行動したことや経験したことに基づいて，話す事柄の順序を考えることができる。

◎　指 導 に あ た っ て　◎

①　教材について

　　自分が好きなことを 2 文で書く学習です。1 文目に自分の好きなこと，2 文目にその理由を述べる文章を書きます。理由を述べる学習は「わけをはなそう」「つぼみ」から，つながっています。また，「ききたいな，ともだちのはなし」で好きなあそびを知らせる活動をしたときに楽しかったやり取りを思い出させてもよいでしょう。伝えたいことがはっきりと分かるように書くことを意識させるようにします。

　　2 文という長さは短いようですが，意外と豊かな表現方法でもあります。使い慣れることによって，観察カードや日記，伝言メモなど様々な場面で活用できます。口頭での発表も，2 文で書くことにすれば，意外と伝えられるものです。この授業をきっかけに，2 文で書くことを生活の中で使っていけるように定着を目指します。また，2 文といえども作文です。書き慣れることがとても重要な学習です。授業中にも，説明や修正などにあまりこだわりすぎず，書く楽しさを味わわせたいところです。ただし，高学年になっても，句読点の位置や形を正しく覚えていない児童はいるものです。ていねいに指導しましょう。

②　個別最適な学び・協働的な学びのために

　　2 文というのは，短いようでかなりのことが表現できます。ちょっとした感想やメモとしてなら，十分な価値のある内容の文章にもなりえます。

　　ただし，苦手な児童にとっては，このたった 2 文が難しいことも事実です。ぜひ，2 文を気軽に書くことができるように，この単元で経験を積ませたいところです。

　　もし，内容が決まらない児童がいたら，1 文目は，口移しでもよいので，アドバイスをするとよいでしょう。とにかく，話し始め，書き始めることで，2 文目がかなり出やすくなるはずです。

知識 及び 技能	・言葉には，事物の内容を表す働きや，経験したことを伝える働きがあることに気づいている。 ・丁寧な言葉と普通の言葉との違いに気をつけて使うとともに，敬体で書かれた文章に慣れている。
思考力，判断力，表現力等	・「話すこと・聞くこと」において，身近なことや経験したことなどから話題を決め，伝え合うために必要な事柄を選んでいる。 ・「話すこと・聞くこと」において，相手に伝わるように，行動したことや経験したことに基づいて，話す事柄の順序を考えている。 ・「書くこと」において，語と語や文と文との続き方に注意しながら，内容のまとまりが分かるように書き表し方を工夫している。
主体的に学習に取り組む態度	粘り強く伝えたいことや表し方を考え，これまでの学習をいかして自分が好きなものとその理由を紹介しようとしている。

◎ 学習指導計画　全 7 時間 ◎

次	時	学習活動	指導上の留意点
1	1	・学習の見通しをもつ。 ・教科書を見て，「好きなことを友達に紹介しよう」という学習課題を確認する。 ・好きなことをノートに書き出し，発表する。	・ノートにたくさん好きなことを書かせ，書いた中から1つ選ばせる。
2	2・3	・好きなことの紹介をする。 ・感想を言ったり理由を尋ねたりする。 ・相手を変えて紹介や質問を繰り返す。	・感想や理由の尋ね方についても指導する。 ・ペアや，グループで取り組ませる。
2	4	・教科書の文を視写して参考にする。 ・一字下げや名前について知る。 ・主語，述語，句読点，理由の書き方を知る。	・教科書の例文を見て，マス目の中の書き方を確かめさせる。
	5・6	・視写したことを参考にして，自分が好きなことと理由について2文で書く。 ・主語と述語の関係や句読点の打ち方，理由の書き表し方に注意して，文章を仕上げる。	・教科書の例文と同じように書かせる。 ・話したことを思い出して書く。 ・見直し後，書き直しをさせる。
3	7	・書いたものを読み合う。 ・感想を交流し，学習を振り返る。	・文が上手だった児童について発表させる。 ・できるようになったことを確かめる。

すきな こと，なあに

第 1 時（1/7）

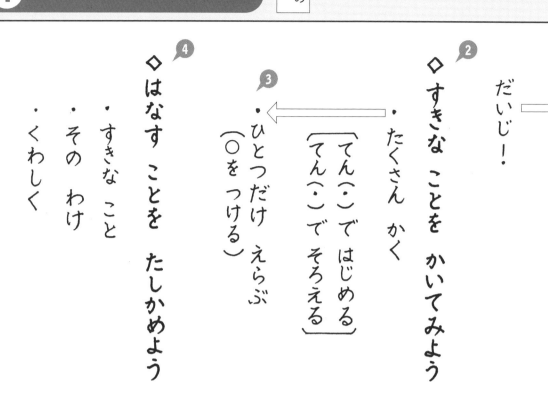

板書例

◇ はなす ことを たしかめよう ④

・すきな こと
・その わけ
・くわしく

・ひとつだけ えらぶ
　（〇を つける） ③

◇ すきな ことを かいてみよう ②

・たくさん かく
　［てん（，）で はじめる
　　てん（，）で そろえる］

だいじ！

━━

POINT 「好きなこと」は，話と文のテーマになるものでもある。じっくりと考えさせたい。

1 学習課題を確かめ，学習の見通しをもとう。

T　この勉強は，みんなのいちばん好きなことについて，話したり書いたりします。みんなは好きなことは何か言えますか。

ぼくは，野球が大好き。それにゲーム！

わたしは，うたをうたうことが好き。本を読むのも好きだし…。

T　好きなことが，いろいろある人もいると思います。後で，好きなことについて話をしたり，文を書いたりします。話したり書いたりしやすいものを選ぶといいですね。

T　まず，いちばん好きなことが決められたら，そのことについて隣の人と話をします。そして，次にグループの友達に話をしてもらいます。最後に，文を書きます。

教科書 P80-83 を範読し，学習の見通しをもたせる。

2 自分の好きなことをノートに書いてみよう。

T　では，好きなことをノートに書きましょう。今は，いくつ書いてもいいですよ。箇条書きで書くことができますか。

C　中点（・）で始めるんだね。

C　いちばん上のマスに中点を揃えればいい。

　箇条書きは，1年生でも十分に使える技術である。一度指導しておくと，様々な場面で使える。ここでも「箇条書きで」と指示すれば，分かりやすいノートになる。

T　箇条書きできれいに書いていきましょう。

よし，「・サッカーをすること」って書けた。

わたしは「・ピアノをひくこと」，それから…。

準備物	・最初に教師が好きなことを発表するのであれば，その絵や画像など（本稿では設定していない） ・教科書P80，81の挿絵，または黒板掲示用イラスト
ICT	文の書き方が分からない児童もいる。自分が好きなことをノートに書くとき，実物投影機で大きく映し出しながら書き方を指導する。

すきな こと、なあに

め がくしゅうする ことを しろう
すきな ことを かいて
ひとつだけ えらぼう

① いちばん すきなこと

・ひとつ えらぶ
・はなしを する
（となり→ぐるうぷ）

・ぶんを かく

※教科書 P80，81 の挿絵（または，QR コンテンツのイラスト）を掲示する。

※カタカナ表記の伸ばす音を含む言葉を，カタカナ未習の段階にひらがなで書く場合は，「ぐるうぷ」・
「ぐるーぷ」のどちらでもよいことになっている。本時の板書では「ぐるうぷ」としている。

3 書いた中から1つ選んで，理由も考えてみよう。

T　たくさん書けましたね。その中で1つ選んで○をつけましょう。いちばん好きなことをちゃんと選ぶことができれば，話したり書いたりはできますよ。

よし，これにしよう！

　1つ○をつけるというところがポイントとなる。何となく考えるだけでは，発表のときになって迷い出す児童も出てくることがある。○をつけるという活動を与えることで，発表することを明確に意識するようになる。

　なかなか決められない児童がいる場合，個別指導でいろいろと話を聞き出し，話が楽しくできることをテーマにさせるという指導ができる。

4 何を話せばよいか詳しく確かめ，話す準備をしよう。

T　みんな，1つだけ好きなことを選ぶことができましたか。次の時間にそれを発表してもらいます。

T　教科書80，81ページをもう一度見ましょう。話をしている男の子は，何を伝えていますか。

2人のときは，自分の好きなことは「絵を描くこと」だということを隣の子に話しているね。

4人のときは，好きなことと，そのわけも話しています。

T　そうですね。まず，好きなことは何かを言います。そして，なぜ（どんなところが）好きなのか，そのわけを言うと，聞いている人は分かりやすいですね。もっと詳しくすきなわけを言える人は言いましょう。

C　理由は何て言えばいいか考えておくといいね。

すきな こと，なあに

第 2,3 時 （2, 3/7）

板書例

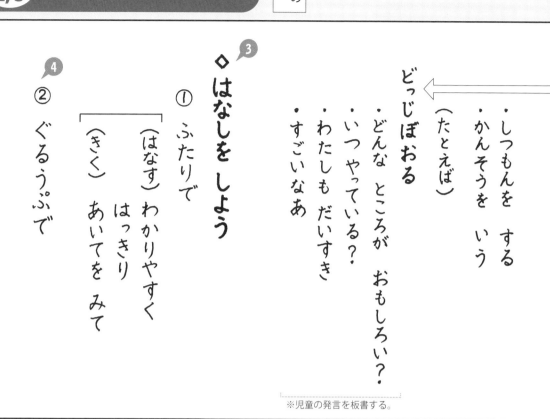

◇ はなしを しよう ❸

① ふたりで

[（はなす） わかりやすく
　（きく）　 はっきり
　　　　　 あいてを みて]

② ぐるうぷで ❹

どっじぼおる
（たとえば）
・どんな ところが おもしろい？
・いつ やっている？
・わたしも だいすき
・すごいなあ

・しつもんを する
・かんそうを いう

※児童の発言を板書する。

POINT　なかなか話し出せない，言っていることが分かりにくい，などということがないように，話すことを明確にしてから，

1 何を話せばよいのか確かめ，1 人で練習してみよう。

T　今日は，前の時間に選んだ一番好きなものについて話をしてもらいます。

T　どんなことを話すのか思い出しておきましょう。

> 好きなものはなにか。
> なぜ好きか。
> 好きなところ。

T　教科書のように，「ぼく（わたし）は，～（する）ことが好きです。どうしてかというと，～からです。」と話しましょう。

T　話すことが決まった人は，話す練習をしてみましょう。決まらない人は，もう一度，好きなことのどんなところが楽しいのか，どうしているときが楽しいのかを思い出してみましょう。

C　サッカーが楽しいと思うのは，練習してうまくボールがけられるようになったとき，かな。

C　みんなで一緒にうたをうたうと楽しい気分になる。

2 話すとき，聞くときの注意点を確かめよう。

T　自信がない人は，話すことをメモしましょう。
　実際は，話が苦手な児童はメモも難しい場合が多い。話すことが明確になるよう個別に助言しておく。

T　話す練習はできましたか。見本で 1 人やってもらいましょう。○○さん，話をしてみてください。

C　ぼくは，ドッジボールをすることが好きです。どうしてかというと，おもしろいからです。

T　では，○○さんに，どんな質問や感想を言えばよいか分かる人いますか。

> どんなところがおもしろいの？
> いつ，しているの？
> わたしも，ドッジボール大好き。
> ぼくは苦手なんだよ。好きだなんてすごいなあ。

T　聞く人は，このように質問や感想が言えるといいですね。

準備物

ICT 自分の好きなことに関するものや様子が分かる写真を撮影しておく。ただし, 撮影については, 保護者に連絡して協力してもらうようにした方がよい。

すきな こと、なあに

め すきな ことの はなしを しよう

① はなす こと
○すきな こと
○すきな わけ

ぼく／わたし は、〜（する）ことが すきです。
どうしてかと いうと、〜からです。

② きく ひと

スタートさせる。

3 隣の人と好きなことを伝え合おう。

T では, 隣の人に話をしましょう。話す人は, 相手に分かりやすく, はっきり話しましょう。聞く人もちゃんと相手を見て聞きましょう。

ぼくは, ダンスをすることが好きです。どうしてかというと, かっこよくおどれると気持ちがいいからです。

どんなところでおどっているの？

T 話を聞いた人は, もっと詳しく聞いたり, 自分のことを感想として話したりしてもいいですね。

T では, 話した人は交代して聞く人になりましょう。

隣どうしで交代して伝え合う。

T 2人で話をしてみて, どうでしたか。

C 好きな理由が1つじゃなかった。詳しく話せた。

C 話を聞いて, ちゃんと質問ができた。

4 好きなこととその理由をグループで伝え合おう。

T 次は, 4人グループになって, グループの中で自分の好きなものについて話しましょう。

隣どうしで伝え合ったときの好きな理由から, 内容を変えてもいいことにする。2人組で話した結果, 好きな理由がより明確になることも場合も考えられる。

わたしは, 本を読むことが好きです。どうしてかというと, 本を読むと楽しくなるからです。

ぼくも本を読むのが好きだよ。一緒だね。

どんな本を読むと楽しくなるの？

毎日, 本を読むの？

好きなこととその理由を1人が話したら, 聞いた方は質問・感想を言うようにして, グループの中で, 交代して伝え合う。

最後に, グループで伝え合った感想を交流する。

本時の目標	自分の好きなこととその理由を伝える書き方を知り，理解できる。

板書例

◇うつして みよう　③

（グリッド例・縦書き）
いずみあきと
ぼくは、すきです。えをかくことがすきです。からですたくさ……
ーますずつ あける

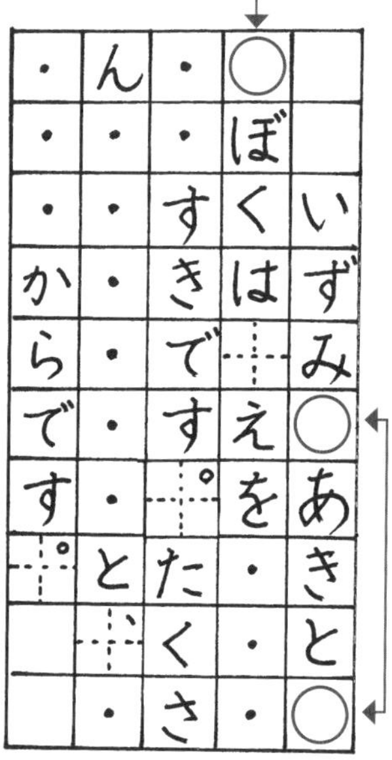

※マス目入りの小黒板に書いて示す。

（かきかた）
① なまえを かく
② ーぶんめの かきだしは、ーますあける
③ ぶんの おわりに 「。」
④ 「。」「、」の ばしょに きを つける

POINT　教科書の文例をもとに，主語・述語，句読点，敬体の語尾や，理由の書き方について確かめる。

1　学習課題「好きなこととそのわけを書く」を知ろう。

T　これまでの時間は，自分のいちばん好きなことを考えて友達にお話ししましたね。どんなことを話しましたか。

C　自分が好きなことと，そのわけを話した。

C　わけは「どうしてかというと～だから」と言った。

T　今日からは，友達にお話したことを文で書く勉強をします。教科書82ページを見ましょう。この男の子の書いた文です。読んでみます。

　　教科書の文例を範読し，その後，一斉音読する。

最初に名前があるね。

「いずみあきと」は，この男の子の名前かな。

T　みなさんも，これまで友達に話して伝えたことを，同じように書いて伝えましょう。

2　教科書 P82 の例文の書き方や内容を確かめよう。

T　まずは，教科書の文をよく見ましょう。何が書いてありますか。

最初に名前です。

それから，「えをかくことがすき」と書いてあります。

最後の「たくさんのいろでかくとたのしいから」は好きな理由です。

T　初めの行に自分の名前，1つ目の文に「好きなこと」，2つ目の文に「好きなわけ」が書いてあります。

　　「文」という言葉は『ぶんをつくろう』で既習である。「丸（。）までで1つの文」という程度の確認をしておくと，ここで「文が2つですね」などと説明がしやすくなる。

T　文の最後の書き方はどうですか。

C　どちらも「～です。」になっています。

　　ここで，理由の文では「どうしてかというと」の表現が省かれていることも確かめるとよい。

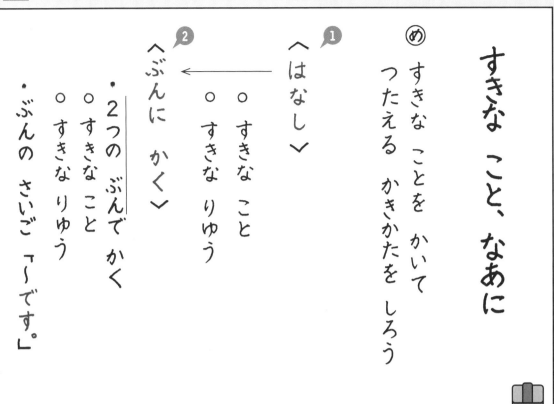

すきな こと、なあに

め すきな ことを かいて
　つたえる かきかたを しろう

① 〈はなし〉

　○ すきな こと
　○ すきな りゆう

② 〈ぶんに かく〉

　・2つの ぶんで かく
　　○ すきな こと
　　○ すきなりゆう
　・ぶんの さいご「〜です。」

3 教科書の例文のマス目の書き方に注意しながら視写しよう。

T では，教科書のマス目の文を，その通りにノートにていねいに写しましょう。その通りに書くのですから，何もないマスには何も書きません。

最初の2つのマスは何も書かないんだね。

「いずみ」と「あきと」の間も1マスあける。

T マス目の中の書き方に気をつけましょう。

　① 名前を書く。（姓と名の間，名前の下も1マスあける）
　② 1文目の書き出しは，1マスあける。
　③ 文の終わりに，丸（。）をつける。

T 丸（。）や点（，）を書く場所も気をつけましょう。

　　例文で，マスを4つに区切った右上の位置であることを確かめる。支援が必要な児童には，補助付きのワークシートQRを使ってもよい。

4 例文を視写した感想を交流し，次時につなげよう。

T みなさん，うまく写し書きできましたか。

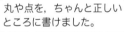

ていねいに書きました！

丸や点を，ちゃんと正しいところに書けました。

T 次の時間は，自分の好きなことについて，同じようにマス目に書いてもらいます。友達に話していたことを書くのです。

C 理由は1つにしたほうがいいのかな。

T そうですね。教科書の文と同じように書きます。友達に好きなことをお話したときは，好きな理由を詳しく考えてみました。その中から自分にとって一番の理由を見つけてきましょう。何がいいか考えておくといいですね。

すきな こと，なあに

第 5,6 時 （5,6/7）

本時の目標　好きなこととその理由を順序よく2文で書くことができる。

板書例

④

◇ きれいに かきなおそう

（れい）
・わたしは，×うたを…
・ぼくぼんをよむ…
　　　 は，

③

◇ よみなおそう

○ まちがいが あっても けさない
○ こえに だして よむ

（まとめの かきかた）

④ 「。」「、」の ばしょに きを つける
③ ぶんの おわりに「。」
② 一ぶんめの かきだしは，一ます あける
① なまえを かく

POINT　授業を進めるスピードは，児童の実態により大きくかわってくるはずである。テンポよく進む場合は，別の「すきなこと」

1 書き方と内容を確かめよう。

T　今日は，自分の好きなこととその理由について，教科書の例文と同じように2文で書いてもらいます。

C　今度は自分のことを書くんだね。

T　書く前に，マス目の中の書き方を確かめましょう。
　　教科書の例文を見て，以下のポイントを確かめる。
　　① 名前を書く。（姓と名の間，名前の下も1マスあける）
　　② 1文目の書き出しは，1マスあける。
　　③ 文の終わりに，丸（。）をつける。
　　④ 丸（。），点（，）を書く場所に気をつける。

T　好きなことは，もう決まっていますね。好きな理由は，いちばんの理由だけを書きましょう。自分のことをうまく文に書いて，友達に伝えられるようにしましょう。

T　書いたものは，後でクラスのみんなで読み合います。間違えないように，ていねいに書きましょう。

2 自分の好きなこととその理由を 2文で書いてみよう。

T　前にグループで発表したときと同じことを書いてもいいですよ。

　　教科書の例文通りであれば，書くときには，「どうしてかというと」の言い回しは省くことになる。

T　では，ワークシートに書きましょう。どんな文を書けばよいか分からない人は，先生が一緒に考えますから大丈夫ですよ。

「ぼくは，ほんをよむことがすきです。」理由はどう書けばよかったかな…。

　　自信がない児童には，口頭で言わせてみて，「そのまま書いたらいいよ」「最後に『です』で終わったら大丈夫」などアドバイスをしていく。そのアドバイスを聞いている周りの児童の参考にもなる。
　　クラスの実態により，文章の型「ぼく（わたし）は，〜がすきです。〜からです。」を提示してもよい。

206

すきな こと、なあに

め すきな ことと りゆうを
　かこう

◇ ① ② ぶんを かこう

・2つの ぶんで かく

　「ぼく
　わたし」は、〜ことが すきです。

　「〜 からです。」（りゆう）

に取り組むのもよい。

3 自分が書いた文を見直し，間違いを直そう。

T　みなさん，書けましたか。書けたら，自分の文を
　読み直して，間違いがないか，もっときれいに書け
　ないかを考えてみましょう。

うわあ，
ちょっと字が
汚いなあ。

見るだけ
じゃ，よく
分からない
けど…。

T　2つの文が書けていますか。字の間違いや点や丸
　をつける場所が間違っていないか，しっかり確かめ
　ましょう。

　　1カ所間違いがあると，全文を消しゴムで消して書き直そ
　うとする児童がいるが，今書いているものは下書きなので，
　時間の無駄となる。以下のことを指導しておくとよい。
　　・声に出して読んでみる。
　　・間違いがあっても全文消さずに，追加で文字を挿入したり，
　　　不要な文字は×で消したりすればよい。
　見直しは習慣化するよう，継続的に指導する。

4 清書をしよう。2つ目の作文をノートに書いてみよう。

T　見直しができましたね。間違いは直せましたか。
　清書用紙を配る。

T　では，間違いを直した文を，新しい紙にもう一度
　ていねいに書きましょう。

今度は，間違わない
ように気をつけてき
れいに書こう！

T　書けた人は，2つ目を書いてみましょう。
　　もし，テンポよく進むのであれば，別の「すきなこと」を
　2文の文章で書く取り組みをしてもよい。

T　前の時間にノートに書いた「すきなこと」から，
　次に書こうと思うものを選んで○をつけましょう。
　　理由を何と書いてよいか分からない児童には，「たのしいか
　らです」「おもしろいからです」などでもよいとアドバイスを
　して，苦手意識をもたせないようにしたい。

T　次の時間は，友達とカードを読み合いましょう。

板書例

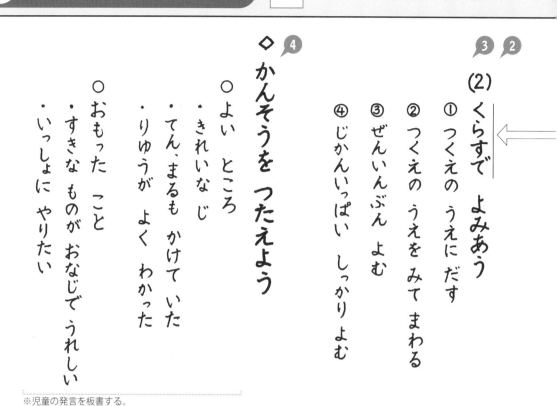

◇ ④
　かんそうを　つたえよう

○ よい　ところ
・きれいな　じ
・てん、まるも　かけて　いた
・りゆうが　よく　わかった

○ おもった　こと
・すきな　ものが　おなじで　うれしい
・いっしょに　やりたい

※児童の発言を板書する。

③ ②
(2) くらすで　よみあう
① つくえの　うえに　だす
② つくえの　うえを　みて　まわる
③ ぜんいんぶん　よむ
④ じかんいっぱい　しっかり　よむ

POINT あらかじめ，読むポイントを指示しておくことで，より自主的に読むことにつながる。

1 「すきなこと」をグループで読み合おう。

T　前の時間に書いた文章をグループの人に読んでもらいましょう。前にお話で伝えたことが，文で伝えられているか確かめましょう。

C　好きな理由をお話ししたときとは，変えたけど…。

T　書いた文では理由が違っていてもいいのです。ただ，読むときに気をつけることがあります。

　　・2つの文が書いてある。
　　・点（,）や丸（。）の有無や，書いてある位置。
　　・きれいに書いてある。
　　この3つのポイントの他に，文の語尾「〜です」,助詞「は」「を」「へ」の使い方，理由の書き方などを付け加えてもよい。

T　では，グループの人とカードを交換して読み合って，よいところを見つけましょう。

うわあ，きれいな字で書いてあるね。

ちゃんと，2つの文でうまく書けている。理由も話を聞いたときと違うけど，分かりやすいね。

2 「すきなこと」をクラス全体で読み合う方法を知ろう。

T　今度は，グループの人だけではなく，みんなに読んでもらいましょう。

T　書いた文を机の上に出して，他の人に読んでもらいます。全員が机の上を見て回って，友達の文を読みに行きます。

同じ「すきなこと」を書いている人もいるかもね。楽しみだな。

全員の分を，読むの？

T　時間が足りないかもしれませんが，勝手にやめたり座ったりしないで，時間いっぱいできるだけたくさんの人の文を読みます。後で，感想も聞きますよ。

C　じゃあ，ぼくのもみんなに読まれるんだ。

C　感想が言えるように，しっかり見よう。

準備物
・前時に書いた作文（各自）
・（できれば）好きなことに関連する写真
（事前に撮影しておくよう伝えておく）

ICT
実際に撮影してきた写真を提示しながら発表すると、聞いている児童にとって発表者の好きなことをより詳しく知ることができる。

すきな こと、なあに

め
ともだちと よみあって
かんそうを つたえよう

◇ ① ともだちの かいた ものを よもう

よむとき
・2つの ぶんで かいて ある
・「 」「。」
・きれいに かいて ある
きを つける

(1) はんで よみあう
よい ところを みつける

3　クラス全体で読み合おう。

T　まず、自分の書いた文を机の上に広げましょう。

　　もし、ノートに書かせた場合は、この学習で書いた文の最初のページを広げさせる。

T　では、全員立ちましょう。できるだけみんなの文を読みましょう。友達の文でよいところをたくさん見つけましょう。読んで思ったことも、後で聞きますよ。

　　区切りをつけるためにも、全員が立った状態から始める。クラスの実態に応じて、メモや付箋紙などを使い、感想を書き込むのもよい。

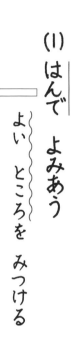

○○さんは、ピアノをひくことが好きなんだね。わたしと同じだ！うれしいな。

好きな理由も詳しく書いてあって、分かりやすいね。

4　感想を発表し、全体を振り返ろう。

T　それでは、感想を発表してもらいます。よいところを見つけられましたか。読んで、自分が思ったことも発表しましょう。

○○さんは、きれいな字で、点や丸もきちんと書けていました。

□□さんは、ぼくと好きなことが同じで嬉しかったです。今度一緒にサッカーをしたいです。

△△さんは、理由が詳しく書けていて、よく分かった。

たくさん発表させ、教師が気づいたことも付け加える。

T　みんなの好きなことがよく分かりましたね。

T　最後に、どんなことができるようになったか振り返りましょう。

C　好きなものとその理由が友達にうまく伝えられた。

C　話したことを文にして、きれいに書けた。

おむすび　ころりん

◎ 指導目標 ◎

・昔話の読み聞かせを聞くなどして，我が国の伝統的な言語文化に親しむことができる。

・場面の様子や登場人物の行動など，内容の大体を捉えることができる。

・語のまとまりや言葉の響きなどに気をつけて音読することができる。

◎ 指導にあたって ◎

① 教材について

　日本人にとって七五調のリズムは，心地よいものです。理論的な研究もありますが，そういった知識をもたなくても，ふだんの生活の中で標語や川柳など七五調が使われていることや，なんといっても1人ひとりの実感がそれを証明しているといえるでしょう。その心地よい七五調を充分に楽しませたい教材です。七五調だけに，児童が自然に口ずさむ場面もあるでしょう。そのリズムを全員でそろえたり，1人でじっくり楽しんだりする経験を，音読を通してもたせることを目指します。

　音読のイメージを広げる手立てとして，挿絵も活用できます。言葉に基づいた話し合いや説明をより有効なものにできるでしょう。

　また，昔話は児童の生活とは大きく異なり分かりにくい部分もありますが，多くの児童は素直にお話を楽しむことができます。昔話を意図的に児童に伝えていくことも大切です。

② 個別最適な学び・協働的な学びのために

　音読に主体的に取り組む姿勢を引き出したい教材です。そのためには，正しく間違えずに読むだけではなく，できれば自分なりに工夫して練習することを指導したいものです。

　もちろん，1年生にとって教科書をすらすら読むだけでも簡単なことではなく，この段階をきちんとふまえる必要はあります。ただし，クラスの実態によっては，そこから次の段階も指導者としては見据えておきましょう。特別な工夫ではなくても，声の大きさを変えたり，間をゆったりとったりという基本的な読み方を指導するだけでも，児童の意識は大きく変わる場合があります。

◎ 評価規準 ◎

知識 及び 技能	・語のまとまりや言葉の響きなどに気をつけて音読している。 ・昔話の読み聞かせを聞くなどして，我が国の伝統的な言語文化に親しんでいる。
思考力，判断力，表現力等	「読むこと」において，場面の様子や登場人物の行動など，内容の大体を捉えている。
主体的に学習に取り組む態度	進んで昔話の内容を捉え，これまでの学習をいかして音読しようとしている。

◎ 学習指導計画　全5時間 ◎

次	時	学習活動	指導上の留意点
1	1	・これまでの音読，読書について振り返り，学習の見通しをもつ。 ・学習課題として「音読発表会」をすることを知る。 ・お話の読み聞かせをする。	・「おおきな　かぶ」の音読発表を思い出させる。 ・音読発表の場を設定することで，児童の意欲を高める。
	2	・範読を聞き，物語のあらすじを理解する。 ・音読練習し，読んだ感想を交流する。	・登場人物について確かめる。 ・挿絵を見て，あらすじを確かめていく。
2	3	・音読練習する。 ・場面や登場人物についてイメージを広げながら音読をする。	・リズムよく感じる秘密として，繰り返しや言葉のリズム（七五調）に気づかせる。 ・教科書 P89 の挿絵を活用して，登場人物の気持ちを想像させる。
	4	・グループで役割を分担し，登場人物になりきって音読発表の練習をする。	・読み方の工夫をグループで話し合わせ，発表会のときの立ち方や合図も確かめさせる。
3	5	・グループで音読発表をする。 ・感想を交流する。 ・学習を振り返る。	・準備などに時間をかけすぎず，音読発表の意欲を引き出すという位置づけで行う。 ・音読発表の決まり（発表者・聞き手）を確かめる。 ・繰り返しや言葉の響きやリズムを楽しみながら，学習したことを確かめる。

おむすび　ころりん

第 ① 時（1/5）

板書例

④

○おんどくはっぴょうかい

・じゅんばんを きめて
　まえで おんどく

・おきゃくさんに
　きいて もらう

○どんな おはなし

・「　」は ない

・りずむが よい

※教科書の挿絵（または，QR コンテンツ
　のイラスト）を掲示する。

POINT できれば，クラス以外の児童や地域の人，児童の保護者に音読を聞いてもらう場を設定したい。それを児童にあらかじめ

1　昔話を読んだ経験を出し合おう。

T　今度勉強する『おむすびころりん』は日本の昔話です。みなさんは，昔話を読んだことがありますか。ある人は，何というお話だったか覚えていますか。

C　『ももたろう』！

C　『さるかに合戦』や『うらしまたろう』です。

T　その昔話を読んで，面白かったところを言えますか。

> ももたろうが強くて，鬼をどんどん退治していくのが面白かった。

> 「さるかに合戦」では，悪いことをした さるが，こらしめられてよかったです。

T　昔話は，昔から残ってきたお話だから，日本人には面白かったり，ためになったりしてきたお話が多いのですね。

2　『おおきなかぶ』の学習で音読したことを思い出そう。

T　日本の昔話ではありませんが，お話の勉強はしたことがあります。覚えていますか。

C　『はなのみち』や『おおきなかぶ』を勉強しました。
　　教科書の『おおきなかぶ』（P66-75）を開かせる。

T　『おおきなかぶ』のお話では，どんな勉強をしたか覚えていますか。

C　役を決めて，音読発表会をしました。

C　音読の練習もいっぱいしました。

T　『おおきなかぶ』の音読の練習では，どんなふうに読んでみましたか。

> 繰り返しの言葉の読み方を工夫した。

> 「おおきなおおきな」の2回目は長く伸ばして読みました。

> おじいさんの様子をいろいろ考えて，おじいさんの言葉を工夫して読んだ。

T　いろいろ工夫して読みましたね。

おむすび　ころりん

め　おんどくはっぴょうかいの
　　みとおしを　もとう

① 〈にほんの　むかしばなし〉

○これまでに　よんだ　おはなし

・ももたろう
・さるかにかっせん
・うらしまたろう

※児童の発表を
板書する。

② 〈「おおきな　かぶ」の　べんきょう〉

・おんどくはっぴょうかい
・よみかたを　いろいろ　くふう

告げることで意欲も高まる。

3 学習課題「音読発表会をしよう」を確認しよう。

Ｔ　『おむすびころりん』でも，音読の練習をしっかりして，最後に音読発表会をします。

Ｔ　発表会では，順番を決めて音読してもらいます。

Ｃ　お客さんもいるのかな。

Ｔ　クラスだけでもやりますが，今度，幼稚園の子と交流しますから，そのときに聞いてもらいましょう。

やったー！
楽しみだね。

うまく発表できる
ように頑張ろう。

参観を利用したり，他のクラスや学年にも依頼したりして，できるだけお客さんがいる場を作るとよい。そのことを予告しておけば，児童の意欲も高まる。

4 お話の読み聞かせを聞き，次時への意欲を高めよう。

Ｔ　まずは，先生が読むので聞いてください。「むかしむかしのはなしだよ。…」

範読する。挿絵を見ながらお話を聞かせる。まずは，聞くことでリズムのよさを実感させたい。

Ｔ　『おむすびころりん』は，かぎ（「　」）のついた会話はありません。そのかわり，とてもリズムがよい文になっています。そのリズムがうまく出せるような読み方ができるといいですね。

Ｔ　音読発表会があるので，それまでにしっかり練習しましょう。まずはすらすら読めるようになるといいですね。

Ｃ　たくさん練習して，うまく読めるようになりたい！

Ｔ　では，次の時間からがんばりましょう。

板書例

④〈おんどくれんしゅう〉

③〈おはなしの　5まいの　え〉

・おむすびが　ころがった
・おじいさんが　おいかけた

・おむすびは　あなの　なかへ
・おむすび　ころりん　すっとんとん
・おじいさんは　おどりだす

・おじいさんも　あなへ
・ねずみの　おうちに

・おいしい　ごちそう
・ねずみの　おどり
・おれいに　こづち

・こづちを　ふりふり
・おこめや　こばん

※児童の発表をまとめながら板書する。

POINT 　登場人物という言葉をここでも再度教えておく。今後も使う機会が多い。

1 『おむすびころりん』の範読を指でなぞりながら聞こう。

T　先生がまず読みます。教科書 84 ページの題名からです。1 行目の「お」を指で押さえましょう。

C　「題名」のところだね。

T　先生が読むのに合わせて，押さえた指を動かしていきましょう。いきます。『おむすびころりん』大丈夫？押さえられていますか。

大丈夫です！

押さえています。

T　では続けます。「むかしむかしのはなしだよ。…」
最後まで教師が読んで聞かせる。音読が苦手な児童は，読み聞かせの部分を目で追うことも苦手な場合が多い。指でなぞることをあえて全員にさせ，集中させることにつなげる。
「こづち」「こばん」などの難しい言葉は，挿絵や画像などを使って説明する。

2 登場人物を確かめよう。

T　出てきた人を登場人物といいます。『おむすびころりん』の登場人物はだれでしょう。

おじいさんとおばあさん。

ねずみは人じゃないけど，登場人物なのかな。

T　いいところに気づきました。本当のねずみは，確かに人ではありません。でも，本当のねずみは『おむすびころりん』のように歌を歌いますか。

C　歌わないよ。（笑）

T　着物も着ないし，踊りも踊りませんよね。だから，このねずみは『おむすびころりん』の中では，人と同じように書かれているということになります。

C　じゃあ，登場人物に入れていいね。

おむすび ころりん

め どんな おはなしか たしかめよう

① 〈よみきかせ〉
・ゆびで なぞりながら きく

② 〈とうじょうじんぶつ〉
・おじいさん
・おばあさん
・ねずみ

> おはなしに
> でて くる
> ひと

---

3 挿絵の順番通りに並べ替えて，物語のあらすじを確かめよう。

T 教科書の中から5枚の挿絵を貼ります。順番はばらばらです。お話の順に並べ替えられるかな。まず，1枚目はどれでしょう。

C おじいさんが転がったおむすびを追いかけているのが，1枚目です。

T では，2枚目は？

児童に発表させながら，挿絵を順に貼り替えていく。

T さあ，順番通りになりました。最初から順にどんな場面だったか思い出してみましょう。分からなければ教科書を見ながらでもいいですよ。

> 転がったおむすびが穴に落ちて，穴から「おむすびころりんすっとんとん」って聞こえてきたんだ。

> そしたら，おじいさんが楽しくなって踊って，穴から落ちました。

挿絵を見ながら，順にあらすじを確かめていく。

4 音読練習を始めよう。読んだ感想を交流しよう。

T では，音読の練習に入りましょう。先生に続いて読みます。

T 「おむすびころりん」

C 「おむすびころりん」

T 「むかしむかしのはなしだよ。」

C 「むかしむかしのはなしだよ。」

最初の練習なので，1行ずつに分けて，教師に続いて音読させながら，最後まで読む。

T 読んでみて，好きなところや面白いところはありましたか。

> 「おむすびころりん すっとんとん」の歌が楽しくて好きです。

> 何回も出てきて，読んでいておもしろかった。

T みんなで読むと楽しいですね。音読発表会に向けて，おうちでも練習しておきましょう。

おむすび　ころりん

第3,4時 (3,4/5)

板書例

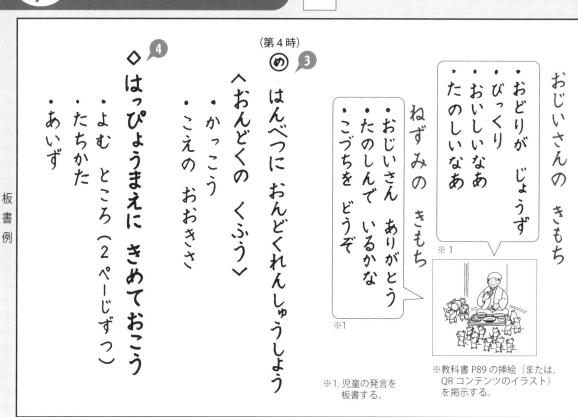

（第4時）

め ③

はんべつに おんどくれんしゅうしよう

〈おんどくの くふう〉
・かっこう
・こえの おおきさ

◇④

はっぴょうまえに きめておこう
・よむ ところ（2ページずつ）
・たちかた
・あいず

おじいさんの きもち
・おどりが じょうず
・びっくり
・おいしいなあ
・たのしいなあ

ねずみの きもち　※1
・おじいさん ありがとう
・たのしんで いるかな
・こづちを どうぞ

※1

※教科書 P89 の挿絵（または，
QR コンテンツのイラスト）
を掲示する。

※1．児童の発言を
板書する。

POINT　吹き出しの活動を 2 つ取り入れている。できるだけ否定をせずに，児童の自由な意見を引き出したい。挿絵を細かく

1 【第3時】音読練習をして，リズムよく感じる秘密を見つけよう。

T　音読練習から始めましょう。教科書を見ずに言える人はいるかな。全部じゃなくてもいいですよ。

暗誦できる児童がいれば，みんなの前でやってもらってもよい。本人にとっては自信になり，周りの児童には刺激になる。「このページだけ次の時間までに覚えられる人はいるかな。」といった声かけに対して，「やってくる！」「できる！」といった反応が期待できる。

T　リズムよく音読できましたね。『おむすびころりん』のお話には，リズムよく感じる秘密があります。1 行の字の数を数えてみましょう。

最初の「むかしむかしの はなしだよ」は，7つと5つです。

2行目と3行目も同じだよ。

殆どの行が7音・5音や，8音・5音となっていることを確かめる。

T　だから同じリズムで歌うように読めるのですね。

2 ねずみがおじいさんをもてなす挿絵からイメージを広げよう。

T　ねずみのおうちでは，おじいさんはどんな気持ちだったのでしょう。
C　おどりがじょうずだなあ。
C　着物を着てねずみが踊るから，びっくりしている。
C　料理がおいしいなあ。楽しいなあ。
T　本当においしそうだし，楽しそうにしています。

全ての場面を扱うと音読練習の時間が少なくなる。使いやすい挿絵を取り上げる。（ここでは教科書 P89 の挿絵）

T　では，ねずみの気持ちも考えてみましょう。

「おむすび たくさん ありがとう。」ってあるね。

おじいさん，ありがとう。

踊りを楽しんで。

こづちをどうぞ。

T　おじいさんやねずみの気持ちになって読めるようになると，上手な音読になりますよ。

・教科書P89の挿絵，または黒板掲示用イラスト

ICT　音読の様子を動画撮影しておく。グループの音読を後で見返し，よりよい音読にするためにどうすればよいかを考えたり，話し合ったりできる。

準備物

（第３時）

おむすび ころりん

め おんどくの りずむを かんがえよう
　おじいさんと ねずみの きもちを
　かんがえよう

① 〈りずむの よさの ひみつ〉

むかし むかしの はなし…。 ｜7｜ ｜5｜

そろそろ おむすび た・・・・。 ｜8｜ ｜5｜

② ◇ きもちを かんがえよう

〈ねずみの おどりの えを みて〉

見せるとよい。

3 【第４時】グループで音読練習しよう。

T　次の時間は音読発表会です。お客さんにも来てもらいます。班に分かれてしっかり練習しましょう。

T　班の人と話し合っていろいろ工夫しながら，音読の練習をたくさんしましょう。おじいさんやねずみの気持ちになって音読しましょう。

おじいさんがおむすびを追いかけるところは，そのかっこうで読んでみようよ。

「まてまてまて」のところだね。

T　どんな動きをしながら読むといいかを考えている班がありました。ちょっとやってみてもらいましょう。
　　机間巡視で工夫して音読している班を見つけたら，一部分でもいいので見本として取り上げる。

T　いいなと思ったことは，どんどん真似しましょう。他の場面でも同じように工夫できるかもしれません。

C　「おむすびころりん～」のところは，特に大きな声で読むことにしようよ。

4 音読発表会の分担を決め，もっと練習しよう。

T　音読発表会では，班ごとに２ページずつ音読してもらいます。

ぼくは，「こばんがざっくざく」のところがいい！

ねずみのごちそうのページがいいな。

　全体で８ページあるので，４つに分けるとよい。クラスの班の数に合わせて分ける。８班あれば，同じ場面を２つの班が担当となる。練習の様子を見て，班の組み合わせを教師が判断してもよい。

T　班で読むので，立ち方のほかに，最初と最後の合図をする人も決めます。

T　読むところが決まって，立ち方や合図も班で相談できたら，音読の練習をたくさんしましょう。

おむすび　ころりん

第 5 時 (5/5)

本時の目標：音読発表会で楽しく発表することができる。

板書例

〈はっぴょうの　きまり〉
○はじめの　ことば
・「いまから　○はんの　おんどくを　はじめます」
・「きをつけ、れい」
○おわりの　ことば
・「これで　はっぴょうを　おわります」
・「れい。」
○ほんの　もちかた
・よむとき…くちを　かくさない
・はじめと　おわり…とじて　からだの　よこ

③
〈きく　ひと〉
○はじめと　おわりに　はくしゅ
○よかった　ところ
・よみかた
・たちかた
・ほんの　もちかた
・あいさつ
・しせい

POINT　「音読発表会が楽しい」と感じられることが第一である。この時間で急にうまくなることを要求しても難しい。できている

---

1 みんなで音読し，音読発表会について確かめよう。

T　今日は音読発表会です。まずは，みんなで全文を音読しましょう。

T　いよいよ発表会です。これまで班ごとに練習してきたことを出しましょう。お客さんがいても，いつもと同じように読んだらいいのですよ。

　各班の発表する順番を板書で確かめる。児童に分かりやすく，クラスの実態に合わせた書き方にする。

> ぼくたちは 4 班だから，1 回目の 2 番目だね。

> 練習したとおりに読めるといいね。

　いろいろな音読発表会が可能だが，あまり小道具や衣装に時間をかけずに，シンプルに行うことをおすすめしたい。
　もちろん，生活，図工と組み合わせるなど，発展的に扱うことも考えられる。クラスの実態と教師の考え方次第である。

2 発表会前に，最後の練習をしよう。

T　では，挨拶の声をかける人や並び方を確かめて最後の練習をしましょう。時間は 5 分くらいです。

T　『おおきなかぶ』の音読発表したときと同じように，はじめの挨拶の言葉から始めて，音読発表，最後は終わりの言葉です。それもあわせて練習しましょう。

　発表するときの決まりを確かめる。(板書例参照)『おおきなかぶ』の音読発表と同内容にするのがよい。

T　さっと始められる班が上手ですよ。

> じゃあ，はじめから練習してみよう。

　音読自体の出来も大切だが，2 回目の音読発表会を発表の定型に沿わせながら，班で楽しく行わせたい。1 年を見通せば，音読発表を繰り返すにつれ，発表するときの決まりとして自然にできるようになる。

準備物 ・教科書の挿絵，または黒板掲示用イラスト QR

ICT グループごとの音読発表を撮影し，児童の学びを共有する。ただし，個人情報の保護のため，事前にお知らせするなどの注意が必要である。

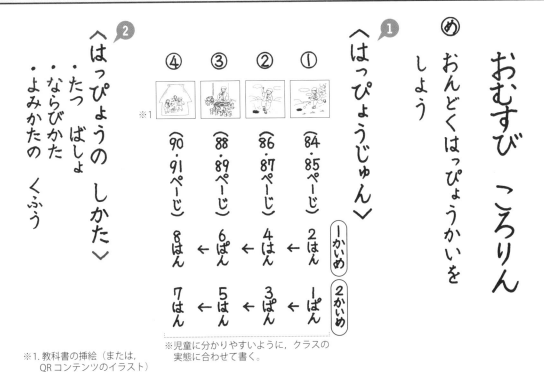

おむすび ころりん

め おんどくはっぴょうかいを しよう

① 〈はっぴょうじゅん〉

		1かいめ	2かいめ
①	(84・85ペーじ)	2はん ←	1ぱん
②	(86・87ペーじ)	4はん ←	3ぱん
③	(88・89ペーじ)	6ぱん ←	5はん
④	(90・91ペーじ)	8はん ←	7はん

※1

※児童に分かりやすいように，クラスの実態に合わせて書く。

② 〈はっぴょうの しかた〉
・たつ ばしょ
・ならびかた
・よみかたの くふう

※1. 教科書の挿絵（または，QRコンテンツのイラスト）を掲示する。

レベルで楽しめるよう支援する。

3 音読発表会をしよう。発表を聞く人の決まりも確かめよう。

T では，音読発表会を始めます。発表を聞く人は，しっかり聞きましょう。はじめと終わりには拍手もしましょう。よかったところを伝えられるといいですね。

聞く側の注意点も確認する。拍手の決まりも経験しているうちに自然に行動できるようになる。友達が頑張ったときに拍手をすることで，場の雰囲気がよくなるということを体感させておきたい。

感想は，原則として「よいところを言う」決まりとする。読み方の工夫のほかに，「声，姿勢，（挨拶などの）態度」のどれを言ってもよいことを教えておく。

T では，2班の人から始めましょう。前に出て発表してください。

今から2班の音読を始めます。きをつけ，れい。

4 発表の感想を伝え合い，学習を振り返ろう。

T では，2班の発表が終わったところで，感想を言ってもらいます。

はい！○○さんが，大きな声でリズムよく読んでいました。

おむすびを追いかけるかっこうがよかったです。

△△さんは，とてもよい姿勢でした。

T よいところがいっぱい見つけられましたね。

他の班の発表後も同じように感想を聞いていく。まだテンポよく進められない場合は，教師がひとつひとつ指示を出せばよい。これも1年を見通して，今は細かく，確実に行わせる時期だという意識で指導する。

T みんな上手に音読発表できましたね。

最後に全体を振り返り，登場人物や挿絵で展開を確認したこと，音読練習や発表会について確かめ，感想を伝え合う。

こんな　ことが　あったよ

◎　指導目標　◎

・経験したことや想像したことなどから書くことを見つけ，必要な事柄を集めたり確かめたりして，伝えたいことを明確にすることができる。
・文章に対する感想を伝え合い，自分の文章のよいところを見つけることができる。
・言葉には，事物の内容を表す働きや，経験したことを伝える働きがあることに気づくことができる。

◎　指導にあたって　◎

①　教材について

　ほとんどの 1 年生にとって，作文はとても難しいものです。しかし，書く力がつくと，書くこと自体が楽しくなり，しかも様々な自己表現にもつながります。また，学年が上がるにつれ，様々な場で文章表記を求められるようになります。作文の力で他教科の力も評価されてしまうような実態もあります。本単元のような身近で無理のない段階で，書くことへの抵抗をぜひなくしたいものです。

　作文だけに限りませんが，回数をこなすことは児童が力をつける上でとても重要な要素です。特に，作文の場合，得意な児童以外は自然に自分から書くということはまず考えられません。授業中にできるだけ多くの場を設定することで，クラスの全員が作文の力をつけていくことができます。

　「書くことがない」「書き方が分からない」というのは作文が苦手な児童の 2 大理由です。書き慣れるまでは，全員で共通の題材を扱ったり，ある程度限定した題材で書かせたりする方が苦手意識を強くもたせずにすむでしょう。書き方も同様で，書き出しなどを指示する方が書きやすくなる児童も多いはずです。作文嫌いをできるだけ作らずにすむよう配慮したいものです。

②　個別最適な学び・協働的な学びのために

　書くことに慣れてくると，自ら素材を探したり，よりよい表現を工夫したりといった主体的な姿勢も見られるようになります。できるだけ多くの児童がそういう状態になれるように，具体的にほめたりよい点を指摘して広めたりしたいものです。

　また，児童の作品を読み聞かせる場も多めに確保したいところです。自分の作品を友達の前で紹介されると，紹介された児童には励みになり，読み聞かせを聞いた児童は刺激を受けて学びにつながります。

◎ 評価規準 ◎

知識及び技能	言葉には，事物の内容を表す働きや，経験したことを伝える働きがあることに気づいている。
思考力，判断力，表現力等	・「書くこと」において，経験したことや想像したことなどから書くことを見つけ，必要な事柄を集めたり確かめたりして，伝えたいことを明確にしている。 ・「書くこと」において，文章に対する感想を伝え合い，自分の文章のよいところを見つけている。
主体的に学習に取り組む態度	積極的に出来事や経験を思い出し，これまでの学習をいかして日記に書こうとしている。

◎ 学習指導計画　全6時間 ◎

次	時	学習活動	指導上の留意点
1	1・2	・教科書 P92-93 を読み，「楽しかったことを文章に書いて読み合おう」という学習課題を確認する。 ・絵と文で伝えるよさを知り，絵カードのかき方を理解する。 ・共通テーマ「砂場遊び」について，クラス全体で考える。	・絵を先に描くことなどを今後のクラスの決まりとすることを想定して指導する。 ・いきなり自由テーマとせず，できるだけ実際に共通体験させたテーマ設定で考えさせる。
2	3	・共通テーマ「砂場遊び」で絵カードをかく。 ・カードには「簡単な絵」「題」「名前」「3文程度の文」をかく。	・1回目の絵カード作成は共通テーマで作成させる。 ・3文には「いつ」「場所」「人」「したこと・見たこと・聞いたこと」「思ったこと」を書くことを指導する。
	4・5	・自分で題材を選んで絵カードをかく。 ・見直しのポイントで自分の間違いに気づかせる。	・選ぶことが難しい児童には，かきやすそうなものを薦めるなどして無理のないようにする。
3	6	・かいたものを読み合い，感想を交流する。 ・学習を振り返る。	・よいところを見つけて，今後の参考にもする。

こんな ことが あったよ

本時の目標：「楽しかった体験」を伝える絵カードのかき方を理解することができる。

板書例

③
〈ぶんに かいて ある こと〉

わたしは、どようびに、
〔だれが〕〔いつ〕

にわで、かぞくと はなびを
〔どこで〕〔だれと〕〔したこと〕

──────
・・・・。
〔おもった こと〕

せんこうはなびが、とて
〔おもった こと〕

も きれい・・・。
〔おもった こと〕

・・・・・とおもいました。

・いつ
・ばしょ（どこ）
・ひと（だれ） ＝ ┌ ・した こと
              │ ・みた こと
              │ ・きいた こと
              └ ・おもった こと
・おもった こと

※教科書 P92 の文例を板書する。

POINT 夏休みの絵日記の準備段階である。かくことへの期待感をもたせたいので，絵や文が苦手な児童にも，この絵カードの

---

1 【第1時】学習課題を知り，学習の見通しをもとう。

T 教科書92ページを見ましょう。「楽しかったこと」を絵と文で紹介しています。文を読みます。

「せんこうはなび」の絵カードを範読後，音読する。

T 今度の学習は，「楽しかったことを文に書いて読み合おう」です。このような絵カードをかきます。

絵も文もかくんだね。

どんなことをかけばいいのかな。

T 自分がいちばんかきたいと思うことがかきやすいことです。何かかきたいことはありますか。教科書と同じでも，それがかきたいことならそれでいいですよ。

T かくことを決めるのが，まず，難しいかもしれませんね。浮かばない人は，一緒に考えていきましょう。最初は，同じテーマで練習していきましょう。

2 絵と文で伝えるよさを知ろう。

T 言葉で書くのは難しいことも，絵だと分かりやすく描けることもあります。

ぼくは，絵を描く方がいいな。

わたしは，絵が苦手だから，文を書く方が好き。

T この絵カードには，絵も言葉も両方ありますね。

ここで，伝えたいことを絵と文で紹介するよさを印象づける。中には，絵に苦手意識をもっている児童もいる。この場では，以下の2点を簡単に説明しておく。
・文を書くための絵であること。
・図工の絵ではないので，簡単でよいこと。

絵を描くときの注意は，実際に描くときにする。

準備物	・砂遊びをしているときの写真 （児童からの意見が出なかったときに思い出させるために使う）	ICT	砂場の写真をタブレットなどの児童用端末に配信しておくと，絵カードに描くときの参考になる。

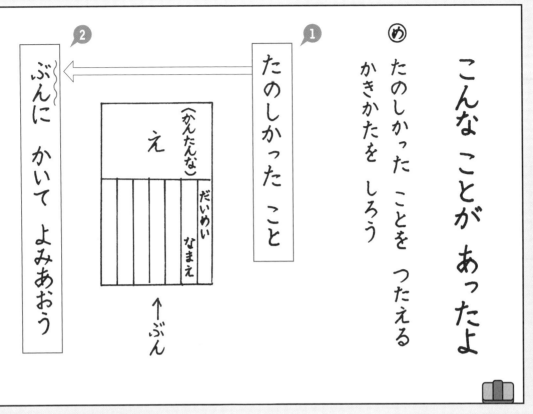

書式であれば「大丈夫」と感じさせたい。

3 教科書の例をよく見て，絵カードのかき方を理解しよう。

T　みんなも同じような絵カードをかいてもらいます。

T　何をどうかいたらいいのでしょう。教科書92ページをよく見てみましょう。

C　上に「花火の絵」です。

C　下には，最初に「題名」と「名前」です。

T　その後の，文には何が書いてありますか。

それから，花火を見た気持ちが書いてあります。

「土曜日に，庭で家族と花火をしました。」と書いてある。

T　このように『いつ』『どこで（場所）』『だれが（人）』『したこと・見たこと・聞いたこと』，それから『思ったこと』を書くと，分かりやすい文になりますね。

教科書 P92 下に書いてある「したこと」「みたこと」「きいたこと」「おもったこと」も合わせて確かめる。

4 【第2時】事前にみんなで砂遊びして，その後「砂場遊び」について考えよう。

クラスで砂場遊びの経験を事前にさせる。図工や生活と計画的にリンクさせることで効率的な取り組みとする。

T　まず，みんなが砂場で遊んだときのことを思い出しましょう。砂場でどんなことをしましたか。

大きな山を作ったよ。

トンネルをほった。

T　後で，みんながいちばんかきたいことを考えてかいてもらいます。まず，練習もかねて砂遊びのことをかいてみましょう。

クラス全員で事前に「砂場遊び」を楽しむことで，この授業もスムーズに進めたい。いきなり自由にテーマを考えさせるよりも，共通のテーマで経験をした方が指導もしやすい。やはり直前に経験していることは考えやすいものである。低学年では，特に，できるだけ実際に共通の経験をした上で取り組ませる方がよい。

本時の目標：共通テーマ「砂遊び」を題材にして，絵と3つの文でできた絵カードをかくことができる。

板書例

〈みなおしで きを つける こと〉
・かきまちがい
・てん（、）まる（。）
・くっつきの「は」「を」「へ」
・ちいさい「っ」「や・ゆ・よ」
・のばす おと

（れい）
・きょう、すなばで ともだちと あそびました。
・○○を しました。
・○○を つくりました。
・○○でした。
（とても たのしかったです。）

④

ぶんに かく こと
・いつ、ばしょ、ひと
・した こと
・みた こと
・きいた こと
・おもった こと

※事前に書いておいたもの（または，QRコンテンツ）を掲示する。

※書き進まない児童がいるような場合，例示する。

POINT 絵日記風様式では，絵を簡潔に書かせることが第1のポイントである。時間をかけすぎず，考えすぎず，のアドバイスをする。

1 砂場で遊んだときのことを思い出そう。

T 教科書では花火のことですが，みんなは何をかくことにしたのか覚えていますか。

C 砂場遊びのことです。

T 砂場でどんな遊びをしましたか。

大きな山を作りました。

水も流して遊びました。

トンネルが崩れてやりなおしになったけど，もっと大きなトンネルがつくれました。

前の時間に発表されたことも確認する。また，写真を見せるなどして思い出させるのもよい。

T 題は，みんな同じで「すなばあそび」にしましょう。題が書けたら，自分の名前を書きましょう。

本稿では，1回目のカード作成に共通テーマを設定している。児童の実態によって，最初からそれぞれの体験をかかせてもよい。

2 絵カードのかき方を思い出そう。

T では，楽しかったことを絵カードにかきましょう。絵カードにかくことは何でしたか。

題名。

名前。

絵。

文。

T 今日は，3つの文で書くことを目指します。文に何を書けばいいか覚えていますか。

「いつ」「場所」「人」「したこと」「思ったこと」などを確認する。ここまでに，2文を書き慣れていれば，自然に3文を書く児童も出てくるだろう。作文が進まない児童がいたら，下記のような型を教えてもよい。

① 「砂場で遊びました。」
② 「○○をしました。」
③ 「○○でした。（楽しかったです。おもしろかったです。またやりたいです。など）」

準備物
・絵カード用紙 QR
・砂遊びをしているときの写真
・「みなおしできをつけること」を書いた掲示物 QR

ICT
児童の端末に写真を共有しておくと，絵を描くときに困っている児童がそれを見て描くことができる。

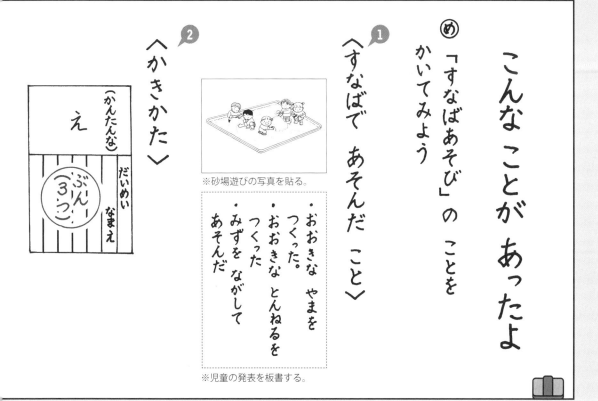

こんな ことが あったよ

め 「すなばあそび」の ことを かいてみよう

① 〈すなばで あそんだ こと〉

・おおきな やまを つくった。
・おおきな とんねるを つくった
・みずを ながして あそんだ

※砂場遊びの写真を貼る。

※児童の発表を板書する。

② 〈かきかた〉

え
（かんたんな）

だいめい
なまえ
ぶん（3つ）

3 砂遊びのことを 絵カードにかいてみよう。

T　最初に絵から描きます。図工ではないので，簡単でいいですよ。

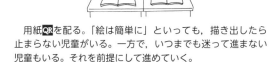

絵を簡単に描いてから，文を書くんだね。

そんな簡単に絵を描けるかな…。

用紙 QR を配る。「絵は簡単に」といっても，描き出したら止まらない児童がいる。一方で，いつまでも迷って進まない児童もいる。それを前提にして進めていく。

T　色は塗りません。絵をかく時間は5分にします。

絵をかいた後，「題」「名前」と作文に取り組ませる。絵がまだ途中でも絵をかくのをやめて文に取り組ませる。あくまで絵は文の補助と考える。また，慣れていけば絵も文も速くかけるようになるので，ここで無理にすばらしい絵を描かせる必要はない。

4 「みなおしできをつけること」に 注意して，読み直そう。

T　文が3つ書けたら，読み直してみましょう。見直しで気をつけることに注意して確かめましょう。

見直すポイントを事前に書いたものを黒板に掲示する。作文の度に板書したり，言い直したりする必要がなくなる。

T　丸（。）は，きちんと書いてありますか。

T　「くっつきの『は・を・へ』」が間違っていませんか。

書き間違いはないかな…。

この時期，表記上の誤りはたくさんあるものとして，ここでは，自分で間違いを見つけた児童を大いにほめたい。ただし，自分で間違いを見つけることはなかなか難しい。机間巡視しながら声かけしていく。

T　次の時間は，自分で決めた題でカードをかきます。何についてかきたいかを考えておきましょう。

こんな ことが あったよ

第 4,5 時 （4, 5/6）

本時の目標：自分で題材を選んで，楽しかったことを紹介する絵カードをかくことができる。

板書例

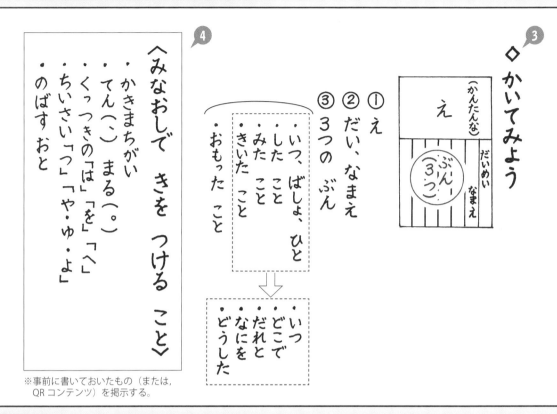

④
〈みなおしで きを つける こと〉
・かきまちがい
・てん（、）まる（。）
・くっつきの「は」「を」「へ」
・ちいさい「つ」「や・ゆ・よ」
・のばす おと

③
◇かいてみよう
③ ３つの ぶん
② だい、なまえ
① え

だいめい （かんたんな）
なまえ
え
ぶん ３つ

・いつ、ばしょ、ひと
・した こと
・みた こと
・きいた こと
・おもった こと

↓

・いつ
・どこで
・だれと
・なにを
・どうした

※事前に書いておいたもの（または，QRコンテンツ）を掲示する。

POINT 題材をいい加減に決めて始めると後で苦労することになる。あらかじめ伝えておき，自分がかきやすいテーマについて

1 1回目にかいた「砂場遊び」絵カードの読み聞かせを聞こう。

T 1回目にみんながかいたカードで，先生が面白かったものの中からいくつか読みます。1枚目は，「すなばであそびました。ともだちと大きなトンネルをほりました。とてもたのしかったです。」3文で，上手にかけましたね。

　3文程度の短い文なので，できれば全員分のカードを読みたいが，人数によっては難しいかもしれない。教師がよいと思うところがある作品をあらかじめ選んでおく。その際，全てが優れている必要はない。
　「詳しく書けているね」「絵が上手です」「字が丁寧に書けています」など，児童によっては文以外のよいところをあえて取り上げるのもよい。

T 上手にかけている人がたくさんいましたね。

2 自分で題材を決めよう。

T 今度は，自分が楽しかったことで，知らせたいことをカードにかきます。どんなことをカードにかきたいですか。

あさがおのこと。／休み時間のこと。／体育でプールに入ったときのこと。

　いきなり，「自由にかきましょう。」では，まだ無理な児童がほとんどだろう。まずは，かきたいことが心に浮かんでいる児童にいくつか発表してもらう。その中から，選ばせるのが負担の少ない進め方となる。

T かくことを決めたら，題をノートに書きましょう。
C 休み時間のことにしよう。きのう，おにごっこで楽しかったから。
C ぼくは，図書館で見つけた面白い本のことを書こうかな。

準備物
・絵カード用紙 [QR]
・前時作成の「砂場遊び」のカード
・「みなおしできをつけること」を書いた掲示物
（第3時で使用したもの）[QR]

ICT アンケート機能を使って，友達の書いた絵カードを相互評価できるようにする。特によかったものを数点取り扱うと，次の活動につなげやすい。

こんな ことが あったよ

め たのしかった ことを
ひとつ えらんで かこう

① 〈ともだちの かいた もの〉

※児童の作品を貼る。

② 〈かく こと〉
○ たのしかった こと
○ みんなに しらせたい こと
・あさがお　・たいいく
・やすみじかん　・ほん

※児童の発表を板書する。

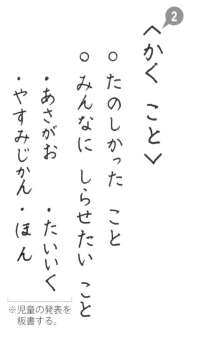

考えさせておくとよい。

---

3 文に書くことを確かめ、楽しかったことを紹介するカードをかこう。

T 　絵にはあまり時間をとりません。文を分かりやすくするための絵だから、色はなくてもいいです。文を書いて時間があれば，絵の続きを描きましょう。
　　用紙[QR]を配る。できるだけ文を書く時間を確保する。

T 　では，題，名前，3つの文を書きます。文に書くことは何でしたか。

| いつ，場所，人。 | したこと，見たこと，聞いたこと。 | 最後に，思ったこと。 |

T 　「いつ」「場所」「人」「したこと・見たこと・聞いたこと」を別の言い方では，「いつ」「どこで」「誰と」「何を」「どうした」となります。3つの文に，知らせたいことが人に分かるように書きましょう。

　　児童の実態に応じて，教師が個別で聞いた内容を書いてやったり，1文だけでも自分で書かせたりしてもよい。

4 絵カードに書いた文を読み直そう。

T 　かけた人は読み直してみましょう。まず，自分で間違いを見つけてみましょう。

　　見直すポイント（前時に示したもの）を再掲示する。
　　・書き間違い。
　　・くっつきの「は」「を」「へ」
　　・点（、）や丸（。），小さい「つ」などの書き方。
　　ただし，これもクラスによって違う。間違いがないのに何度も指摘する必要はない。また，同じ間違いが出てきたら，それを追加する。

T 　自分で見直しが終わったら，隣の人にも間違いがないか見てもらいましょう。

| 休み時間のことを書いたんだね。あれ？一番最後の丸（。）を書いてないよ。 | 本当だ！教えてくれて，ありがとう。 |

T 　間違いが見つかったら直しておきましょう。

こんな ことが あったよ

第 **6** 時 （6/6）

本時の目標　書いた文の読み合いをして，感想を交流することができる。

板書例

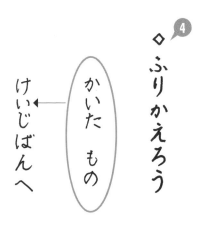

◇④ ふりかえろう

かいた もの → けいじばんへ

◇② よみあおう
①よむ
②よかった ところを いう
③（いわれた ひとは）ありがとう

③
○はんで
○じゅうに ふたりぐみに なって

POINT 読み合いをする際のポイントを明確に伝えておかないと，ただ読んだだけになりかねないので事前に指導しておく。

1 完成した文を友達と読み合うときに気をつけることは何か考えよう。

T　今日は，前の時間に書いたカードの文を，友達と読み合います。

T　作文が得意な人も苦手な人もいます。一生懸命に書いた文ですから，<u>できるだけよいところを見つけるつもりで読みましょう。</u>

よいところって？

文が上手とか？

T　例えば，どんなことを書くか説明しましたね。
C　場所，人，とかのこと？
T　そのどれかが書けていたら，それはよいところで<u>す。</u>見直しのポイントも説明しましたね。もちろん，自分で上手とか，好きだとか思ったことが言えるとすごいですね。

2 グループで絵カードを読み合い，お互いに感想を伝えよう。

T　グループで交換して読み合いましょう。よかったところを中心に感想を言いましょう。

○○さんの文は，「したこと」に「場所」や「人」も書けていて上手です。字もきれいです。

ありがとう。

T　よいところを言ってもらったら，「ありがとう」と言えた人がいます。それも大事ですね。
C　◇◇さんの文は，間違いもなく，休み時間に遊んで楽しかったことがよく分かりました。
C　ありがとう。

T　みんな，上手に感想を言えていましたね。
C　ほめてもらって，嬉しかった。
T　そうですね。よいところを言ってもらって，ほめてもらえるとみんな嬉しいですね。

228

準備物
・「みなおしできをつけること」を書いた掲示物 QR

ICT
児童が書いた作品を写真撮影しておくと、いつでも作品を見ることができる。保護者にも端末で見てもらうことができる。

こんな ことが あったよ

め
かいた ものを よみあって
かんそうを つたえよう

①
〈よみあう ときに きを つける こと〉

★ よい ところを みつける

○ ぶんに かく こと
・いつ、ばしょ、ひと
・した こと、みた こと、きいた こと
・おもった こと

○ みなおしで きを つける こと
・かきまちがい
・てん（、）まる（。）
・くっつきの「は」「を」「へ」
・ちいさい「っ」「や・ゆ・よ」
・のばす おと

※事前に書いておいたもの（または，
QR コンテンツ）を掲示する。

---

3 他の友達とも読み合おう。

T　今度は，別の人と交換をして２回目の読み合いをします。１回目と同じように感想も言いましょう。

T　２回目のカード交換は，席を立って相手を見つけましょう。

「いつ」と「場所」のことが書いてあるし、プール遊びがすごく楽しかったことがよく分かるね。

ありがとう。□□くんのカードは…。

　　自由に読み合いの相手を見つけて交流させる。うまく２人組ができなければ，教師が相手になったり，３人組にさせたりして調整する。

T　今度も，うまく感想が言えましたか。

C　△△さんは，字が丁寧で読みやすかったです。ぼくも，今度はきれいな字で書こうと思いました。

T　友達のよいところを見せてもらって，次の作文にいかせるのは，とてもよいことですね。

4 学習を振り返り，感想を交流しよう。

T　振り返りをしましょう。カードには，何をかきましたか。

C　絵を描きました。

C　題と名前，それから文は３つの文で書きました。

T　文を書くときのポイントも振り返りましょう。
　　板書や見直しのポイントの掲示で確認する。

T　絵カードをかいてみた感想を発表しましょう。友達の絵カードを見て思ったことでもいいですよ。

３つの文で書くときに、「いつ」「どこで」「だれと」「（何を）どうした」を考えると、うまく書けてよかったです。

ぼくと同じ遊びのことを書いていた人がいたけど、「思ったこと」は違っていて、おもしろいと思った。

T　みんなの絵カードを掲示板に貼るので，見てください。これからも，こんなカードをかくことがあります。ここで学習したことや，友達のカードを見て気づいたことがそのとき使えるといいですね。

としょかんと　なかよし

◎ 指導目標 ◎

・読書に親しみ，いろいろな本があることを知ることができる。

◎ 指導にあたって ◎

① 教材について

　既習の単元「としょかんへいこう」で図書館の基本的な決まりや使い方については，学習しています。本単元では，その確認をしながらも，さらに詳しい本の探し方や読み方について学びます。

　実際には，これまでに図書館へ何度も行っていたり学級文庫での読書指導の場面があったりしたかもしれません。時期にこだわらず，適切なタイミングで指導しておきたい内容です。

② 個別最適な学び・協働的な学びのために

　児童によっては，自分が読みたい本が分からないという場合もあります。そういうときは，まずは，読めそうな本，絵やイラストなどで目を引く本でよいので，手に取ってみることを薦めます。いつまでもうろうろと迷っているだけで時間が過ぎてしまうことにならないようにしたいところです。

　自分が読みたい本があれば，同じ作者で探したり似たような分野で探したりといった主体的な読書の入り口に立ったといえます。

　また，交流ができれば，いっそう読書が楽しくなります。児童は，友達が読んだ本について意外と関心をもっているものです。友達に話すことで，次回から「ここのことを話そう」などと考える児童も出てくるかもしれません。

　また，「（友達が読んだ）その本を，次は自分が借りたい！」といったこともめずらしくありません。

◎ 評価規準 ◎

知識 及び 技能	読書に親しみ，いろいろな本があることを知っている。
主体的に学習に取り組む態度	積極的にいろいろな本を手に取り，これまでの学習をいかして本を選ぼうとしている。

◎ 学習指導計画　　全2時間 ◎

次	時	学習活動	指導上の留意点
1	1	・図書館に行って，読みたい本の見つけ方を知る。 ・表紙や，題名，作者，本の内容に着目して探す。 ・司書の先生に聞く。	・本棚の分類についても簡単に説明するとよい。
	2	・おもしろいところや心に残るところを見つけながら読む。 ・本を読み終わったら読書記録をつける。	・交流については，おもしろかったところなどを話すことが難しい児童は，題名と好きな絵や登場人物だけでもよいことにする。

としょかんと　なかよし

第 ① 時（1/2）

板書例

わからない　ときは　しつもんしよう！

③
◇ ほんを　えらんで　よもう
　（10ぷんまえまで）
〈としょかんの　きまり〉
① ほんを　たいせつに　する
② めいわくを　かけない
　・しずかに　する
　・ほんを　もとの　ところへ　もどす

④
◇ よんだ　ほんの　ことを
　しらせよう
　・ひょうし
　・だいめい（さくしゃめい）
　・おもしろかった　ところ、え、くいず

POINT　本棚を順番に見ていくだけではなく，探し方について実際に体験させたい。

1 【学校図書館で】本の探し方を知ろう。

T　今日は，まず本の探し方を勉強します。
C　見たら分かるよ。題名で，探せるから…。
T　確かに本棚を見ていくだけでも，そのうち見つかるかもしれませんね。でも，他の探し方もあるのです。

T　本は，どんな順番で並んでいるでしょう。
C　（新刊の棚を指して）この棚には，新しい本が並んでいるよ。
C　（絵本の棚を指して）あの棚は絵本ばかりです。
T　そうですね。どんな本かで分けてあるところが多いですね。本棚に説明がありますよ。

> 本当だ。この棚は，「いきもの」だって。

> 絵本のところは「えほん」と書いてあるね。

T　みんなは絵本を読むことが多いかな。絵本は，だいたい絵本の棚のところにあるはずです。

2 本の並び方を確かめ，読みたい本を探そう。

T　絵本はどんな順番に並んでいるかな。
C　大きさではないね…。あっ，なんか書いてあるよ。
T　では，絵本の棚を見てみましょう。作者で並んでいることが分かるかな。（並び方が分かりやすいところを示す）
C　本当だ！同じ作者の本を続けて読めるね。
T　読みたい本を探すときは，表紙や題名，作者をよく見て探しましょう。気になる本があれば，手に取って本の中をちょっと見てみるといいですね。

> そうか，いつも読んでいる○○シリーズの本の場所で探せばいいんだ。

> 本の中を見てイヤだと思ったら，別の本にすればいいんだね。

T　今から読んでみたい本を探してみましょう。分からないときは，先生に（司書がいる場合は司書にも）聞いてください。

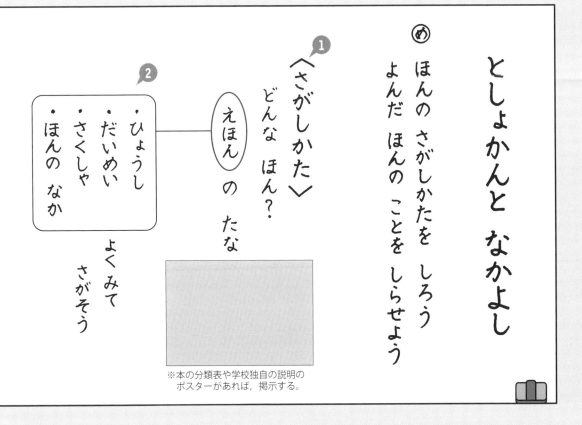

め ほんの さがしかたを しろう
よんだ ほんの ことを しらせよう

としょかんと なかよし

① 〈さがしかた〉
どんな ほん？

えほんの たな

② ・ひょうし
・だいめい
・さくしゃ
・ほんの なか

よく みて
さがそう

※本の分類表や学校独自の説明の
ポスターがあれば, 掲示する。

---

3 図書館の決まりを確認して 選んだ本を読もう。

T　本が見つかった人は, 席にもどって読みましょう。
図書館での決まりは覚えているかな。

静かにする。　本を大切にする。

読んだ本を
もとに戻す。

T　後で, 読んだ本について交流します。本の表紙,
題名, 作者を同じテーブルの人に説明してもらいま
す。できれば, 一番好きな絵や面白かったところな
どが言えるといいですね。クイズにすると聞いてい
る人も楽しいですよ。
C　好きな絵のことだったら, 言えるかな。

T　今日は最初の交流なので, 授業が終わる 10 分前
に始めることにします。では, 読みましょう。

4 選んだ本について紹介しよう。

T　時間になったので, 交流を始めましょう。難しい
と思う人は, 表紙を見せて, 題名と作者名を言うだ
けでもいいですよ。
C　それならできそう。
C　ぼくは, 見せたい絵があるよ。

　聞いている児童に紹介する本の表紙を見せるように指導す
る。聞く側がかなり集中できる。

ねずみとカエル
もいるよ!!

うさぎ！

わたしが読んだ本は
『てぶくろ』です。お
じいさんが落とした手
袋の中にいろんな動物
が入ってしまうところ
がおもしろかったです。
表紙の絵の手袋の中に
は, どんな動物が入っ
ているでしょう。

T　全員が終わったかな。友達で上手な発表ができて
いる人がいたら, 次はそのまねができるといいで
すね。

としょかんと　なかよし

第 **2** 時 （2/2）

本時の目標：おもしろいところを見つけながら本を読むことができる。

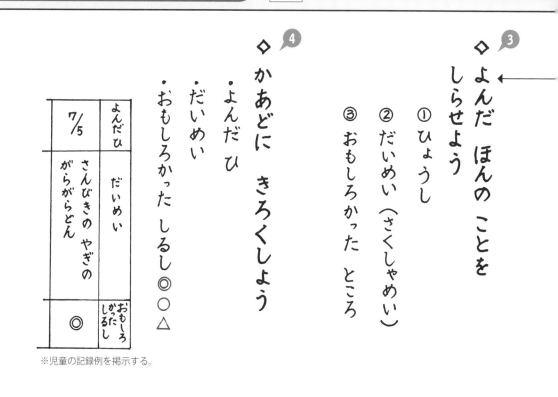

板書例

◇ ③
　よんだ　ほんの　ことを
　しらせよう
　　① ひょうし
　　② だいめい（さくしゃめい）
　　③ おもしろかった　ところ

◇ ④
　かあどに　きろくしよう
　　・よんだ　ひ
　　・だいめい
　　・おもしろかった　しるし　◎　○　△

よんだひ	だいめい	おもしろかったしるし
7/5	さんびきのやぎのがらがらどん	◎

※児童の記録例を掲示する。

POINT　おもしろいと思ったところがどこかを，具体的にページや部分を絞れるようにしておくと進めやすい。

---

1 【学校図書館で】学習課題を知ろう。

T　今日も，本を探して読みましょう。後で，自分が読んだ本についてグループで交流します。

T　今日の読書は，おもしろいと思うところを見つけながら読んでみましょう。

T　交流の時間に，おもしろいと思ったところを話してもらいます。たくさんある人も，その中の一番おもしろかったところはどこかを，同じグループの人に話しましょう。どのページのどの文かを覚えておくと話しやすいですね。

読み終わったらすぐに，どんなところがおもしろかったかを考えてみるといいね。

図書館での決まり（本を大切にする，めいわくをかけないなど）も再確認しておく。

2 本を探して，おもしろいと思うところを見つけながら読もう。

T　では，前の時間のように，本を探して読みたい本を見つけた人から読み始めましょう。

C　同じ作者の本が並んでいるんだったね。

T　おもしろいと思うところを見つけるには，選ぶ本も大切ですね。もし，選んだ本が思っていたようなものではなかったら，本を交換してもいいですよ。

ここを，「おもしろいところ」で言おうかな。

やっぱり，別の本にしよう。

T　おもしろいところが見つかった人は，ページ数やどこの絵や文なのかを覚えておきましょう。

交流を始める時間（授業終了○分前など）をあらかじめ伝え，読む時間に限りがあることを知らせておく。

ICT　読み終わった本の表紙を端末で撮影する。画像として本を記録することができるため、後で読書カードに書くときに便利になる。

としょかんと　なかよし

め　おもしろい　ところを
　　みつけながら　ほんを　よもう

① ② ◇ ほんを　よもう

◎ いちばん　おもしろい　ところ
　・ぺえじ、　ぶん
　・すきな　ひと
　・すきな　さしえ
　　（○ふんまえまで）

3　おもしろいと思ったところを紹介しよう。

T　交流を始める時間です。みんな、おもしろいところが見つけられましたか。

　以下3点を基本としておさえて、交流させる。
　① 表紙を見せる。　　② 題名、作者名を言う。
　③ おもしろかったところを言う。

T　どうしても決まらない人や、おもしろいと思ったところがどこか分からない人は、出てくる中で好きな人や挿絵のことでもいいので、その本のことについて何か言えるといいですね。

T　では、グループの友達に読んだ本のことについてお話してください。

ぼくが読んだ本は『どろんこハリー』です。作者はジーン・ジオンです。おふろが大嫌いなハリーが、どろんこになった自分を洗ってくれと家の人にたのむところがおもしろかったです。

おもしろそうな本だな。
次はあれを読んでみよう。

4　読書カードに記録しよう。

T　今から配るものは「読書カード」です。本を読んだり読んでもらったりしたら、読んだ日付、題名を書いておくものです。おもしろかったかどうかも書いておくことができます。

　読書カード QR を配る。読書カードに記載する項目は、実際に学校やクラスの使用するものに合わせて指示する。

T　読書カードに今日読んだ本を書いておきましょう。

読んだ日は、7月5日。題名は『三びきのやぎのがらがらどん』。おもしろかったしるしは…、◎！

T　これから、自分が読んだ本や読み聞かせしてもらった本をこのカードに書いていきましょう。1年生が終わるまでにどのくらい読めるかな。

C　カードいっぱいにしたいな。

こえを　あわせて　よもう

◎ 指導目標 ◎

・場面の様子や登場人物の行動など，内容の大体を捉えることができる。

・語のまとまりや言葉の響きなどに気をつけて音読することができる。

◎ 指導にあたって ◎

① 教材について

　休み明けにふさわしい，明るくさわやかな詩です。みんなと一緒に元気な声で読む楽しさを充分に味わわせたい教材です。また，教科書学習では，初めての漢字「一」も出てきます。「一」のイメージを様々にふくらませるのもよいでしょう。

　これまでと同様に，音読を重視して進めます。まずは，元気な声が教室に響く気持ちよさを思い出させるためにも全員で読みたいところです。気持ちが解放されてきたところで，人数を減らしたり，リレー形式で読んだりと変化をつけて音読を繰り返します。

　1 学期に扱った詩と比べると，覚えることが難しいといえます。しかしそれだけに 2 学期の初めの意欲が高い時期に挑戦するのもよいでしょう。夏休みをはさんで，音読についての決まりを忘れている児童もいるはずです。また，久しぶりで声を出すのが恥ずかしいと感じる児童がいるかもしれません。そんな児童がいることも前提に，1 学期に指導したことを確認しながら進めていきましょう。

② 個別最適な学び・協働的な学びのために

　詩の内容からいっても，元気な声で読むことが第一です。ただし，ただ大きい声を出すだけでなく，自分が強調したいところを決めて，ゆっくり読んだり，間をあけたり，といったことができると，読み方がずいぶんと変わってきます。何より読んでいる児童自身が，いっそう音読を楽しめるようになるはずです。

　もし，変化をつけて読むことができた児童がいたら，全員に聞いてもらい，「どこを工夫していたか分かった？」「目立たせたいところ，よく分かったよね？」などとクラス全体で共有し，学習を深めていくようにしましょう。

知識 及び 技能	語のまとまりや言葉の響きなどに気をつけて音読している。
思考力，判断力，表現力等	「読むこと」において，場面の様子や登場人物の行動など，内容の大体を捉えている。
主体的に学習に取り組む態度	進んで詩の内容を捉え，これまでの学習をいかして音読を楽しもうとしている。

◎ 学習指導計画　　全 2 時間 ◎

次	時	学習活動	指導上の留意点
1	1	・教科書 P96–97『いちねんせいのうた』の詩の内容や言葉の響きを考えながら工夫して音読する。 ・『いちねんせいのうた』を視写する。	・挿絵を活用してイメージを広げる。 ・詩をイメージさせながら，漢字の「一」を空書きさせる。 ・1 学期に指導した視写の決まりを思い出させる。
	2	・班で音読の工夫を考え，練習する。 ・班で音読発表する。 ・『いちねんせいのうた』を歌って楽しむ。	・教師からもいろいろな読み方をアドバイスする。 ・1 学期に指導した発表の決まりを思い出させる。 ・指導書付録 CD を利用する。

※短時間で取り組むことが可能な単元です。各配当時間を 15 分ずつなどに分割して扱ってもよいでしょう。

<table>
<tr><td>本時の目標</td><td>『いちねんせいのうた』の詩の内容や言葉の響きを考えながら音読し，視写することができる。</td></tr>
</table>

板書例

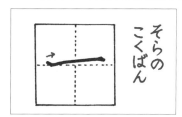

❷
いちねんせいの うた

あおい そら・こくばん・
な・か・
うで・の・・
ちから・こ・・
ま・・
いちねんせいの 一
ぼく・か・
わたし・か・
いちねんせいの
い・・・は・・・ 一
おひさま み・・
かぜ・ふ・

※「いちねんせいのうた」を全文板書する。

❸
そらの
こくばん

◇❹ かきうつそう
〈きまり〉
・ていねいに じを かく
・一ますあけに きを つける
・ぎょうを かえる

POINT まずは，クラス全員でそろって元気な声を出す。次に，人数や読み方に変化をつける。

1 教科書の挿絵を見て，様子を確かめよう。

T 教科書 96，97 ページの絵を見ましょう。何がかいてあるでしょう。まず，絵の右の方はどうですか。
C 子どもも犬も走っているよ。
C 空には大きなお日様があって，鳥が飛んでいます。
T では，絵の左の方はどうですか。ちょっと様子が違いますね。
C こっちの子どもはみんな立っています。
C 立って，青空に手を伸ばして指さししています。

挿絵の右側と左側の違いをじっくり見て，自由に発言させながら，絵の変化をとらえていく。

T 絵の中のみんなは，何を指さしているのだろうね。

空を指さしているのかな。みんなそろって同じです。

指を 1 本だけのばして，「1」ってしているみたいです。

2 全員で『いちねんせいのうた』読んでみよう。

T 先生に続いて読みましょう。

いちねんせいのうた

いちねんせいのうた

T あおい そらの こくばんに
C あおい そらの こくばんに
T なに かこう
C なに かこう

最後まで読んでいく。句読点がないので，「行」が読むときの区切りの目安となる。児童の様子を見ながら，1 行ずつから，2 行ずつなどと変化をつけていく。読むときのリズムや速さにも気をつける。

児童に音読させながら，『いちねんせいのうた』を全文板書する。

準備物
・教科書の挿絵, または黒板掲示用イラスト
・視写用紙 (児童数)
※実態に応じて補助付き視写用紙 QR を使うとよい。

ICT 視写することが苦手な児童のために, 書き方のモデルを端末に配信しておくと, 手元で確認しながら書くことができる。

こえを あわせて よもう
いちねんせいの うた

め げんきな こえで おんどくしよう
かきうつそう

❶
〈えに かいて ある こと〉

※1

・こどもが はしっている
・そらに おひさま
・とりが とんでいる

・こどもが たっている
・あおぞらに てを のばして
・そらを ゆびさしている
・「いち」の ゆび

※1 教科書の挿絵（または, QR コンテンツのイラスト）を掲示する。

※児童の発言を板書する。

---

3 詩の内容を読み取ろう。
漢字の「一」を空書きしよう。

T 「そらのこくばん」って本当にあると思いますか。
C 教室の黒板と一緒ではないよね。
C 空のことを黒板のように思って書くということかな。
T そうですね。では, 「そらのこくばん」に何を書くのでしょう。
C 「一」。漢字の「一」です。
T みんなが習う, 初めての漢字ですね。

T 「ぼくもかく」「わたしもかく」とあるから, みんなも空の黒板に書いてみましょうか。

いーち。
絵の中の子どもみたいだね。

窓の方を見たり, 天井を空と考えて上を見たりして, 全員で片手を挙げて「一」を空中に書く。

4 『いちねんせいのうた』を視写しよう。

T 『いちねんせいのうた』を書き写ししましょう。視写のときに気をつけることは何でしたか。
C ていねいな字で書く。
C 1マスあけに気をつける。
C 行をかえる。

視写の注意点を確認し, ノートか,「空」をイメージした水色の視写用紙を配って書かせる。

1 年生のこの時期は, 継続的に視写に取り組んでもまだスピードや正確さに差がある。続けて練習することでその差は埋まってくるはずなので, 視写に取り組む意義もある。但し, 課題意識がないと, 乱雑な字でいい加減に書きなぐって早さを競うことになりかねない。注意点を常に意識させるようにする。
早くできた児童には, 詩に関係のあるイラストを丁寧に描かせるよう指示して時間調整する。
支援が必要な児童には, 補助付きの視写用紙 QR を使うとよい。

本時の目標 『いちねんせいのうた』の詩を音読したり，歌ったりして楽しむことができる。

板書例

③
〈はっぴょうの きまり〉
○ はじめの あいさつ
「きを つけ、れい」
「いまから ○はんの おんどくを はじめます。」
○ おんどく
○ おわりの あいさつ
「これで おわります。」
「きを つけ、れい」
○ きく とき
・しっかり きく
・おわったら はくしゅ

④
◇ うたを うたおう

POINT 班ごとに音読の工夫を話し合わせてから，音読発表させる。いろいろな読み方をアドバイスしながら，大きな声で楽しく音

1 『いちねんせいのうた』を いろいろな読み方で音読しよう。

Ｔ 今日は，班ごとに「いちねんせいのうた」の音読発表をしてもらいます。まずは，みんなで音読しましょう。

「いちねんせいのうた」

一斉音読する。その後，人数を減らしたり，リレー形式で読んだりと変化をつけて音読を繰り返す。

また，「『うでをのばし ちからをこめて』ってどんな感じだと思う？ やってみて」と，理解したことを動作で表現させてもよい。児童によって違いが出やすく，また様々な表現が可能になり，次のグループ活動へのつなぎとなる。

2 どう読むとよいかを班で話し合い，音読練習をしよう。

Ｔ では，班ごとに読む練習をしましょう。あとで音読発表をしてもらいます。どんなふうに読むとよいか話し合ってみましょう。

元気な声で読むといいと思う。

「ちからをこめて」ってあるから，力が入っている感じかな。

「うでをのばし」て，読んでみようか。

Ｔ 話し合いができたら，班で音読練習しましょう。

Ｔ 班でそろって読めるようになりましたか。それでは，「ぼくもかく」「わたしもかく」のところを，半分ずつに分かれて読みましょう。

いろいろ変化をつけることをアドバイスしていく。

こえを あわせて よもう
いちねんせいの うた

㋑ おんどくの くふうを かんがえて
はっぴょうしよう

❶
❷

おんどくはっぴょう

〈おんどくの くふう〉

・ちからを こめて
・げんきに
・うでを のばす（うごき）
・「ぼく」と 「わたし」に
　わかれて

※児童の発言から音読の工夫を取り上げて板書する。

読させたい。

3　音読発表をしよう。

T　発表のときの決まりを思い出しましょう。
C　まず，はじめの挨拶。
C　音読したら，終わりの挨拶もします。
C　聞く人は，しっかり聞く，です。

　始めるときの声かけや挨拶，聞いている側の拍手など，発表の機会ごとに行うことは一貫して指導する。

T　班ごとに音読発表しましょう。

いまから１班の音読を始めます。きをつけ，れい。

　今後も班で音読をする機会をできるだけもち，同じ決まりで発表させると，練習時間が短くて済むようになる。

4　『いちねんせいのうた』を歌おう。

T　今度は，みんなで歌ってみましょう。

歌になっているんだ。

歌うのだいすき！

　指導書付録の CD を聞き，メロディーがついた詩を楽しむ。簡単なメロディーなので，一緒に歌いたい。

T　今度は，動きを入れて歌ってみましょう。

　音楽の授業ではないので，上手に歌うことよりも，詩の内容をイメージした動作なども取り入れて，元気に楽しく歌えることを目指したい。

みんなに　しらせよう

◎ 指導目標 ◎

・伝えたい事柄や相手に応じて，声の大きさや速さなどを工夫することができる。

・姿勢や口形，発声や発音に注意して話すことができる。

・話し手が知らせたいことや自分が聞きたいことを落とさないように集中して聞き，話の内容を捉えて感想をもつことができる。

◎ 指導にあたって ◎

① **教材について**

　　夏休みの経験について話し，同時に，友達の話を聞く学習です。「話す」については，休み時間に雑談で話すことは楽しんでできても，授業といういわば公的な場でそれにふさわしい言葉遣いで話すとなると戸惑う児童も少なくありません。それでも，ポイントを明確にした指導を受けて経験を重ねることで自然に話せるようになっていきます。

　　まず，話す以上は，相手に聞こえること，分かりやすいことが大前提となります。しかし，これが児童によっては，とても難しい場合もあります。小さな声で早口で下を向いて終わらせてしまうようなこともあります。相手を意識することができていないのです。まず，しっかり相手の方を見て，伝えようという気持ちをもつということを，時間をかけて指導していく必要があります。

　　「話す」「聞く」は，授業でも朝の会や終わりの会でも常に活用する技能でもあります。この単元での学習とそれらの場面での指導を一貫して積み重ねていくことで，学習の意義も高まり，朝の会・終わりの会といった場面の質も高まります。

② **個別最適な学び・協働的な学びのために**

　　夏休みの話は，話題さえ決まれば，楽しみながら話せる児童が多いことでしょう。ここでは，それを友達に分かるように話せるか，内容をイメージしながら聞くことができるかということがポイントになります。

　　上手な質問ができると，話す側も聞く側もレベルが上がるきっかけになります。ただし，この質問というものも，児童によって得意，不得意が大きい分野です。具体的な質問の仕方や内容を指導し，上手にできた児童を取り上げてほめることで，少しずつ学習内容が広まっていくことでしょう。

知識 及び 技能	姿勢や口形，発声や発音に注意して話している。
思考力，判断力，表現力等	・「話すこと・聞くこと」において，伝えたい事柄や相手に応じて，声の大きさや速さなどを工夫している。 ・「話すこと・聞くこと」において，話し手が知らせたいことや自分が聞きたいことを落とさないように集中して聞き，話の内容を捉えて感想をもっている。
主体的に学習に取り組む態度	積極的に友達の話を聞き，これまでの学習をいかして質問や感想を述べようとしている。

◎ 学習指導計画　全 2 時間 ◎

次	時	学習活動	指導上の留意点
1	1	・教科書 P98-99 を見て，学習課題「友達の夏休みの様子を，しっかり聞こう」を確かめる。 ・夏休みの出来事を思い出し，話の題材を決める。 ・決めた題材について，知らせることの内容とその順番を考える。 ・話し方，聞き方を確かめ，2 人組で話す練習をする。	・友達に伝わるように話すことを確認する。 ・題材を絞り切れない児童にも，具体的に話す内容を考えさせることで，話しやすいかどうか判断させる。 ・発表するときの決まりも確かめる。
	2	・発表前に，話す内容と，話し方，聞き方を再確認する。 ・1 人ずつ，夏休みの経験を発表する。発表を聞いた人は，発表者に質問や感想を言う。 ・発表した感想を交流する。 ・学習を振り返る。	・短く，丁寧な言葉で話す，ということをクラスの習慣になるぐらい徹底して定着させることを目指す。 ・聞く側からの質問があることで，より分かることがあることに気づかせる。

※短時間で取り組むことが可能な単元です。各配当時間を 15 分ずつなどに分割して扱ってもよいでしょう。

本時の目標
・学習の見通しをもち，話の題材を決め，話す練習をすることができる。
・友達の話を聞くことができる。

板書例

❹

はなしかた
・ていねいな　ことば「〜です」「〜ます」
・みじかく はなす
　（×〜で、〜して、〜だから、〜）
・ゆっくり、はっきり
・はっぴょうするとき
　「いまから、はなします。」
　「これで、おわります。」

ききかた
・しつもん
・かんそう

◇ となりの ひとと れんしゅうしよう

POINT　具体的な内容まで考えられると，話しやすいテーマかどうか判断しやすくなる。

1 学習課題を確かめよう。

T　教科書 98 ページを読みましょう。
T　夏休みにしたことを友達に話す学習です。

あさがおの水やりのことを、みんなの前で話しているよ。

「聞きやすい大きさの声と速さで話す」学習なんだね。

T　となりの 99 ページも読んでみましょう。
C　質問もしているよ。
C　話した人は，質問に答えているね。

T　ただ，夏休みのことを友達に話すだけでなく，話を聞いた人は，知りたいことを質問したり，感想を言ったりする学習でもあります。だから，話をする人は，聞く人が分かりやすいように話をしないといけませんね。

　教科書から，夏休みの経験を話したり聞いたりするときの具体的なイメージをつかませる。

2 夏休みにしたことを思い出そう。
学習の見通しをもとう。

T　夏休みにしたことから，1 つだけ話すことを選びます。まずは，夏休みにあったことを思い出してみましょう。

野球を見に行った。

海水浴に行った。

キャンプに行った。

おばあちゃんのうちに行ったよ。

T　何がいちばん話したいことでしょう。それは話しやすいことかどうかも考えるといいですね。

T　しっかり聞いてもらえるように，ちゃんと準備してからみんなの前で話すことにします。
C　話すことをちゃんと決めておかないと。
C　話すときに，写真を見せたら分かりやすいと思う。
T　何を話すだけでなく，写真や絵を見せて話すとか何が楽しかったとか話す順番も考えておきましょう。

　順番を決めるために，話す内容を短冊や付箋に書き出させてもよい。順番の入れ替えや追加・削除が容易になる。

みんなに しらせよう

め ①
なつやすみの ことを
おもいだして はなそう
ともだちの はなしを きこう

②
〈なつやすみの こと〉

・かいすいよく
・やきゅうを みにいった
・きゃんぷ
・おばあちゃんの うち

※児童の発言を板書する。

③
〈はなす こと〉

○ かいすいよく
○ どんな ことを
　どんな じゅんばんで
○ はなすときに つかうもの
　（え，しゃしんなど）

---

3 話すことを1つに決め，話す内容や話す順番を考えよう。

T　まず，自分が話すことを決めましょう。

わたしは，おばあちゃんのうちに行ったこと！

ぼくはキャンプのことにする。

T　決めたテーマをノートに書きましょう。書いた人は，どんなことをどんな順番で話すかを詳しく考えましょう。今すぐ決められない人は話すことを詳しく考えながら1つに決めましょう。

C　キャンプで，バーベキューをして花火もしたよ。

C　おばあちゃんのうちでしたことは，虫とりと…。

　決められない児童も，詳しく考え始めると，話したいことや話しやすいことが分かってくることが多い。

　話したいことを簡単な絵にかかせて準備させてもよい。

4 話し方で注意することを考え，2人組で話す練習をしよう。

T　話すことが決まって，言うことを詳しく考えられたら，次は話し方です。教科書で確かめましょう。

C　「です・ます」と，ていねいな言葉で話しています。

T　他に，短い文で，ゆっくり，はっきりと話すことも大切です。それから，聞く人の気持ちの準備ができるように，話のはじめと終わりに挨拶もします。

T　みんなの前で発表するのは次の時間です。その前に隣の人と練習してみましょう。聞いた人は，質問や感想を言えるといいですね。

今から，夏休みの話をします。ぼくはキャンプに行って…。これで終わります。

バーベキューで何を食べましたか。

　交代で「話す・聞く」練習をさせる。次時に，必要に応じて，絵や写真をもってくるように伝えておく。

みんなに　しらせよう

第 2 時（2/2）

板書例

4

◇　ふりかえろう

3

◇　わかりやすく　はなそう
　　しっかり　きこう

・あいてを　みて　きく

2

ききかた

・しつもん
・かんそう　）ていねいな　ことばで

・ゆっくり，はっきり

・はっぴょうする　とき
　「いまから，はなします。」
　「これで，おわります。」

POINT　話すときは，短く話す，丁寧語で話すということを，クラスの習慣としてしまうくらいに徹底して定着させたい。

1　発表することと，話し方の注意を確かめよう。

T　今日は，いよいよ発表です。話をするのに使う絵や写真がある人は準備しましょう。それから，ノートを見て，何を話すか確かめておきましょう。

T　話し方の注意がありました。みんなが聞きやすい話し方とは，どんな話し方でしたか。

短く話すように気をつける。

わたしは，声が小さかったから，もっと大きな声で。

ゆっくり，はっきり話すことも大事だったね。

T　発表するときは，どうするのでしたか。
C　話す人は，はじめと終わりに挨拶する。
C　はじめに，「今から，話します。」
C　終わりには「これで終わります。」
　　発表する側の注意点を確かめる。

2　聞き方や質問の仕方の注意も確かめよう。

T　聞く人の方は，何を注意するのでしたか。

質問をします。
質問だけじゃなくて，感想でもいいです。

T　しっかり聞かないと，質問も感想も言えませんね。聞くときには，話をしている人の方をよく見ることも大切です。
　　教科書 P99 で，質問者や周囲の人の様子を確かめる。

T　教科書で質問している人の様子はどうですか。
C　立って質問しています。
C　ていねいな言葉で質問しています。
T　他の人の様子はどうですか。
C　みんな，質問している人のことを見ています。

準備物　・（必要に応じて）話す内容に関わる絵や写真（各自）

ICT　発表の様子を動画で撮影しておく。発表の仕方を後で見返し、よりよい発表にするためにどうすればよいかを考えたり、話し合ったりできる。

みんなに しらせよう

め　なつやすみの ことを はなそう
　　ともだちの はなしを きこう

① 〈はっぴょうまえに たしかめる こと〉
　○ みせる もの（え、しゃしんなど）
　○ はなす じゅんばん
　○ はなす こと

はなしかた
　・みじかく はなす
　・ていねいな ことば「〜です」「〜ます」
　　（× 〜で、〜して、〜だから、〜）

3　夏休みの経験を話そう。しっかり集中して聞こう。

T　では，決めた順番どおりに１番の○○さんから発表を始めましょう。聞く人は，しっかり聞きましょう。

C　今から，夏休みにキャンプに行ったときのことを話します。キャンプでは，カレーライスを作りました。とってもおいしかったです。これで終わります。

T　○○さんの話を聞いて，何か質問や感想がある人はいますか。

はい！キャンプには，だれと行きましたか。

家族と，親戚も一緒に大勢で行きました。

T　○○さんは，短く，はっきり話をしていて分かりやすかったですね。△△さんの質問もよかったです。しっかり聞いていたから，いい質問ができました。

　　最初のうちは，教師がよかった点を取り上げてクラス全体で広げていく。

4　発表した感想を交流しよう。学習を振り返ろう。

T　発表した感想，発表を聞いた感想を言いましょう。

はっきり，大きな声で発表できました。

△△さんの質問がすごく上手でした。

T　△△さんの質問に答えてもらって，○○さんの話がもっと詳しく分かりましたね。

T　では，学習したことを振り返りましょう。
C　夏休みにしたことを１つ選んで話をしました。
C　話す前に，話し方や聞き方を勉強しました。
T　話す人は，聞く人が聞きやすい話し方で話ができました。また，聞く方は，話す人の方を見てしっかり聞けましたね。

T　これからも，みんなの前で話をするときがたくさんあります。この勉強をいかせるといいですね。

ことばを　みつけよう

全授業時間 2 時間

◎ 指導目標 ◎

・身近なことを表す語句の量を増し、語彙を豊かにすることができる。

◎ 指導にあたって ◎

① 教材について

　平仮名は、一通り学習し、連絡帳やノートなどで様々な形で活用しています。その平仮名をさらに使いこなすために、言葉見つけやしりとりなどで楽しみながら取り組ませていきます。その過程で、新たな言葉を知ったり書いたりする児童もいるはずです。

　児童によって、語彙の差は大きいのが実態です。ただ、言葉を見つけるだけでなく、その言葉の意味を確認したり初めて聞く児童に説明したりして、クラス全体で言葉の力を高めていく取り組みにもしたいところです。

② 個別最適な学び・協働的な学びのために

　言葉遊びは、うまく取り組ませることができれば、遊び感覚で楽しめる学習です。適度に競争を取り入れたり問題を出し合ったりと、ペアやグループを使って進めることで効果的な時間にすることができます。

　語彙力も、児童によって大きく違います。他の児童といっしょに学習することで、語彙が少ない児童は新しい語彙に出会い、語彙の多い児童は教えることで学び直しができます。

　また、ゲームの要素をもった、児童にとって楽しい活動です。マスのワークシートを準備しておき、宿題や自主的な学習として、この単元が終わった後も継続して取り組めるような環境をつくっておけば、より効果的な学習になるでしょう。

知識 及び 技能	身近なことを表す語句の量を増し，語彙を豊かにしている。
主体的に学習に取り組む態度	積極的に言葉遊びに取り組み，これまでの学習をいかして自分でも言葉遊びを作成しようとしている。

◎ 学習指導計画　全 2 時間 ◎

次	時	学習活動	指導上の留意点
1	1	・教科書 P100-101 の表を見て，平仮名を読み，縦，横，斜めに隠れている言葉を見つける。 ・見つけた言葉を書き，発表する。	・ゲーム感覚で楽しく，できるだけたくさんの言葉を扱いたい。
	2	・前時の学習を振り返る。 ・3 文字の言葉を集める。 ・9 マスに言葉やひらがなを書き入れ，問題を作る。 ・友達と自作の問題を出し合って楽しむ。	・ワークシートを用意する。 ・問題作りに入る前に，3 文字の言葉をできるだけたくさん集めさせ，問題作りの準備とする。

※短時間で取り組むことが可能な単元です。各配当時間を 15 分ずつなどに分割して扱ってもよいでしょう。

本時の目標：平仮名を読んで言葉を見つけ, 正しく書くことができる。

板書例

ひとつ ／ **ななめ**

い	ち	ね	ん	せ	い	さ	や
ぬ	た	こ	お	ん	ぷ	し	か
あ	な	ま	く	ま	な	り	ん
・	・	・	き	ご	つ	と	そ
・	・	・	・	・	や	り	ら
・	・	・	す	ず	め	・	め
・	・	・	み	ん	・	い	だ
・	・	・	・	・	・	ご	か

（見つけた言葉）
- きめか
- すいか
- りす
- こくご

よこ

い	ち	ね	ん	せ	い	さ	や
ぬ	た	こ	お	ん	ぷ	し	か
あ	な	ま	く	ま	な	り	ん
・	・	・	き	ご	つ	と	そ
・	・	・	・	・	や	り	ら
・	・	・	す	ず	め	・	め
・	・	・	み	ん	・	い	だ
・	・	・	・	・	・	ご	か

（見つけた言葉）
- すずめ
- しか
- くま
- いちねんせい
- あたなこ

たて

い	ち	ね	ん	せ	い	さ	や
ぬ	た	こ	お	ん	ぷ	し	か
あ	な	ま	く	ま	な	り	ん
・	・	・	き	ご	つ	と	そ
・	・	・	・	・	や	り	ら
・	・	・	す	ず	め	・	め
・	・	・	み	ん	・	い	だ
・	・	・	・	・	・	ご	か

（見つけた言葉）
- やかん
- そら
- めだか
- しりとり
- ねこ
- いぬ

※教科書 P101 の表を 3 枚掲示し, 児童が発表した「たて」「よこ」「ななめ・1 文字」のそれぞれの言葉を板書する。あわせて, 表の言葉も囲んでいく。発表された言葉を全員で見つけ, 囲んでいることも確かめながら進める。

POINT　1 人の児童が見つけた言葉を, クラス全員が見つけていることを確認しながら進める。

1　16 マス（4 × 4）の表を見て, 言葉の見つけ方を確かめよう。

T　教科書 100 ページの表を見てみましょう。何か気づきませんか。

C　「りす」って, 赤い線で囲まれています。

T　この表の中に, 「りす」のような言葉が他にもありませんか。見つけたら, 指で押さえてみましょう。

「みかん」がある。

本当だ。あった！

T　では, 「みかん」を赤鉛筆で囲んでみましょう。

T　このように, この表にはたくさんの言葉が隠れています。それを今から見つけます。では, 教科書の下の文を読んでみましょう。（斉読）

C　たて, よこ, ななめもあるんだね。

T　表の下にある絵の言葉があるようです。全部で 10 個, 「りす」「みかん」の他に見つけられるかな。
クラス全体で全部の言葉を見つけて確かめ合う。

2　言葉を見つけてノートに書こう。

T　次は, 教科書 101 ページを見ましょう。もうどうすればいいか分かるかな。

C　「いぬ」みたいな言葉を探せばいい！

T　これも, たて, よこ, ななめに言葉がありそうです。では, 見つけた言葉を○で囲んでみましょう。今度は表の横の絵にない言葉もたくさんありますよ。
机間巡視して確認する。特に, ななめの言葉を見つけている児童がいたら取り上げる。

T　○○さんは「すいか」を見つけました。「すいか」は, ななめだから見つけにくいですね。分からない人には近くの人が教えてあげてください。

T　では, できるだけたくさん見つけましょう。見つけた言葉はノートにていねいに書きましょう。あとで, みんなが見つけた言葉を発表してもらいます。いくつ見つけられるかな。

各自で探してノートに書く時間は, 5 分程度にする。

準備物 ・教科書P100, 101の表（黒板掲示用）

ICT 教科書の問題の画像データを児童に配信しておくと、端末を使用して活動できる。間違えても修正しやすく、活動しやすい。

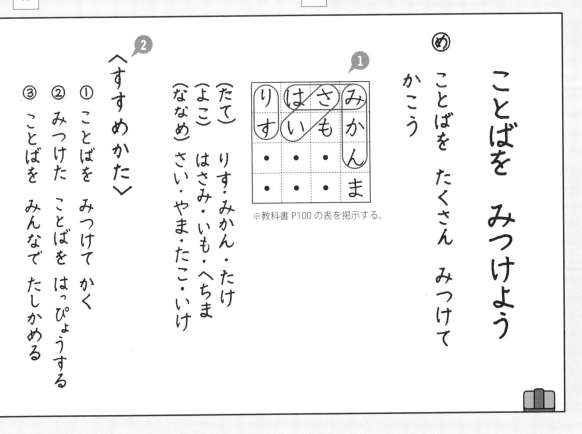

め ことばを みつけよう

ことばを たくさん みつけて
かこう

①

み	さ	は	り
か	も	い	す
ん	・	・	・
ま	・	・	・

※教科書 P100 の表を掲示する。

（たて）　りす・みかん・たけ
（よこ）　はさみ・いも・へちま
（ななめ）さい・やま・たこ・いけ

②〈すすめかた〉
① ことばを みつけて かく
② みつけた ことばを はっぴょうする
③ ことばを みんなで たしかめる

3 見つけた言葉を発表しよう。

T　どんな言葉がありましたか。見つけた言葉を発表しましょう。

C　「めだか」「しりとり」「いちねんせい」…

T　「めだか」はありましたか。見つけた人、手を挙げて。近くに手を挙げていない人がいたら教えてあげてください。

ほら、「やかん」「そら」の下だよ。

どこどこ？

T　「しりとり」はどうですか。
　　全員が手を挙げていること、または挙げていない児童に周りが教えていることを確認しながら1つずつ進める。

　　板書では、P101の表を3つ準備して記入していくとよい。（板書例参照）

4 もう一度探してみよう。見つけた言葉をノートに書こう。

T　○○さんは、「か」という文字1つだけも○で囲んでいますね。

C　あ、虫の蚊のことだね。

T　このように1文字で意味がある言葉でもいいのです。

　　「め」や「き」など1文字の言葉も認められること、囲んだ言葉が二重に囲まれたり、別の言葉に使われたりしてもよいことを確認する。

T　ななめや1文字の言葉、2度使われる文字などにも気をつけて、もう1回探してノートに書きましょう。

たくさん見つけるぞ！

ななめに「すいか」を見つけた。

　　クラスの実態によっては、ここでは隣どうしの2人組で協力して見つけることにしてもよい。協力することで刺激になり、意欲も高まる。
　　時間を区切って、見つけた言葉を全員で確認する。

板書例

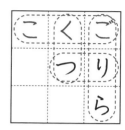

（つくりかた）

① ３もじの　ことばを　―つ　かく

② つづけて　ことばを　かく
・２もじでも　よい
・できるだけ、つづける
　（たて、よこ、ななめ）

③ あまった　ますには
　なにか　ひらがなを　かく
　（ことばに　ならなくてよい）

◇ **ともだちの　もんだいを　やってみよう** ④
・おとなりと　こうかん
・もっと（はんの　ひと、いどうして）

POINT　前時の学習を振り返ったり確認したりすることにより，言葉集めの問題を作りやすくする。

1　前時の学習を振り返り，学習課題を確かめよう。

T　前の時間にした勉強を振り返ってみましょう。
C　言葉遊び。おもしろかったね。
C　たて，よこ，ななめに言葉があった。
T　今日は，その言葉遊びの問題をみんなに作ってもらいます。
C　どんなふうにするのかな。教科書みたいな表を作るのは難しそうだけど…。

9マスの問題用紙を配る。

T　まず，この9マスの枠を使って問題をつくってみましょう。

これならできそう。3文字の言葉を集めればいいんだ。

2　言葉集めをして，集めた言葉をノートに書こう。

T　最初は一緒にやってみましょう。まず，3文字の言葉は何があるかな。できるだけたくさん考えてみましょう。
C　「こくご」「ごりら」があるね。

T　次に，考えた3文字の言葉を，できるだけたくさんノートに書きましょう。隣の人と協力して同じ言葉を書いてもいいことにします。

「つくえ」「かばん」って，考えたよ。

わたしは，「きつね」「きりん」。

T　言葉集めの練習でもあります。どんどんノートに書きましょう。
C　考えた言葉が2人分だと，たくさんあるね。

| 準備物 | ・9マス（3×3）の問題用紙 QR
・16マス（4×4）の問題用紙 QR
※それぞれ2枚分ずつ用意しておく。 |

| I
C
T | 問題用紙のデータを児童に配信しておく。児童が作成した問題を全体で共有して，問題を楽しむことができる。 |

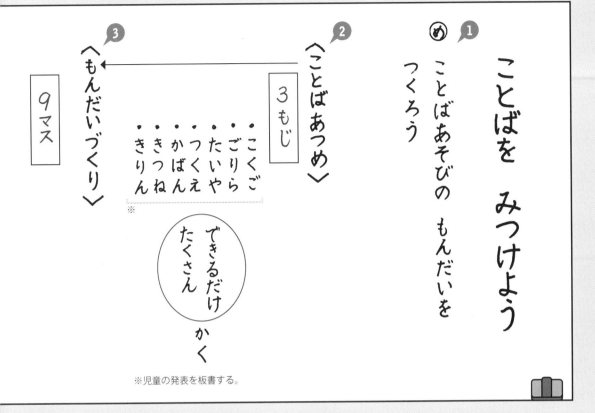

ことば を みつけよう

① ことばあそびの もんだいを つくろう

② 〈ことばあつめ〉

3もじ
・こくご
・ごりら
・たいや
・つくえ
・かばん
・きつね
・きりん

※児童の発表を板書する。

（できるだけ たくさん かく）

③ 〈もんだいづくり〉

9マス

---

3 問題の作り方を知り，集めた言葉を使って問題を作ろう。

T では，みんなでやってみましょう。だれか，3文字の言葉を1つ言ってくれるかな。

C 「こくご」

T 「こくご」をマスに書いてみます。では，「こ・く・ご」の文字から続けられる言葉を考えられる人はいますか。2文字でもいいですよ。

C 「ご」に続けて「ごりら」。

C 「く」に続けて「くつ」。

C あ，「つり」もできている！

T ばらばらの言葉3つでもいいけど，できるだけ続けて，言葉を入れられるとおもしろい問題になりますね。

C 最初の言葉を使えばいいんだね！

以下①，②の決まりを確かめ，各自で問題を作らせる。
①たて・よこ・ななめにできるだけ言葉を書く。
②あまったマスは，言葉にならなくてもよいので，適当なひらがなで埋める。

4 作った問題を友達と出し合おう。

T では，できた問題をお隣の人に見てもらいましょう。9マスだから線で囲まなくてもできますね。

すごいね。言葉を5つも使っている！

おもしろい言葉があるね。

T では，今度は他の人と問題を交換しましょう。

グループで交換し合ったり，自由に席移動してペアになったりして，たくさんの人と見せ合うようにする。

T 斜めを使っている人や，2文字を使ってたくさんの言葉を使っている人など，いろいろありましたね。

時間を見ながら，9マスの問題作りをもう一度取り組ませたり，16マスの問題用紙を使った問題作りをさせたりして，言葉遊びで楽しく交流する。

語彙が増えたら，表を使わずに筆談しりとりなども楽しい。語彙を増やすトレーニングと，書く力を伸ばす練習量を確保できる。

やくそく

◎ 指導目標 ◎

・場面の様子や登場人物の行動など，内容の大体を捉えることができる。

・文の中における主語と述語との関係に気づくことができる。

・語のまとまりや言葉の響きなどに気をつけて音読することができる。

・場面の様子に着目して，登場人物の行動を具体的に想像することができる。

◎ 指導にあたって ◎

① 教材について

　1年生として本格的に「おはなしをたのしもう」と単元名が位置づけられた初の物語です。お話について感想を言い合ったり，好きな場面を音読するのを聞いてもらったりして，想像を広げることを楽しみたい教材です。

　題名の『やくそく』について考える場面では，具体的に，自分がどんな「やくそく」をしたことがあるか，そしてそれはどんな結果になったかなどを出し合うと，内容への興味が深まるでしょう。「あおむし」は全部で3匹出てきます。また，「おおきな木」の言葉もあります。どの会話がだれの言葉か混乱したり，意識できていなかったりする児童もいるでしょう。1つひとつ確認していくとよいでしょう。

　場面の様子に着目して，登場人物の行動を具体的に想像するために挿絵を有効に活用します。文章と照らし合わせながら，物語について想像を膨らませることができるようにしましょう。

② 個別最適な学び・協働的な学びのために

　音読は，会話部分が工夫しやすいのがふつうです。いきなり児童に任せるのではなく，1つの会話を取り上げ，誰がどんな様子でどんな気持ちで話しているかを想像した上で，それらを表現するように音読することを目指します。

　実際には，音読自体はそれほど変わらないかもしれません。そうだとしても，1人ひとりの児童が何となく読むのではなく，自分なりのイメージをもって取り組むことに意義があります。

　グループでの音読は，まずどの場面を選ぶかがスムーズに決められないというグループがあるかもしれません。範囲を明確に提示し，どのグループがどの場面を選んだかが全員に分かるように板書などで明示しましょう。

知識 及び 技能	・文の中における主語と述語との関係に気づいている。 ・語のまとまりや言葉の響きなどに気をつけて音読している。
思考力，判断力， 表現力等	・「読むこと」において，場面の様子や登場人物の行動など，内容の大体を捉えている。 ・「読むこと」において，場面の様子に着目して，登場人物の行動を具体的に想像している。
主体的に学習に 取り組む態度	進んで登場人物の行動を確かめ，学習の見通しをもって声に出してお話を楽しもうとしている。

◎ 学 習 指 導 計 画 　 全 8 時 間 ◎

次	時	学習活動	指導上の留意点
1	1	・学習の見通しをもつ。 ・題名から連想することを話し合う。 ・「お話の好きなところを見つけて音読しよう」という学習課題を知る。 ・範読を聞いて感想を発表する。	・どんな約束をしたことがあるか，それがどうなったかなどについて出し合う。
2	2	・題名と作者，登場人物を確認する。 ・1匹のあおむしの様子を読み取る。	・どのあおむしの言葉なのか確認しながら進める。 ・特に，会話部分に着目し，だれが，どんな状態で話しているかを確認する。 ・挿絵も活用して文中の表現をイメージする。
	3	・2匹のあおむしが言い合いをする場面を読み取る。	
	4	・3匹のあおむしたちのけんかの場面を読み取る。	
	5	・大きな木が言葉をかける場面を読み取る。	
	6	・3匹の「やくそく」の場面を読み取り，その後について想像する。	
3	7	・グループで場面を選んで音読する。 ・役割を分担して読む。	・場面の区切りを明確にし，どのグループがどの場面を担当するのかを板書する。
	8	・グループ音読を発表する。 ・学習を振り返る。	・発表者だけでなく，感想を言う順番も明確にし，聞く側も意識させる。

本時の目標　お話の好きなところを見つけて音読しようという学習課題を知る。

板書例

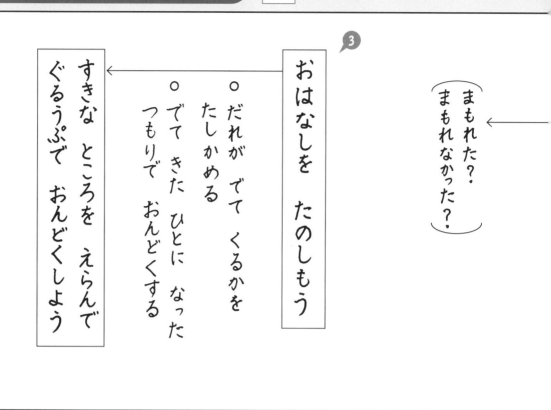

③

まもれた？
まもれなかった？

おはなしを　たのしもう

○ だれが でて くるかを
　たしかめる

○ でて きた ひとに なった
　つもりで おんどくする

すきな ところを えらんで
ぐるうぷで おんどくしよう

POINT　学習課題を提示しても，単元を通して意識できている児童はほとんどいない。学習の過程で折々に触れるようにするとよい。

1　既習の物語の学習を振り返ろう。

T　今日から，『やくそく』というお話の勉強をします。お話では，みんなはこれまで『はなのみち』『おおきなかぶ』『おむすびころりん』を勉強してきました。

T　これまでお話の勉強で，どんな勉強をして，どんなことができるようになりましたか。

『はなのみち』で，くまさんのかっこうで，くまさんの言葉を言ったね。

『おおきなかぶ』『おむすびころりん』では，音読の工夫をいろいろ考えて，班で音読発表した。

T　今度の『やくそく』のお話では，どんな勉強がしてみたいですか。

C　やっぱり音読かなあ。出てくる人の気持ちを考えて音読の工夫をするのはおもしろかったから。

C　前のときは，恥ずかしくてうまく音読発表できなかったから，今度は練習したとおりに音読発表したい。

2　これまでに「やくそく」した経験を思い出し，出し合おう。

T　まず，題名の『やくそく』を見て，思い浮かぶことを発表してください。

C　「やくそく」って，何をするか決めること。

C　お母さんと，宿題はすぐにするって約束したよ。

T　今までに，どんな約束をしたことがありますか。

帰ってから遊ぶ約束をしました。

休み時間にドッジボールをする約束をしたよ。

T　その約束は，きちんと守れたかな。

C　いっしょに遊んだから，約束は守れたね。

C　守れなかった。休み時間に違う遊びをしたから。

これから読む物語を自分の経験と重ね合わせて読めるよう，自分の経験を想起させる。

T　さあ，このお話はどんな約束が出てくるのでしょう。

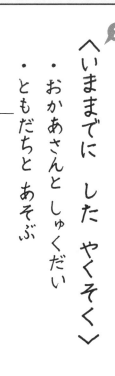

やくそく

め 「やくそく」で べんきょうする ことを
　しろう

① 〈おはなし〉

　これまで
　「はなの みち」
　「おおきな かぶ」
　「おむすび ころりん」
　　　　・おんどくの
　　　　　くふう
　　　・おんどく
　　　　はっぴょう

② 〈いままでに した やくそく〉
　・おかあさんと しゅくだい
　・ともだちと あそぶ

---

3 『やくそく』の学習課題を知ろう。

T　教科書 102 ページの最初の 1 行を読みましょう。
C　（一斉に）おはなしを たのしもう
T　『やくそく』の勉強では，お話を楽しんで読みましょう。だれが出てくるかを確かめてから，その人になったつもりで，お話を声に出して読んでいきます。
C　だれが出てくるのかな。
C　お話を声に出して読む，ってことは，やっぱり音読の勉強なんだ。

T　『やくそく』で勉強することは，「好きなところを選んでグループで音読しよう」です。

また，音読発表会かな。

好きなところは，どうやって決めるのかな。

T　これから，お話を読んでいろいろ勉強していきます。好きなところを考えながらできるといいですね。

4 お話を聞いて感想を出し合おう。

T　今日は，先生が読みます。読み終わったら，初めてお話を聞いたときの感想を言ってもらいます。お話を楽しんで聞いてくださいね。では，読みます。
　全文を範読する。
T　お話を聞いて，どう思いましたか。

みんな自分勝手です。

自分が葉っぱを食べることとしか考えていません。

木に言われて，木の上まで登ってみてからは仲良くなってよかった。

仲良くなって「やくそく」できたのがよかった。

初めて聞いた感想を，自由に出し合わせる。

T　次の時間から，詳しく勉強していきましょう。

板書例

○あおむし
・いっぴきの あおむし
・にひきめ
・さんびきめ

○おおきな 木

❹
【いっぴきの あおむし】
ちょうに かわる ひを まって
まいにち 木の はを たべて

・はやく ちょうに なりたい
・もっと たべて おおきく なる

※児童の発表を板書する。

※教科書 P102 の挿絵を掲示する。

POINT　名前が出てこないので，児童が混乱するかもしれない。1匹目，2匹目，3匹目と，別々のあおむしが話していることを

1　作者と題名について知ろう。全文を音読しよう。

T　このお話の題名は何ですか。
C　『やくそく』です。
T　では，この文を書いた人はだれでしょう。
C　だれかな。名前が2人書いてあるよ。
T　題名の次に「こかぜさち　さく・くろいけん　え」と書いていますね。お話の「作者」とは，お話を作った人のことを言います。

じゃあ，こかぜさちさんだね。

くろい けんさんは，「え」をかいた人だ。

T　これからお話を読むとき，作者がだれかを見るといいですね。自分の好きなお話の作者が書いたものは，他の話もおもしろいと感じるかもしれません。

T　では，先生と一緒に『やくそく』を読みましょう。全文を音読する。

2　登場人物とは何かを知り，登場人物を確かめよう。

T　お話に出てくる人のことを「登場人物」と言いましたね。
C　あおむしは，人じゃないけど…。
T　そうですね，あおむしは人ではありません。でも，このお話の中では，あおむしを人のように書いています。お話をしたり約束をしたりしていますね。
C　じゃあ，木もおしゃべりしたら登場人物だ。
T　では，『やくそく』の登場人物を確かめましょう。最初に出てくるのはだれですか。それから，だれが出てきましたか。

あおむし。1匹のあおむしです。

それから，2匹目，3匹目のあおむしも出てきた。

「おおきな木」も。しゃべったから。

最初の場面に出てくる「おおきな木」は，人のような言動はない。最初の登場人物は，あおむしからと考えられる。

<table>
<tr>
<td>準備物</td>
<td>・教科書P102の挿絵（黒板掲示用）</td>
<td>I C T</td>
<td>デジタル教科書で第1場面を提示することで，児童が今どこを音読しているのかが分かりやすくなる。</td>
</tr>
</table>

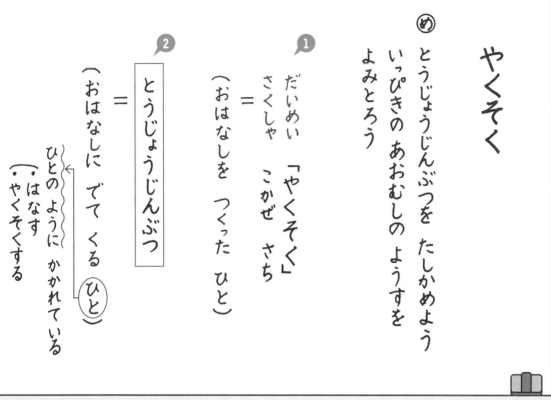

挿絵も使いながら確認しておく。

3 最初の場面の音読をしよう。

T　最初の場面の音読をしましょう。全員で読みます。
　さん，はい。

あるおおきな木に〜

最初の場面（教科書P102〜P103 L1）を音読する。

T　次は，1人で立って読んでみましょう。3回読ん
　だら座ります。

　　様々な読み方で全員がすらすら読めるようになることを目
　指す。クラスの実態によっては，句点（。）で，交代するだ
　けでなく，読点（、）で区切って練習するのもよい。
　　1人ずつ読むことで，児童の実態を把握することができる。
　ただし，読めない児童に大きなプレッシャーを感じさせすぎ
　ないように配慮する。

4 最初の場面のあおむしの様子を読み取ろう。

T　あおむしについて分かる言葉はありますか。

まいにち木の
はをたべて

ちょうにかわるひを
まっていました。

T　このあおむしは，どんなことを考えながら木の葉
　を食べていたのでしょう。
C　はやくちょうになりたいな。
C　もっと食べて大きくなるぞ。
C　食べてばっかりでいやだな。
C　いつになったら，ちょうのからだになるのかな。
　　あおむしの気持ちを自由に想像させ，発表させる。

T　さあ，この後，あおむしはどうなるのでしょう。

板書例

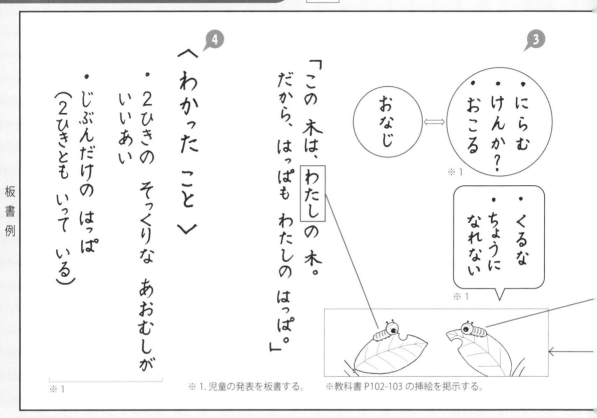

4

〈 わかった こと 〉

・2ひきの そっくりな あおむしが
　いいあい

・じぶんだけの はっぱ
　（2ひきとも いって いる）

※1. 児童の発表を板書する。

「この 木は、わたしの 木。
だから、はっぱも わたしの はっぱ」。

3

・にらむ
・けんか？
・おこる

※1

おなじ　⇔

・くるな
・ちょうに
　なれない

※1

※教科書 P102-103 の挿絵を掲示する。

POINT あおむしの心情を想像するときに，表情などを問うと考えやすくなる。

1 第2場面の音読をしよう。

第2場面（教科書 P103 L3〜P104 L4）を斉読する。

T　次は，お隣といっしょに声をそろえて読んでみましょう。

始めるよ。せーの。

（2人で）あるとき〜

様々な読み方で，授業中に音読練習をたくさん行う時間を確保したい。宿題で音読練習を出している場合も，しっかりできているか，教師の指示したことを理解して取り組んでいるかを，チェックしながら進める。

T　今日の勉強は，2匹のあおむしの言い合いの様子を読み取ることです。
C　もう1匹出てきた。
C　言い合いをしているね。

2 2匹目のあおむしの登場の場面を読み取ろう。

T　まず，最初は，どういう場面かな。

あるとき，いつものように，あおむしがはっぱを食べていた。

どこからか，「むしゃむしゃ　むしゃむしゃ」と音が聞こえてきた。

T　むしゃむしゃ，というのは何の音かな。
C　はっぱを食べる音。
C　別のあおむしが食べる音です。

T　それは，どんなあおむしでしたか。
C　自分とそっくり。絵もそっくりです。
C　形はそっくりだけど，顔の色が違うね。

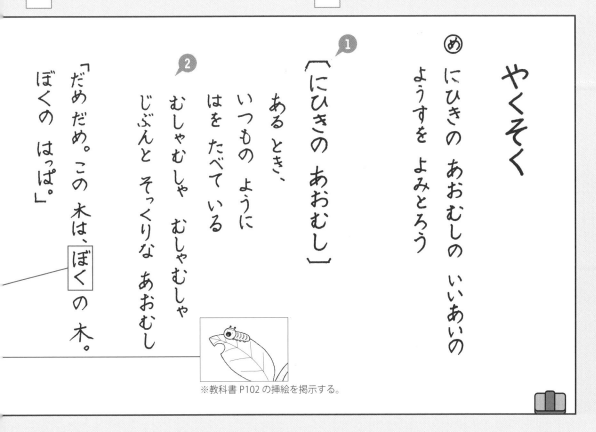

<table>
<tr><td>準備物</td><td>・教科書P102, 103の挿絵（黒板掲示用）</td></tr>
</table>

ICT　デジタル教科書で第2場面を提示することで, 児童が今どこを音読しているのかが分かりやすくなる。

やくそく

め　にひきの あおむしの いいあいの ようすを よみとろう

【にひきの あおむし】

① ある とき、
いつもの ように
はを たべて いる
むしゃむしゃ むしゃむしゃ
じぶんと そっくりな あおむし

② 「だめだめ。この 木は、ぼくの 木。
ぼくの はっぱ。」

※教科書 P102 の挿絵を掲示する。

3 2匹のあおむしの言い合いの様子を想像しよう。

T　2匹のあおむしは，なんと言っているかな。
C　「だめだめ。この木は，ぼくの木。ぼくのはっぱ。」
C　「この木は，わたしの木。だから，はっぱも，わたしのはっぱ。」
T　このとき，最初のあおむしは，どんなかっこうや顔をしていると思う？

相手をにらみつけている。
けんかになってもいいようにふんばっている。
必死な顔。
怒った顔。

T　心の中で何と言っているのかな。あおむしの気持ちになって考えてみましょう。
C　勝手に来るなよ。
C　ぼくのはっぱを食べられてしまったら，ぼくが，ちょうになれないだろ。食べちゃだめだ。

4 様子をもっと想像しよう。
第2場面で分かったことを発表しよう。

T　2匹のあおむしが「そっくり」なのは形だけかな。
C　相手に言っていることも似ているね。
C　1匹目は「ぼく」と言っているから男の子，2匹目は「わたし」と言っているから女の子なのかな。
C　同じはっぱを食べているから，取り合いになっちゃうのではないかな。
C　はっぱは，いっぱいあるのにね。

T　今日の勉強で分かったことを発表しましょう。

そっくりな2匹のあおむしが，言い合いをしています。
2匹とも，自分のはっぱと言っています。自分のことだけ考えています。
2匹とも言っていることも同じです。

T　このあと，この2匹はどうなるのでしょうね。

本時の目標　3匹のあおむしたちのけんかのようすを読み取ることができる。

板書例

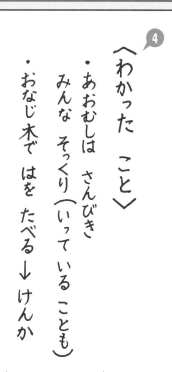

〔あおむしたち〕
おなじ 木で

「ぼくのだぞ・」
「わたしの はっぱ・」
「しる ものか」
→ おおげんか

※教科書 P104 の挿絵を掲示する。

④
〈わかった こと〉

・あおむしは さんびき
　みんな そっくり（いって いる ことも）
・おなじ 木で はを たべる → けんか

※児童の発表を板書する。

POINT　短い文章なので，「なんと」「そっくり」「おなじ木」などの言葉をていねいに取り上げて確認しながら進めたい。

1 あおむしたちがおおげんかをする場面の音読をしよう。

T　また，別のあおむしが出てきますよ。何匹出てきたのか考えながら読めるといいですね。では，全員で読みましょう。さん，はい。

にひきが いいあいを して いると～

第3場面の初めの部分（P104 L5～P105 L7）を音読する。

T　『やくそく』のお話全体の中で勉強することは何だったか，覚えているかな。
C　好きなところの音読をする。
T　そうでしたね。だいぶ勉強が進んできたけど，今までのところでは，好きな場面はあったかな。
C　忘れていた。好きなところ…，どこかあったかな。
C　わたしは，けんかのところはいやだな。

2 3匹目のあおむしの登場の場面を読み取ろう。

T　今日の勉強のめあては，あおむしたちのおおげんかの場面を読み取ることです。

おおげんかしているね。

でも，同じことばっかり言っているよ。

T　あおむしは，何匹になったかな。
C　3匹です。
C　最初から，2匹いるから5匹じゃないの？
T　最初の2匹は，この3匹に入っているかな。
C　入っているよ。顔の色で分かる。最初に黄緑とピンク色の顔のあおむしがいたけど，今度は緑色の青虫がやってきたんだよ。
C　「じぶんたちとそっくりな」だから，最初の2匹とそっくりな別のあおむしが3匹目だと思います。

準備物 ・教科書P104の挿絵（黒板掲示用）

ICT デジタル教科書で第3場面の前半を提示することで, 児童が今どこを音読しているのかが分かりやすくなる。

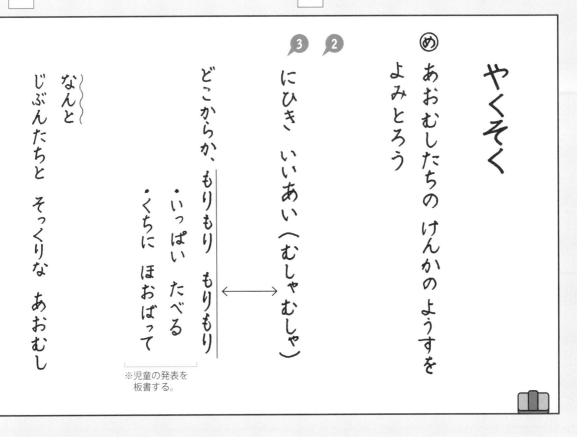

やくそく

め あおむしたちの けんかの ようすを よみとろう

② にひき いいあい（むしゃむしゃ）

③ どこからか、もりもり　もりもり
　　・いっぱい　たべる
　　・くちに　ほおばって

なんと
じぶんたちと　そっくりな　あおむし

※児童の発表を板書する。

3 3匹目のあおむしの様子を想像しよう。

T 「もりもり　もりもり」は何の音かな。

C あおむしが葉っぱを食べている。

C あれっ，最初は，「むしゃむしゃ」だったね。

T よく気がつきましたね。「むしゃむしゃ」と「もりもり」は，どんな違いがあるかな。

C もりもりの方がいっぱい食べている感じです。

C むしゃむしゃは，葉っぱをかんでいる音で，もりもりは口にほおばっている感じ。

C 3匹目は最初の2匹より大きいのかな。

T 3匹目のあおむしの様子が分かる言葉はどれかな。

「じぶんたちとそっくりな」。

「なんと」がびっくりした感じ。最初の2匹がびっくりしているからかな。

最初の2匹が「食べるな」って言っても，「しるものか」と言い返している。

同じ木で，はっぱを食べて大げんかしているんだね。

4 あおむしたちがおおげんかする場面で分かったことを発表しよう。

T 今日読んだ場面で，分かったことを発表しましょう。

あおむしは，全部で3匹。みんなそっくり。

「もりもり」と「むしゃむしゃ」は違う。

T 他にはありますか。

C 「なんと」で，2匹がびっくりしているのが分かった。

C 自分たちとそっくりだからかな。

C 言い合いで言っていることも似ていたね。

C 最初の2匹のあおむしは，「自分のはっぱを食べるな」って言うけど，3匹目は言い返して「おおげんか」になった。

T このあと，3匹のあおむしはどうなるのでしょう。

本時の目標 3匹のあおむしが海を見る場面を読み取ることができる。

板書例

④
＜わかった こと＞
・木が あおむしに そとの せかいを おしえた。
・あおむしが いたのは たった いっぽん（はやしに 木は たくさん）
・あおむしたちは ひろい ところに いたと わかった。

けんか して いない　⇒

・はっぱは いっぱい
・たまたま おなじ 木に いた
・ひろい ところ
・うみを みて 「なんだろう」

※児童の発言を板書する。

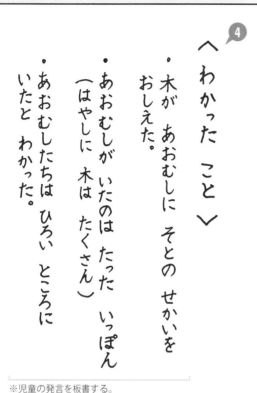

※教科書 P106-107 の挿絵を掲示する。

POINT　「目を丸く」といった言葉も，文字通り目の形と思っている児童がいるかもしれない。1 つずつ確認しておく。

1 第3場面の続きを音読し，登場人物を確かめよう。

第 3 場面の続き（P105 L8 ～ P107 L8）を全員で音読する。
T　次は，まる（。）のところで交代して読みましょう。

そのときです。
「うるさいぞ。」
おおきな木が〜

多様な読み方で，授業中の練習量を確保する。

T　新しい登場人物がいますね。
C　木！ でも，最初から出ていたよ。
C　しゃべったのはここが初めてだよ。

T　「たった」から分かることはあるかな。
C　「いっぽん」しかない。
C　「はやし」だから他に木がいっぱいある。
C　あおむしたちは，葉を取り合わなくてもいい。

2 あおむしたちが木の上に登った場面を読み取ろう。

T　今日のめあては，「3 匹のあおむしが海を見る様子を読み取ろう」です。

挿絵のあおむしは海を見ているね。
いちばん高い枝から見ているんだ。

T　あおむしは，何匹出てきましたか。
C　3 匹。最初が 2 匹で，後から 1 匹。

T　前の場面では，この 3 匹はどうしていたかな。
C　おおげんか。はっぱを取り合っていた。
C　その後で，木が「うるさいぞ」って言った。
C　「みんな，もっとうえまでのぼって〜」って言った。

T　それから，3 匹はどうしましたか。
C　木を登った。言われた通りにしたんだ。
C　木がしゃべったから，びっくりしたろうね。

| 準備物 | ・教科書P106-107の挿絵（黒板掲示用） |

| ICT | デジタル教科書で第3場面の後半を提示することで, 児童が今どこを音読しているのかが分かりやすくなる。 |

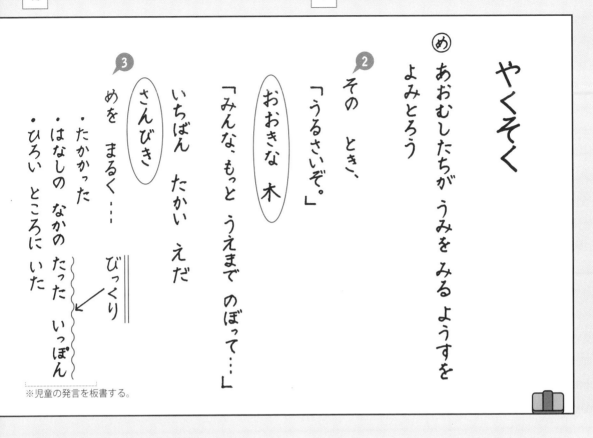

やくそく

め あおむしたちが うみを みる ようすを よみとろう

2 その とき、
「うるさいぞ。」

おおきな 木

「みんな、もっと うえまで のぼって…」

3 いちばん たかい えだ

さんびき

めを まるく…
・たかかった
・はなしの なかの たった いっぽん
・ひろい ところに いた

びっくり
いっぽん

※児童の発言を板書する。

3 あおむしたちが海を見る様子を想像しよう。

T　いちばん高い枝に着いたときの, あおむしの様子が分かる言葉はどれかな。
C　めをまるくしました。

T　「めをまるくしました」とは, どういう意味でしょう。本当に目が丸くなったのかな。

目を大きく開いた。

びっくりしている。

T　そうですね。「めをまるくする」というのは, びっくりした様子を表すときに使います。なぜ, びっくりしたのかな。
C　登ったところが高かったから。
C　大きな木が, 林の中のたった1本だったから。
C　自分たちが広いところにいたって分かったから。
C　「そらもこんなにひろい」ってびっくりしている。

4 あおむしたちが木の上に登った場面で分かったことを発表しよう。

T　「めをまるくしました」の次の文に, 「この〜たったいっぽんだったのです」とあります。あおむしたちが目を丸くした理由は, この木が林の中のたった1本だったことに気がついたからだったのですね。
C　はっぱは林にいっぱいあったんだ。
C　たまたま同じ木にいたあおむしでけんかしていた。
C　自分たちが広いところにいると分かった。
C　海を見て不思議に思っているね。

T　今日の勉強で分かったことを発表しましょう。

木があおむしに外の世界を教えた。

林には木がたくさんあって, あおむしがいたのは, その中のたったいっぽんだった。

あおむしたちは, 広いところにいたと気づいた。

T　けんかしていたあおむしたちは, どうなった？
C　もうけんかをしていません。

板書例

4 やくそく

・みんなで　うみに　いきたい　きもち
・ちょうに　なったら
・ずっと　なかよしで

※1

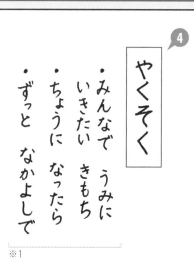

※教科書 P108 の挿絵を掲示する。

（木に　のぼる　まえ）

・はっぱの　とりあい
・たくさんの　はっぱが　あったのに
・じぶんの　ことばかり

※1

4 〈あおむしたちが　かわった〉

・木に　のぼってから
・うみを　みてから
・「たった　いっぽん」と　きづいてから

※1

※1.児童の発言を板書する。

POINT　題名にもなっている「やくそく」について印象づけたい。やくそくは，はじめのころのあおむしと変わったことの象徴

1 最後の場面を音読しよう。

最後の場面（P107 L9～最後まで）を全員で音読する。
音読する中で，教材文にある「くんねりくんねり」「さらさら」といった言葉も取り上げたい。この言葉の響きと，この後のあおむしたちの暮らし方とを合わせて想像させることで，よりイメージ豊かに読むことができる。

T　今読んだ場面に出てきたのは，どのあおむしですか。

3匹のあおむし。木にのぼった3匹です。
最初はおおげんかしていたね。

T　もう，何回も音読してきましたね。自分の好きなところは，もう選べたかな。
T　次の時間までには，決めておけるといいですね。次の時間は，好きなところをグループで選んで決めてもらいます。

2 学習課題を知り，「やくそく」という言葉の大切さを確かめよう。

T　今日のめあては，「約束の場面を読み取ろう」です。

最後に約束しているね。
おおげんかしていたのにね。

T　このお話の題名は，『やくそく』ですから，この「やくそく」という言葉は，とても大切な言葉ということです。
C　ぼくも約束したことあるよ。
C　守れないときもあるけど。
C　あおむしたちの約束はどうなるかな。
T　そうですね。あおむしたちの約束の場面の様子を想像しながら読んでみましょう。

<table>
<tr><td>準備物</td><td>・教科書P106〜108の挿絵（黒板掲示用）</td><td>ICT</td><td>デジタル教科書で最後の場面を提示することで，児童が今どこを音読しているのかが分かりやすくなる。</td></tr>
</table>

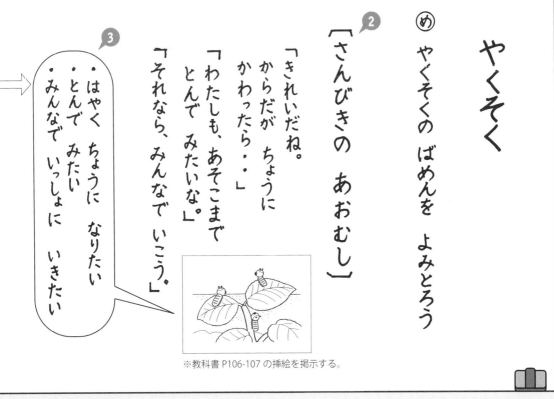

やくそく

め　やくそくの　ばめんを　よみとろう

2　【さんびきの　あおむし】

「きれいだね。
からだが　ちょうに
かわったら・・」

「わたしも、あそこまで
とんで　みたいな」

「それなら、みんなで　いこう。」

3
・はやく　ちょうに　なりたい
・とんで　みたい
・みんなで　いっしょに　いきたい

※教科書 P106-107 の挿絵を掲示する。

なので，強調しておきたい。

3　あおむしたちがやくそくをする様子を読み取ろう。

T　あおむしは，どんな言葉を言っていますか。
C　「きれいだね。からだがちょうにかわったら，あそこまでとんでみたいな。」
C　「わたしも，あそこまでとんでみたい。」
C　「それなら，みんなでいこう。」

T　あおむしの言葉から，どんなことが分かりますか。

早くちょうになりたい。

とんでみたい。

みんなで一緒にきれいなところまで行きたい。

T　木にのぼる前はどうだったかな。
C　はっぱの取り合いをしていました。
C　本当はたくさんはっぱがあったのに。
C　自分のことばかり考えていました。

4　あおむしたちの気持ちの変化を確かめ，分かったことを発表しよう。

T　おあむしたちは，どこで変わったのかな。
C　木にのぼってから。
C　海を見てから。
C　「たったいっぽん」と気づいてから。

T　どうしたら，このやくそくは守られるかな。
C　みんなで海に行きたいと思っていたら。
C　その前にみんながちゃんとちょうにならないとね。
C　ずっとなかよしでいられるかな。

T　今日の勉強で分かったことを発表しましょう。

あおむしが最初と変わっている。

木にのぼって海を見たときに変わった。

「たったいっぽん」と分かったときに変わりました。

本時の目標　グループで場面を選んで音読することができる。

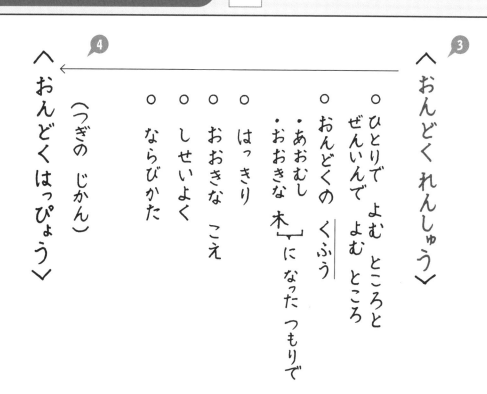

板書例

〈おんどくれんしゅう〉 ③

○ おんどくの　くふう
　・おおきな　木{になった　つもりで
　・あおむし
○ ひとりで　よむ　ところと
　ぜんいんで　よむ　ところ

④
○ ならびかた
○ しせいよく
○ おおきな　こえ
○ はっきり

（つぎの　じかん）
〈おんどくはっぴょう〉

POINT　できるだけスムーズに分担できるように、先に場面の区切りを児童に伝えてグループでどこを選ぶかを決めさせるとよい。

1　グループで音読する場面を決めよう。

T　今日は、グループで音読するところを決めて、練習します。発表会は、次の時間です。
C　好きなところを選ぶのだったね。
T　6つの場面に分けました。(板書参照)グループでどこを読みたいか、相談して下さい。

T　好きなところが1人ひとり違っていて、なかなか決まらないグループがありますね。どうしてそこを選びたいのかも言うと、グループの人も納得してくれるかもしれませんね。

> ぼくは、おおげんかしているところを音読発表したいから③がいい。

> わたしは、「やくそく」のところだから⑥を読みたい。

2　どこを音読するかを、グループどうしで相談して決めよう。

T　では、決まったところから発表してください。早い者勝ちではないので、きちんと話し合って決めましょう。

> 1班は、②にします。

> 3班は、⑥です。

> あっ、⑥をとられちゃった…。

T　できれば、6つの場面を分けてやってほしいです。でも、みんなが好きなところを選んで、グループで話し合って決めたのですから、どこもやらないところがあっても仕方ありませんね。
C　じゃあ、4班も⑥にします。
C　2班は、⑤です。

　各班の発表に合わせて、選んだ場面に班の番号を板書していく。

準備物

ICT　音読の様子を動画で撮影しておく。グループの音読を後で見返し，よりよい音読にするためにどうすればよいかを考えたり，話し合ったりできる。

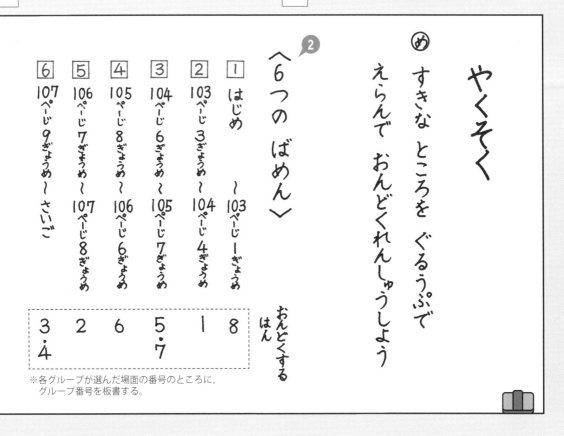

め　すきな ところを ぐるうぷで えらんで おんどくれんしゅうしよう

やくそく

② 〈6つの ばめん〉　おんどくする はん

1 はじめ 〜103ペーじ1ぎょうめ
2 103ペーじ3ぎょうめ 〜 104ペーじ4ぎょうめ
3 104ペーじ6ぎょうめ 〜 105ペーじ7ぎょうめ
4 105ペーじ8ぎょうめ 〜 106ペーじ6ぎょうめ
5 106ペーじ7ぎょうめ 〜 107ペーじ8ぎょうめ
6 107ペーじ9ぎょうめ 〜 さいご

3・4　2　6　5・7　1　8

※各グループが選んだ場面の番号のところに，グループ番号を板書する。

3　音読で気をつけることを知り，音読の工夫の仕方を考えよう。

T　グループで練習をする前に，練習するときに気をつけることをいいます。1人で読むところと全員で読むところがあってもいいです。
C　あおむしの言葉をやりたい。
C　ぼくは，木のところがいい。

T　あおむしや木になったつもりで，音読するといいですね。グループのみんなでどんな工夫ができるか話し合ってみましょう。

「だめだめ」っていうときは，手で×を作りながら言うのはどうかな。

いいね。そのとき，特に大きな声で言おうよ。

T　他に，どんなことに気をつけて読めばいいかな。
C　はっきりと，大きな声で読む。
C　姿勢もいいほうが，かっこいいよ。

4　グループで選んだ場面の音読練習をしよう。

T　それでは，グループで練習を始めましょう。
C　あおむしの声は，だれがやる？
C　みんなで大きな声で読もうよ。
C　ぼくは1匹目のあおむしをやりたい！
T　細かい役割を決められないところも，まず，全員でしっかり読む練習から始めてもいいですね。
　　まずは，声を出して練習を開始させる。

T　次の時間は，前に出て発表してもらいます。練習でも立って並んでやってみると，本番もうまくいくかもしれませんね。

どう並ぶ？　　1人ずつで読む順番にしたら？

T　次の時間は，グループごとに発表してもらいます。

板書例

3 5はん、7はん

4 6ぱん

5 2はん

6 3ぱん、4はん

※前時に決めた班を板書する。

2 〈きく ときに きを つける こと〉

・こえの おおきさ

・おんどくの くふう

・しせい、たいど

4 ◇ ふりかえろう

POINT　前に出てからもじもじしたり感想が言えなかったりすると，音読以外のことに時間がかかってしまう。進め方を確認して

---

1 音読発表会の進め方を知ろう。

T　今日は，いよいよ音読発表会です。

T　発表会の進め方を言います。

以下の3点について説明する。
① 場面の順番に発表。
② 発表する班は，はじめと終わりに礼。
③ 発表を聞いた感想を，発表が1つ前に終わった班の人が言う。

③の感想とは，例えば，2番目の班が発表した後であれば，1番目に発表を終えた班が感想を言うことになる。また，1番目に発表した班については，最後に発表する班が言う，ということになる。

進め方③を設定したねらいは，感想を言う人（班）がはっきりしている方が意識して聞くことができ，どの児童にも機会があること，発表後の方が落ち着いてコメントを考えられることにある。

T　感想を言うグループではないときも，発表はしっかり聞きましょう。

2 発表前に音読練習をしよう。
聞く側の注意点を確かめよう。

T　発表前の最後の練習をしましょう。本番と同じように，挨拶や並び方も練習しておきましょう。

C　挨拶はみんなでやろうよ。

C　ちゃんと横一列に並ぼうね。

T　感想を言う人たちは，特に次の3つのことに気をつけて見たり聞いたりしてください。それは，「声の大きさ」「工夫」「姿勢・態度」です。発表する人もこの3つに気をつけるといいですね。

T　練習時間は，5分間です。さっと動いてたくさん練習できるのが上手なグループですよ。

すぐに始めよう。　さっと並ぼう。　練習のときから姿勢に気をつけるようにしよう。

準備物

I C T グループごとの音読発表を撮影し，児童の学びを
共有する。ただし，個人情報の保護のため，事前に
お知らせするなどの注意が必要である。

やくそく

め おんどくはっぴょうかいを しよう

① おんどくはっぴょうかい

○ ばめんの じゅんばんに はっぴょう

○ はじめと おわりに れい

○ かんそう（ひとつ まえの はん）

〈はっぴょうの じゅんばん〉

1　8ぱん

2　1ーぱん

おくことも重要である。

3　音読発表会をしよう。

T　では，発表会を始めます。最初のグループは前に
　出ましょう。感想を言うのは最後のグループですね。
C　さあ，ぼくたちから発表だ。がんばろうね！
C　姿勢も気をつけよう。
C　わたしたちは感想を言う班だから，工夫のところ
　をよく見よう。

8班の発表を
始めます。礼。

「あるおおきな
木に〜」

これで，8班の
発表を終わりま
す。礼。

T　では，感想を言ってもらいます。最後のグループ
　の人，どうぞ。
C　みんな大きな声で音読できたと思います。
C　「まいにち」を大きく読む工夫ができていました。
C　挨拶がしっかりできていました。

4　『やくそく』で勉強したことを振り返り，感想を交流しよう。

T　全部のグループの発表が終わりました。『やくそ
　く』の勉強をして分かったことを発表しましょう。
C　題名で，「やくそく」のことを話しました。
C　「題名」と「作者」のことを勉強した。あとは…。

T　では，感想を発表しましょう。最初は，音読発表
　会のことが言いやすいかな。

練習したら，
考えた工夫
がうまくで
きました。

感想で言うこと
を3つ教えても
らったので言い
やすかったです。

T　教科書やノートを見直すと勉強したことを思い出
　しやすくなりますよ。
C　「むしゃむしゃ」と「もりもり」で食べ方が違う
　感じがすると分かりました。
C　あおむしたちは，最初はおおげんかしていたけ
　ど，最後はみんなで一緒に海に行く約束をしてい
　ました。

かたかなを　みつけよう

◎ 指導目標 ◎

・片仮名を読み，書くとともに，片仮名の長音，拗音，促音，撥音などの表記を理解して文や文章の中で使うことができる。

・語と語との続き方に注意しながら，文を書き表すことができる。

◎ 指導にあたって ◎

① 教材について

　コップ，サラダ，パンなど朝食に関係のある言葉で片仮名の学習をします。片仮名は，授業で学習するのは初めてでも，見慣れている児童も多いでしょう。意欲を持って学習に入れるはずです。また，朝食や身近なもののイラストも児童の意欲が高まる素材です。おそらく，次々と片仮名の言葉を見つけ出すでしょう。

　ここで提示された片仮名をこの時間だけで完全に書けることを目指す必要はありません。授業は，あくまで学習のきっかけと考える方がよいでしょう。継続的に練習したり，生活の中で意図的に取り上げたりすることが必要です。また，漢字の小テストのように，定期的に確認をする機会も作りたいものです。

② 個別最適な学び・協働的な学びのために

　片仮名は，表記の面では正確に書くことは意外と難しい内容です。高学年になっても，「ツ」「シ」や「ソ」「ン」が正しく書くことができない児童もいます。その面では，低学年のうちに，きちんと定着させておきたいところです。

　その一方で，片仮名は，生活の中でたくさん目にする機会があります。会話の中でも自然に使っています。このことに改めて目を向けさせることで，片仮名への関心を引き出します。片仮名について普段の生活の中でも友達どうしでのやりとりがあるようにしたいところです。

　また，細かい表記の間違いは，教師だけではチェックしきれいな場合もあります。隣どうしで，確認し合ったり教え合ったりすることができるように指導しておけば，児童どうしの交流を通して，いっそう意欲的に取り組むようになるでしょう。

知識 及び 技能	片仮名を読み，書くとともに，片仮名の長音，拗音，促音，撥音などの表記を理解して文や文章の中で使っている。
思考力，判断力，表現力等	「書くこと」において，語と語との続き方に注意しながら文を書き表している。
主体的に学習に取り組む態度	身の回りから片仮名で書く言葉を進んで見つけ，これまでの学習をいかして簡単な文を書こうとしている。

◎ 学 習 指 導 計 画　　全 2 時 間 ◎

次	時	学習活動	指導上の留意点
1	1	・教科書 P110 の「かたかなの唱え歌」を音読する。 ・「かたかなの唱え歌」に出てきた片仮名の語を正しく読んだり書いたりする。 ・間違えやすい字「ン」と「ソ」,「ツ」と「シ」の区別の仕方を知り，練習する。	・促音・拗音・長音の書き方を確かめさせる。 ・違いを区別する覚え方を指導する。
	2	・第1時で学習した「かたかなの唱え歌」の片仮名の語を再確認する。 ・教科書 P111 の挿絵を片仮名の言葉で書く。 ・身の回りから，片仮名で書く言葉を見つけて書く。	 ・教科書 P126-127 にある，片仮名一覧表を確認し，今後に活用するよう促す。 ・見つけた片仮名の言葉を板書し，ノートに視写させる。

かたかなを　みつけよう

第 **1** 時 (1/2)

<table>
<tr><td rowspan="2">本時の目標</td><td rowspan="2">生き物について知っていることや自分の経験を思い出し，教材を読むことに興味をもつことができる。</td></tr>
</table>

板書例

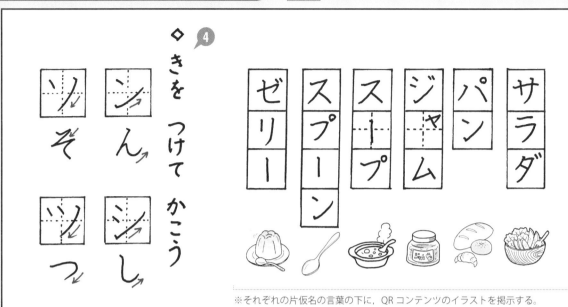

◇ きを つけて かこう ④

ゼリー
パン
ジャム
スープ
スプーン
サラダ

ン ソ
ん ソ
シ ツ
し つ

※それぞれの片仮名の言葉の下に，QRコンテンツのイラストを掲示する。

POINT 出てくる片仮名の数が多いので，細かい部分まで徹底するのは時間的に無理がある。継続的に練習するきっかけと位置

1 教科書の「かたかなの唱え歌」を音読しよう。

T 教科書を先生が読みます。教科書を開きましょう。片仮名の勉強です。

　教科書 P110 の唱え歌を範読する。

T 次は，みんなで読んでみましょう。さんはい。

コップに ぎゅうにゅう
おさらに サラダ …

　まずは，読み方に慣れるために，いろいろな方法で楽しみながら唱え歌の音読練習に取り組む。

　「2行ごとに，教師と児童全員が交代で読む」，「児童の代表と，ほかの児童が交代で読む」，「列ごとに読む」など，短い文章なので様々な方法で取り組める。

2 唱え歌から片仮名を見つけよう。

T この文の中に片仮名がありましたね。順番に言ってみましょう。

C コップ！

T そうです。「コップ」を見つけた人は，指でおさえて反対の手をあげましょう。

はい！

いちばん最初にある言葉だね。

T みんな，見つけられましたね。では，次の片仮名は何ですか。

　片仮名の言葉を1つずつ確認していく。

T 小さく書く片仮名や，伸ばす音，丸や点々がついている片仮名もありますね。

C 小さく書く字は，ひらがなと同じように片仮名を小さく書いてあるね。

C 伸ばす音って，たてぼうみたいなんだね。

C 丸や点々は，ひらがなの形と同じだ！

かたかなを みつけよう

め かたかなを よんだり かいたりしよう

①
コップ・・・・・
パン・・・ ジャム・
つ・・・・・
スープ・ スプーン・
の・・・・・
ゼリー・ しょくご・
お・・・・・

②
おさら・ サラダ
・ ぎゅうにゅう

③
◇ みつけた かたかなを かこう

コ	ッ
プ	

※教科書 P110 の唱え歌を板書（掲示）する。
展開②の活動で見つけた片仮名の言葉に傍線を引いていく。

づける。

---

3 濁音，促音，拗音，長音に気をつけて片仮名を書く練習をしよう。

T 出てきた片仮名を書く練習をしましょう。<u>小さく書く「ツ」「ヤ・ユ・ヨ」や，伸ばす音を書く場所に気をつけましょう。</u>

T ひらがなもそうでしたが，小さく書く片仮名も真ん中に書いてしまう人がいるので気をつけましょう。
T 伸ばす音は，どうですか。
C ひらがなと違って，全部同じだから簡単だ。
T 丸や点々を書く場所はどうですか。
C これは，ひらがなと同じ！

　1 文字ずつゆっくり練習するには，ここで記載されている片仮名の数は多い。細かい部分の徹底は，ワークシートなどを使って少しずつ取り組ませる。

4 間違えやすい字を確かめ，しっかり書く練習をしよう。

T 特に間違いやすい片仮名を言っておきます。まず，<u>先生と一緒に空書きしてみましょう。「ン」です。</u>

・「ン」はつなげて書くと，「ん」になり，最後のはらいは下から上に向かう。
・「ソ」はつなげて書くと「そ」の上の部分になり，最後のはらいは上から下に向かう。
・「ツ」は，つなげて書くと「つ」になり，最後のはらいは上から下に向かう。
・「シ」は，つなげて書くと「し」になり，最後のはらいは下から上に向かう。
　上記の例のような覚え方を指導し，ノートやワークシート QR で書く練習をしっかりさせる。

かたかなを みつけよう

第 2 時 (2/2)

本時の目標：身近なところから片仮名の言葉を見つけることができる。

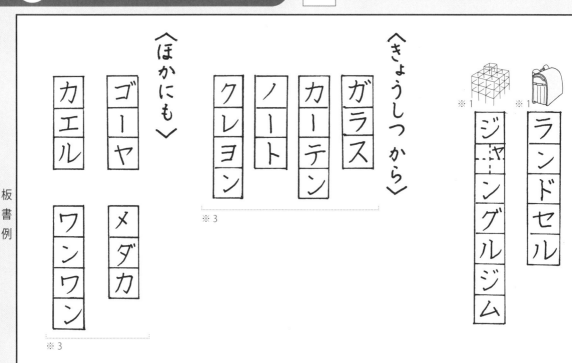

板書例

〈ほかにも〉

カエル	ゴーヤ
ワンワン ※3	メダカ

〈きょうしつから〉

クレヨン ※3
ノート
カーテン
ガラス

※1 ジャングルジム
※1 ランドセル

※3. 児童の発表を板書する。

POINT 片仮名で表記するものは，外来語や擬音語などであるが，あまりこだわらずにどんどん見つけ書かせていくことを重視したい。

1 前時で学習した「かたかなの唱え歌」の片仮名を思い出して書こう。

T 先生が言う言葉を片仮名で書きましょう。最初は「コップ」です。それから「サラダ」「パン」…。

「コップ」は，小さい「ツ」を書く場所に気をつけよう。

「パン」の「ン」は，どう書けばよかったかな…？

前時に書いた言葉をいくつかノートに書かせる。

T まだ書けなくても仕方ありません。これから覚えていきましょう。答えを黒板に書くので写しましょう。

思い出せない児童がいても，ここでは時間をかけずに答えを写させればよい。

2 教科書の片仮名一覧表を見よう。ひらがなと比べてみよう。

T まだ習っていない片仮名もたくさんありますが，教科書の後ろ（P126-127）に全部載っています。

C 本当だ。ひらがなの表と同じだね。

T 忘れてしまったときも，ここに全部の片仮名が載っていることを覚えていれば，調べられますね。

巻末に載っているひらがなと片仮名の一覧表を，1年生が使いこなすことは難しい。それでも，授業で紹介しておくことで，自信がないときに調べたり，自分なりに活用したりする児童が出てくるかもしれない。

T 片仮名の表を見てみましょう。ひらがなと同じ形や，ひらがなと似た形の片仮名があります。隣の人と一緒に探してみましょう。

「ヘ」や「リ」は，ひらがなと同じ形だ！

「カ」「ヤ」の字は，同じじゃないけど，すごく似ているよ。

準備物 ・黒板掲示用イラスト [QR]

ICT 端末を活用して、カタカナの言葉のものを見つけたら写真撮影しておく。クイズ形式で友達の画像の言葉をノートに正しく書くと、カタカナの練習ができる。

かたかなを みつけよう

め かたかなの ことばを みつけて かこう

〈まえの じかんに ならった ことば〉

コップ　パン　スープ　ゼリー

サラダ　ジャム　スプーン

〈きょうかしょから〉

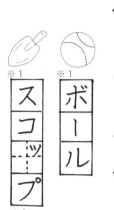

ボール ※1

スコップ ※1 ※2

※1．教科書 P111（または，QR コンテンツ）のイラストを掲示する。
※2．地域によっては「シャベル」という。

---

3 教科書のイラストの言葉を片仮名で書こう。教室の中から片仮名を見つけよう。

T　教科書 111 ページの絵を見て，ノートに片仮名で書いてみましょう。

C　ボール。スコップ。ランドセル。ジャングルジム。

　　それぞれの言葉を板書し，時間のかかる児童には答えを写させる。

T　今度は，教室の中から片仮名で書く言葉を見つけてノートに書きましょう。書けたら言ってください。

窓のガラス，カーテン。

ノートに…，クレヨン！

　　児童がノートに書いている間，机間巡視しながら片仮名で書く言葉かどうか，書いた文字に間違いがないかを確かめていく。児童が発表した言葉は，板書して正しい書き方を確認させる。

　　隣どうしで教え合ったり見つけた言葉の数を競い合ったりして，できるだけたくさんの言葉を見つけさせたい。

4 他にも片仮名の言葉を考え，見つけた言葉を書いてみよう。

T　他にも自分の身の回りにあった片仮名の言葉が思い出せますか。学校の中で考えられるかな。

学校の「緑のカーテン」にゴーヤが使われているよ。

観察池にメダカやカエルを見たことがある！

T　そうですね。動物や植物は片仮名で書かれているときもあります。

C　ワンワン，とかはどうなのかな。

T　なるほど，鳴き声や音も使われるときがあります。

　　外来語以外のものが出てきたときは，間違いを指摘した上で，「外国からきた言葉が片仮名になることが多い」という程度の説明をすればよい。出てきた片仮名は板書し，ノートに写させる。

T　片仮名もたくさん練習して，ひらがなと同じように使えるようになりましょう。

うみの　かくれんぼ

全授業時間 8 時間

◎　指導目標　◎

・文章の中の重要な語や文を考えて選び出すことができる。
・文の中における主語と述語との関係に気づくことができる。
・事柄の順序など情報と情報との関係について理解することができる。
・事柄の順序などを考えながら，内容の大体を捉えることができる。

◎　指導にあたって　◎

① 教材について

　『つぼみ』に続く 2 単元目の説明的文章の学習です。3 種類の海の生き物の隠れ方について書いてあります。はじめに「なにが，どのようにかくれているのでしょうか。」という問いの文があるので，ここから視点をはずさずに，あとの教材文を読んでいくようにします。

　答えの文は，同じ文型で書かれていて文章から見つけやすくなっています。また，3 枚の写真からも隠れる様子が読み取りやすくなっています。児童は，その興味深い隠れ方に驚きながら楽しく読むことができるでしょう。

　第 3 次では，図鑑や本を読む活動を設定しています。こういうときには，児童が読みたくなるような図鑑や本をできるだけ集めておくことが大切です。公立の図書館では団体貸し出しという制度を作っているところもあります。学校で申し込むと，まとめてたくさん借りられたり調べることを協力してくれたりするので，必要があれば活用したいところです。

② 個別最適な学び・協働的な学びのために

　生き物の意外な一面を表す内容です。興味をもって読む児童も多いと思われます。それだけに言葉の学習も主体的に取り組ませたいものです。

　学習の進め方が分かると児童は進んで考えやすくなります。教材文は，3 種類の生き物を取り上げ，同じ説明の仕方を 3 回繰り返しています。授業の進め方もこれをいかして，板書や発問などに一貫性をもたせ，児童に次の展開がイメージしやすいように計画します。最初は教師中心，次は児童が半分，最後は児童中心で進めるようにします。

　そうすれば，教師の指示を待たずに自ら考える児童が増え，時間も効率的に進めることができるでしょう。また，展開が分かりやすいということは，児童どうしでも考えやすいということです。隣どうしやグループで考えたり確認したりする機会をもつことで，より深い学びにつながるでしょう。

知識及び技能	・文の中における主語と述語との関係に気づいている。 ・事柄の順序など情報と情報との関係について理解している。
思考力，判断力，表現力等	・「読むこと」において，事柄の順序などを考えながら，内容の大体を捉えている。 ・「読むこと」において，文章の中の重要な語や文を考えて選び出している。
主体的に学習に取り組む態度	粘り強く文章の中で大事な言葉を押さえながら読み，学習課題に沿って分かったことを伝えようとしている。

◎ 学習指導計画　全8時間 ◎

次	時	学習活動	指導上の留意点
1	1・2	・範読を聞き，学習の見通しをもつ。 ・「生き物がどんなかくれんぼをしているかを調べて，友達に分かりやすく知らせる」という学習課題を確認する。	・生活科などで生き物探しをしたときのことを思い出させる。
2	3	・「問題」の文を確かめる。 ・出てくる生き物（3種類）を確かめる。	・既習の『つぼみ』の，「問題」と「答え」を思い出させる。
	4	・「はまぐり」のかくれんぼを調べ，問題に対する「答え」を考える。	・文と写真を見比べて確認させる。
	5	・「たこ」「もくずしょい」のかくれんぼを調べ，「答え」を考える。	・3種類の生き物が同じ説明の仕方で書かれていることに気づかせる。
	6	・3種類の生き物の答えの文について確かめる。 ・生き物を1つ選んで視写する。	・3種類の答えの文が，「隠れ場所」「体の仕組み」「隠れ方」の3文で構成されていることに気づかせる。
3	7・8	・図鑑や科学読み物を読み，他の生き物について調べて発表する。	・家に図鑑や本がある児童には持ってこさせる。 ・図書室などであらかじめ使えそうな本を探してコピーしておく。

◇第3次（第7,8時）の活動をあらかじめ知らせることで，第1次（第1,2時）や第2次（第3〜6時）の学習にも意欲と目的をもって取り組めます。実際には，ずっと第3次をイメージし続けることは難しいので，折々に教師が話題に出す必要があるでしょう。

うみの　かくれんぼ

第 1,2 時（1,2/8）

板書例

```
◎              (2)                    (1)

・          さ   ほ   し           う
い  ず   し   が   か   ら           み
き  か   ら   し   の   べ           の
も  ん   べ   て   い   て           3
の       て   お   き   、   （ひ   つ
        、   こ   も         と   の
の           う   の   と   に   い
ほ       と       に   も   わ   き
ん       も       つ   だ   か   も
        だ       い   ち   り   の
        ち       て   に   や   の
        に           わ   す   か
        わ           か   く   く
        か           り   つ   れ
        り           や   た   ん
        や           す   え   ぼ
        す           く   る   に
        く                    つ
        し           し   い   い
        ら           ら   い   て
        せ           べ   か   べ
        る           て   た   ん
                    、   ）   き
                         ょ
                         う
                         す
                         る
```

```
┌─────────────────────────────┐
│                             │
│  い                         │
│  き      ←    と           │
│  も            も           │
│  の      （し   だ           │
│  が      ら    ち           │
│          べ    に           │
│  ど      て    　           │
│  ん      ）    は           │
│  な            な           │
│               す           │
│  か                         │
│  く                         │
│  れ                         │
│  ん                         │
│  ぼ                         │
│  を                         │
│  し                         │
│  て                         │
│  い                         │
│  た                         │
│  か                         │
│                             │
└─────────────────────────────┘
```

POINT 教師が第 3 次までの内容につながりをもたせて計画し指導することで，児童にも見通しを与えることができる。ここでは，

1 教材文の題名と最初の 2 行から内容を想像し，範読を聞こう。

T　今日から『うみのかくれんぼ』の勉強です。

T　先生が読むのを聞いて，みんなも読みましょう。

　　まず，教科書 P112 の題名と最初の 2 行を範読する。

C　（斉読）「うみのかくれんぼ」

　　「うみには，いきものがかくれています。」

　　「なにが，どのようにかくれているのでしょうか。」

T　この後，どんなことが書いてあると思いますか。

海で生き物が隠れているお話だと思います。

「かくれんぼ」って楽しい遊びみたいです。

T　まず，全文を先生が読みます。どんな生き物が出てくるか見つけながら聞きましょう。

　　この教材では写真に重要な役割がある。範読前や範読中にもじっくり間をとって写真を見る時間をとる。

2 生き物を見つけたときのことを思い出そう。

T　教科書 112-113 ページの写真をもう一度見てみましょう。こんな広い海のどこかで生き物がかくれんぼしていると，探すのが大変です。

T　みんなは，海で何か生き物を見つけたことはありますか。

夏休みに海に行って，小さいカニを見つけました。

海水浴で，小さい魚を見たことがあるよ。

T　では，海だけでなく，他の場所で生き物を探して見つけたことがありますか。

C　公園でチョウチョウを見つけたことがあります。

C　生活科で虫探ししました。

C　バッタとか，コオロギを見つけて捕まえました。

　　生き物を見つけたときのことを出し合う。

準備物	・生き物の「かくれんぼ」に関わる本や図鑑　何冊か（教科書P117参照）	ICT	検索機能を活用して，児童の発言した生き物の画像や，作品中に出てくる生き物の動画を提示したりすると，興味関心を高めることができる。

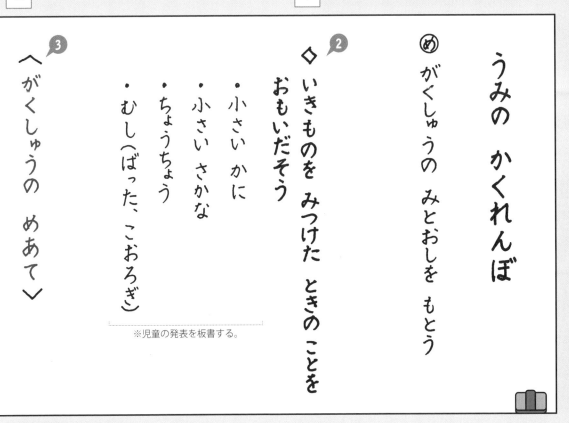

③ 〈がくしゅうの　めあて〉

② ◇ いきものを　みつけた　ときの　ことを　おもいだそう
・小さい　かに
・小さい　さかな
・ちょうちょう
・むし（ばった、こおろぎ）

※児童の発表を板書する。

め がくしゅうの　みとおしを　もとう

うみの　かくれんぼ

生き物調べが第3次になる。

3 全体の学習の見通しをもとう。

T　この勉強について説明します。117ページを開いて読んでみましょう。

はじめて知ったことは何ですか。

海の生き物は，どんなかくれんぼをしていましたか。友達と話しましょう。

教科書P117の手引きを活用し，学習課題を確認する。

T　次の時間から，写真を見ながら3つの生き物のかくれんぼについて考えていきます。ここで，人に分かりやすく伝える言い方を勉強します。そのあとに，他の生き物について調べます。調べたことをどんなふうに伝えるといいのか，勉強していきましょう。

T　かくれんぼしている生き物の本や図鑑を探しておきましょう。

図鑑を何冊か紹介する。ここから並行読書を進めておきたい。第3次の学習のために，学校の図書室や地域の図書館に行き，生き物の本や図鑑を探す時間をとるとよい。

4 音読練習しよう。初めて知ったことを発表して，話し合おう。

T　まず，すらすら読めるように音読練習しましょう。

3種類の生き物が1ページずつ写真と文とのセットで出てくる構成となっている。そういう意味では，視覚的にも分かりやすい。音読練習をする中でも，この構造を意識させていきたい。それが第2次（第3〜6時）の読解にもつながっていく。

T　全文読めましたね。では，この文を読んで，初めて知ったことはありましたか。

はまぐりとたこは知っていたけど，もくずしょい，って初めて聞きました。

みんな，いろいろなやり方でかくれんぼしていることを初めて知りました。

まだ詳しく読み取りする前段階なので，深追いはしない。

T　では，次の時間から詳しく読んでいきましょう。

板書例

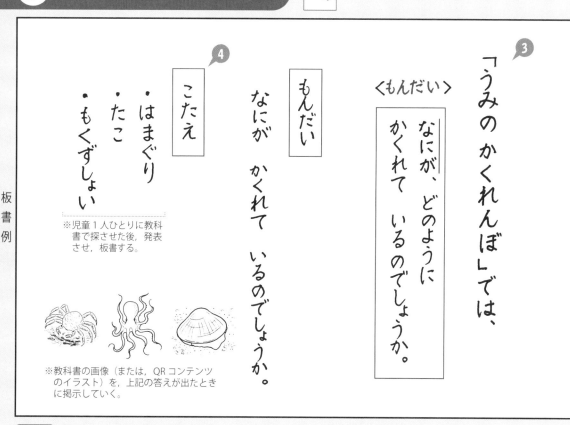

③
「うみの　かくれんぼ」では、

〈もんだい〉
なにが、どのように
かくれて　いる
のでしょうか。

④
もんだい
なにが　かくれて　いるのでしょうか。

こたえ
・はまぐり
・たこ
・もくずしょい

※児童1人ひとりに教科書で探させた後，発表させ，板書する。

※教科書の画像（または，QRコンテンツのイラスト）を，上記の答えが出たときに掲示していく。

POINT 問題の文は，次時以降も活用するので，これで学習を進めることを強調しておきたい。

1 『うみのかくれんぼ』の音読練習をしよう。

T　音読練習をしましょう。すらすら読めるようになりましょう。

> うみのかくれんぼ
> うみには，いきものがかくれています。
> なにが，どのようにかくれているのでしょうか。〜

　説明文の音読は，物語と違って気持ちを考えて表現するといったことはない。しかし，まずは，すらすら読めるようになることが前提なのは同じである。
　すらすら読めるようになった上で，児童にゆとりがあれば，説明文の音読の場合にも，キーワードやキーセンテンスを大きくしたり，前後の間をあけたりして強調するという方法がある。

2 既習教材『つぼみ』を見て，問題の文について思い出そう。

T　最初の 112-113 ページに戻りましょう。112 ページの2行の文を，もう一度みんなで読んでみましょう。

C　うみには，いきものがかくれています。なにが，どのようにかくれているのでしょうか。

T　これは，お話ではなく，本当のことを書いた説明文です。同じ説明文の『つぼみ』を見てみましょう。

　教科書 P54『つぼみ』を開かせる。2 ページ目以降にある「これは，なんのつぼみでしょう。」を確認する。

T　「これは，なんの〜でしょう。」のように，何か尋ねている文を何というか覚えていますか。

> 問題の文です。

> 問題の文のあとには，「これは○○のつぼみです。」と答えの文がありました。

T　説明文では，「問題」と「答え」の文があることが多いのです。

| 準備物 | ・問題の文を書いた掲示物
・教科書P114-116の画像，または黒板掲示用 イラスト **QR** |

ICT デジタル教科書の「マイ黒板」機能を使うと，「もんだい」「こたえ」「挿絵」を分かりやすく整理することができ，理解を深めることができる。

うみの かくれんぼ

め「もんだい」と「こたえ」の ある ぶんを おもいだそう

② もんだい の ぶん
（なにか たずねて いる）
＝

「つぼみ」の がくしゅうでは、

もんだい
これは、なんの つぼみでしょう。

こたえ
これは、あさがおの つぼみです。

---

3 問題の文を確かめよう。

T では，『うみのかくれんぼ』の文を見てみましょう。問題の文はありますか。見つけたら言いましょう。

なにがどのようにかくれているのでしょうか。

児童の答えを待って問題文を書いた紙を貼る。

T 次の時間からは，この問題の文の答えを考えながら読むことにします。

問題の文については，第2次の読解の学習でも，第3次の図鑑などの読書の際にも意識させておきたい。そのために，問題の文「なにが，どのようにかくれているのでしょうか。」と書いた掲示物を貼る。次時以降，同じ掲示物が出てくることで，児童の意識にも問題の文が定着しやすくなる。

T まず，何が隠れているのか確かめましょう。

4 3つの生き物を確かめ，それぞれの答えの文を見つけよう。

T 最初に出てくる海の生き物は何ですか。まず，教科書を指で押さえましょう。

押さえました！

3種類の生き物が出てきて，それについて学習していくという見通しを持たせるための活動である。

「何がでてきたか」と問えば，すぐに3種類を答えられる児童もいる。ただ，それでは全く考えず聞いているだけの児童も出てくる。全員が活動する場面をつくるため，あえて答えを言わず教科書の文から見つけて押さえさせるという指示をしている。

T では，みんなで言ってみましょう。
C （全員で）はまぐり。

他（たこ，もくずしょい）も同様に確かめていく。

本時の目標　「はまぐり」が，どのようにして隠れているかについて読み取ることができる。

板書例

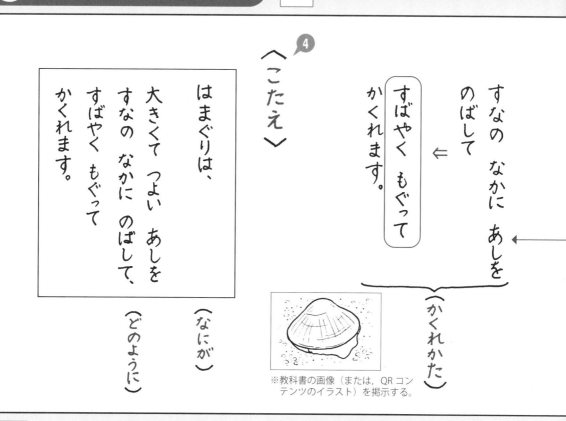

※教科書の画像（または，QR コンテンツのイラスト）を掲示する。

〈こたえ〉④

すなの　なかに　あしを
のばして
すばやく　もぐって
かくれます。
（かくれかた）

はまぐりは、
大きくて　つよい　あしを
すなの　なかに　のばして、
すばやく　もぐって
かくれます。
（なにが）
（どのように）

POINT　3種類の生き物について学習する 1 回目である。同じパターンで，発問・板書することで児童が徐々に主体的に取り組め

1　全文を音読し，前時の学習を振り返ろう。

T　みんなで最初から音読しましょう。さんはい。
　　一斉音読する。
T　前の時間に『うみのかくれんぼ』の中で「問題」の文を見つけましたね。どの文でしたか。

なにがどのようにかくれているのでしょうか。

最初から 2 行目の文です。

問題の文を書いた紙を黒板に貼る。

T　では，最初に出てくる生き物は何ですか。
C　はまぐりです。
T　そうですね。では，もう一度，最初のページから「はまぐり」について書いてある 114 ページまでを読みましょう。
　　問題の文に対して，「はまぐり」についての答えを考えていくことを意識させる。

2　文章から，はまぐりの隠れ場所，体のつくり，隠れ方を読み取ろう。

T　さあ，「なにがどのようにかくれているのでしょうか」という問題の答えを探していきますよ。
T　まず，ここでは，何が隠れていますか。どこに隠れていますか。

砂の中に隠れています。

はまぐりが隠れています。

T　はまぐりについてどんなことが書いてありますか。
C　大きくて強いあしをもっています。
T　はまぐりは，それでどうするのですか。
C　砂の中にあしをのばして，すばやくもぐって隠れます。
T　隠れるための体のつくりと，隠れ方が分かりましたね。
　　線，矢印，囲みなどの記号を使って板書し，児童にも同じようにノートに書かせる。あえて違う記号を使うことで，次の生き物では，児童が主体的に考えるヒントにさせたい。

| 準備物 | ・問題の文を書いた掲示物
・教科書の画像，または黒板掲示用イラスト | ICT | デジタル教科書の「マイ黒板」機能を使うと，はまぐりの「もんだい」「こたえ」「挿絵」を分かりやすく整理することができ，理解を深めることができる。 |

うみの　かくれんぼ

め　はまぐりの　かくれんぼを　しらべよう

❶　〈もんだい〉

なにが、どのように　かくれて　いるのでしょうか。

❷　１　はまぐり…すなの　なか（どこに）

大きくて　つよい　あし　（からだの　つくり）

る場面を増やしていく。

---

3 はまぐりの写真と説明文を見比べてみよう。

T　今度は写真をよく見ていきましょう。いちばん上の写真はどんな様子ですか。
C　はまぐりが砂の上にいます。
T　２番目の写真はどうですか。
C　殻から，何か出ているよ。
C　体を少し出しているみたいです。
T　文章を読み直してみてください。それから，もう一度写真を見てみましょう。

あ，これが「大きくて強い足」なんだ。

砂の中に足をのばそうとしているところです。

T　では，最後の写真はどうですか。
C　砂の中に半分隠れてしまっています。
　　説明文と写真を対比させながら，説明文の内容を確かめていく。

4 問題の文の答えを考えよう。

T　問題の文は何でしたか。
C　なにが，どのようにかくれているのでしょうか。
T　問題の文の「答え」を，黒板を見ながら言ってみましょう。

はまぐりは，大きくてつよい足を，砂の中にのばして，すばやくもぐって，隠れます。

順番に黒板を指していきながら，答えの文を確かめる。最初なので，児童だけで言えないようであれば，教師が教えていけばよい。

最後に，もう一度最初から P114 まで読む。P112 の問いの部分を教師，P114 の答えにあたる部分を児童が読むようにしてもよい。

うみの　かくれんぼ

第 **5** 時 (5/8)

<table>
<tr><td>本時の目標</td><td>「たこ」と「もくずしょい」が，どのようにして隠れているかについて読み取ることができる。</td></tr>
</table>

板書例

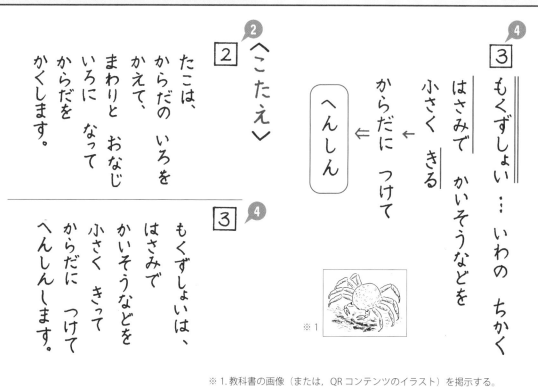

③ もくずしょい … いわの ちかく

はさみで かいそうなどを

小さく きる

からだに つけて

← へんしん

<2> ② たこは、からだの いろを かえて、まわりと おなじ いろに なって からだを かくします。

〈こたえ〉

② たこは、からだの いろを かえて、まわりと おなじ いろに なって からだを かくします。

<4> ③ もくずしょいは、はさみで かいそうなどを 小さく きって からだに つけて へんしんします。

※1

※1.教科書の画像（または，QRコンテンツのイラスト）を掲示する。

POINT 3種類の生き物について学習する2時間目である。同じパターンで，発問・板書することで児童が主体的に取り組める

1 たこの隠れ方を意識して，教科書を読もう。写真も確かめよう。

T　2番目の生き物は何ですか。
C　たこです。

　　教科書P112の問題の文を含む2行を読んでから，P115の「たこ」の説明文を読む。

T　写真を見てみましょう。3枚目の写真でたこが見えますか。
　　文章を音読させた後，写真でたこが隠れている様子を確認させる。

岩か何かに変身しているみたいだけど，いるよ。

本当に隠れるのが上手だね。

T　問題の文は何でしたか。
C　なにが，どのようにかくれているのでしょうか。
　　問題の文を書いた紙を黒板に貼り，「②たこ」と板書する。

2 文章から，たこの隠れ場所，体のつくり，隠れ方を読み取ろう。

T　黒板の「たこ」の下には，何を書けばいいかな。「はまぐり」のところを見て考えてみましょう。

「はまぐり」では，「すなのなか」と書いてあるから…。

「うみのそこ」です。

　　前時のノートを確認させながら進めていく。

T　そう，ここは隠れる場所を書いたらいいですね。
　　（うみのそこ と板書）その横は何を書きますか。
C　「からだのいろをかえる」です。
T　隠れるためにどんな体のつくりか書くのでしたね。
　　板書し，さらに，矢印を2つ書く。

T　では，ここには何を書くでしょう。
C　「まわりとおなじいろ」
C　「からだをかくす」
　　形式をあわせて板書し，答えの文も確認する。

準備物	・問題の文を書いた掲示物 ・教科書の画像，または黒板掲示用イラスト **QR**
ICT	デジタル教科書の「マイ黒板」機能を使うと，たこともくずしょいの「もんだい」に「こたえ」「挿絵」を分かりやすく整理することができ，理解を深めることができる。

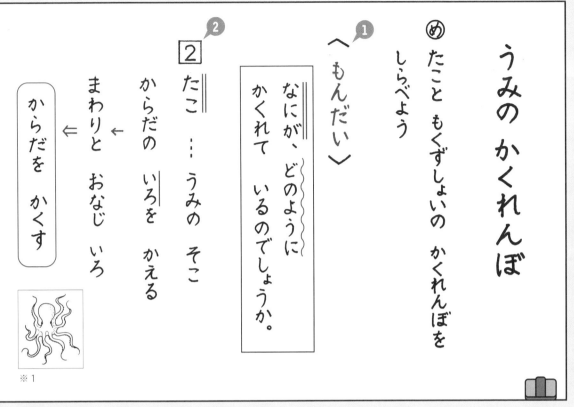

うみの かくれんぼ

め たこと もくずしょいの かくれんぼを しらべよう

①〈もんだい〉
なにが、どのように かくれて いるのでしょうか。

② たこ … うみの そこ
からだの いろを かえる
まわりと ← おなじ いろ
↑
からだを かくす

※1

場面を増やしていく。

---

3 もくずしょいの隠れ方を意識して，教科書を読もう。写真も確かめよう。

T さあ，次の生き物は何でしたか。
C もくずしょい。かにの仲間です。
T 「もくずしょい」の「もくず」は「かいそうのくず，きれはし」のことを言います。「しょい」は「背負い」の別の言い方です。「もくず」を背中につけている「かに」ということですね。

「たこ」と同様に，教科書P112の問題の文を含む2行を読んでから，P116の「もくずしょい」の説明文を読む。

T 「もくずしょい」の3枚の写真を見てみましょう。

3枚目では，うまく隠れているなぁ。

岩にべったりくっついた緑の海藻に見えるね。

これも「たこ」と同様に，音読後に，写真で「もくずしょい」が隠れている様子を確かめさせる。

---

4 もくずしょいの隠れ場所，体のつくり，隠れ方を各自で読み取ろう。

T はい，問題の文を言いましょう。
C なにが，どのようにかくれているのでしょうか。
T 今度は，最初に何を書けばよいでしょう。
C 「もくずしょい」

T 今度は3回目なので，できるだけ自分で考えてみましょう。

「もくずしょい」と書いたら，その下に隠れ場所…「いわのちかく」を書けばいいね。それから…

矢印2種類を先に書き，入れる言葉を考えさせる。机間指導しながら，分からない児童がいれば，ノートを見直させたり，「ここは何を書いたらいいのかな」などヒントを出したり，隣どうしやグループで確かめ合わせたりする。

最後に，正解を板書し，全員で答えの文も確認する。

本時の目標　3種類の生き物の隠れ方について再確認し，その文章の構成に気づくことができる。

板書例

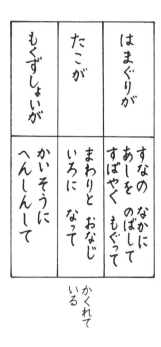

③
〈こたえの　ぶんの　じゅんじょ〉
・かくれかた
・からだの　つくり
・かくれる　ばしょ
　　}3ぶんで　かかれて　いる

④
〈かくれんぼの　わけ〉
・えさを　とるため
・てきに　みつからないように

（つぎの　じかん）
◎いきものずかん・ほんを　もって　くる
　ほかの　いきものしらべ

はまぐりが	たこが	もくずしょいが
すなの　なかに　あしを　のばして　すばやく　もぐって	まわりと　おなじ　いろに　なって	かいそうに　へんしんして

かくれて　いる

POINT　これまでの読解内容を再確認し，その内容や文章の構成について気づいたことを交流し，読みを深めさせる。

1 全文を音読し，初めて知ったことについて感想を出し合おう。

T　全文を音読しましょう。（斉読など）
T　海の生き物が3つ出てきましたね。何でしょう。
C　「はまぐり」「たこ」「もくずしょい」です。
T　どんなかくれんぼをしていたか分かりましたか。
C　文と写真でよく分かりました。
C　最初に「問題」の文があって，その後に「答え」の文で生き物のかくれんぼの仕方が書いてありました。
T　初めて知ったことは何でしたか。それを知って，どう思いましたか。

もくずしょいって，知らなかった。

海の生き物が，みんなかくれんぼしていることを知らなかった。

本当にうまく隠れていてびっくりしました。

2 問題の文と，3つの生き物の答えの文を確かめよう。

T　問題の文は何でしたか。
C　なにが，どのようにかくれているのでしょうか。

T　では，3つの生き物について，この問題の文に合わせた答えの文を考えてみましょう。
T　「何が」「どのように」隠れている，と答えましょう。1番目の「はまぐり」ではどんな答えの文になりますか。隣の人と相談してもいいですよ。

「何が」は，「はまぐり」。簡単だね。

「どのように」は…，「砂の中に足をのばして，すばやくもぐって」でいいかな。

T　「はまぐり」の答えの文を発表してください。
C　はまぐりが，砂の中に足をのばして，すばやくもぐって隠れています。
T　上手にできました。
　「たこ」「もくずしょい」についても同様に確かめる。（答えの文は板書参照）

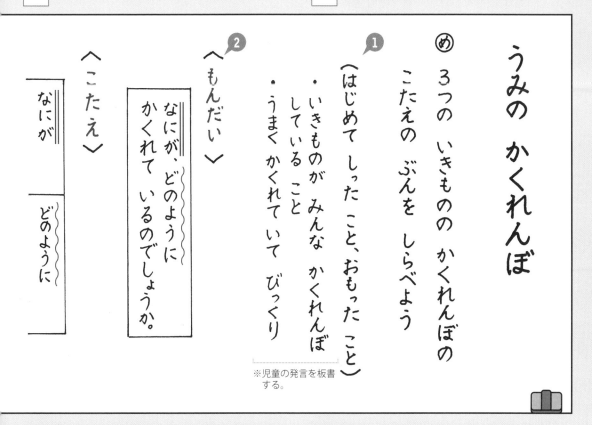

うみの かくれんぼ

め ３つの いきものの かくれんぼの こたえの ぶんを しらべよう

① （はじめて しった こと、おもった こと）
・いきものが みんな かくれんぼ している こと
・うまく かくれていて びっくり

※児童の発言を板書する。

② 〈もんだい〉
なにが、どのように かくれて いるのでしょうか。

〈こたえ〉
なにが｜どのように

---

3 答えの文の構成を確かめよう。

T　もう一度，答えの文をよく見てみましょう。いくつの文でできていますか。

C　どの生き物の文も，全部３つの文でできています。

T　それぞれ，最初の文は何が書いてありますか。

隠れている場所です。はまぐりだと、「すなの中」です。

「どこに」の答えになるところだね。

T　では，２番目の文は何のことが書いてありますか。

C　はまぐりは「あし」，たこは「体の色」，もくずしょいは「ハサミ」のことです。

T　そう，どれも体のつくりのことが書いてあります。隠れるための体のつくりです。そして，３番目は？

C　３番目は，隠れ方です。

C　この文が，「どのように」の答えなんだね。

4 かくれんぼの理由を考えてみよう。好きな生き物の文を視写しよう。

T　どうして「かくれんぼ」していると思いますか。

わたしたちと一緒で，遊んでいるのかな？

図鑑で読んだことあるよ。敵に見つからないようにするため，だって。

敵に見つかると，食べられちゃうのかな。

答えが出なければ，「敵から身を守るため」「身を隠して餌をとるため」と説明すればよい。

T　では，３つの中から好きな生き物を選んで，教科書112ページの問題の文とあわせて視写しましょう。

最後に，全文を一斉音読し，次時の活動を伝える。

T　次の時間は，他の生き物について調べます。図鑑や本をもう選んで持っている人は，次の時間に持ってきてください。海の生き物でなくてもいいですよ。

板書例

◇ **はっぴょうしよう**

〈はっぴょうの　しかた〉

・○○について　はっぴょうします。

・かくればしょは、〜です。

・かくれかたは、〜です。

・これで　はっぴょうを　おわります。
　　　　　　　　　　　　　　　　　　※

・れい

〈きくとき〉

・かおを　みて　きく

・おわったら　はくしゅ

・しつもん、かんそうを　いう

◇ **ふりかえろう**

（たいせつ）

だいじな　ことばを　みつけながら　よむ

※他に分かったことでもよいことを
　伝えておく。

POINT ここでも，問題の文を意識して隠れ方を中心に調べさせると，やるべきことが明確になる。また，そのためにも，隠れる

1　課題を確かめ，他の生き物について調べよう。

T　『うみのかくれんぼ』では，どんな生き物が出てきましたか。

C　「はまぐり」「たこ」「もくずしょい」です。

C　どれも海の生き物です。

T　3種類の海の生き物が，どのように隠れているかが書いてありましたね。

T　今度は，みんなが他の生き物について調べましょう。

家から図鑑を持ってきました！

どうしよう。何にするかまだ決めていない…。

T　図鑑や本を用意したので，まだ決めていない人はそれで調べましょう。家から持ってきてくれた人は，自分の図鑑を使ってください。いくつも持ってきてくれたのであれば，周りの友達に貸してあげましょう。

2　『うみのかくれんぼ』の問題の文と，答えの書き方を再確認しよう。

T　黒板の問題の文を読んでみましょう。

C　なにが，どのようにかくれているのでしょうか。

T　せっかく『うみのかくれんぼ』の勉強をしたので，この問題の文に合わせて調べられるといいですね。

T　『うみのかくれんぼ』では，答えの文はどんな書き方でしたか。3つのことが書いてありましたね。

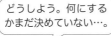
隠れる場所
隠れるための体のつくり
隠れ方

　実際には，図鑑や本が隠れ方を中心に書いてあるわけではない。中には，読むだけでせいいっぱいの児童もいる。できるだけ隠れ方について調べ，できる範囲で同じ観点で答えるようにする，という程度でよしとする。

準備物
・生き物を調べるための図鑑や本
（事前に伝えて準備できる児童には持参させる。
教師の方でも準備する）
・隠れる生き物の資料のコピー（児童数）

ICT
児童の作品をスキャンして取り込み，PDF資料として1つにまとめる。データ形式で児童に配布したり，次年度の参考資料として保存できたりする。

板書

うみの かくれんぼ

め ほかの いきものに ついて しらべよう

2 「うみの かくれんぼ」では、

〈もんだい〉
なにが、どのように かくれて いるのでしょうか。

〈こたえ〉
・かくれる ばしょ
・からだの つくり
・かくれかた

3 ◇ しらべてみよう

★ ずかんや ほんで しらべる

生き物の資料として使えそうな本の該当ページを，教師が探してコピーしておく。

---

3 調べ方を知り，他の生き物のかくれんぼについて図鑑や本で調べよう。

T ここに図鑑のコピーがあります。みんなで調べる練習をしてみましょう。

隠れ方が載っている図鑑のコピーを配る。

T この中に隠れ方が載っていますね。「何がどのようにかくれているのでしょうか。」の問題に答える文を考えましょう。

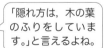

「このはがに」だって。

木の葉みたいにして，隠れているんだね。

「隠れ方は，木の葉のふりをしています。」と言えるよね。

T 答えは「○○について発表します。隠れ場所は〜。隠れ方は〜」と言えるといいですね。隠れ方が分からないときは，他に分かったことでもいいことにします。

ノートに書かせる作業は省略しても構わない。口頭発表でもよいので，みんなで答えを確かめ合わせる。

T 調べ方は分かりましたか。では，自分の選んだ生き物について調べましょう。

4 調べたことを発表しよう。学習を振り返ろう。

T 調べて見つけたことを班の中で発表しましょう。

ヒラメについて発表します。隠れ場所は海の底です。隠れ方は，周りの色や模様に合わせて，体の色や模様を変えます。

うまく調べたね。

隠れ場所も隠れ方もよく分かる。

最初に発表する児童を決めさせる。発表するときの決まり，聞くときの決まりも確認してから始める。

時間があれば，全体での発表もできるだけさせたい。いくつか発表することがある児童は，付箋紙を使って，図鑑や本のページが分からなくならないようにする方法も指導する。

最後に，教科書 P117「たいせつ」で，学習を振り返る。

T 『うみのかくれんぼ』では，何が，どこに，どのように隠れているか，ということが書かれた説明文を，大事な言葉を確かめながらしっかり読めましたね。

かずと　かんじ

◎ 指導目標 ◎

・第 1 学年に配当されている漢字を読み，漸次書くことができる。
・語と語との続き方に注意しながら文を書き表すことができる。

◎ 指導にあたって ◎

① 教材について

　　数の数え方は自然に覚えている部分が大きく，あらためて「なぜ，『ひき』『ぴき』『びき』があるのか」と着目してみると不思議なことも少なくありません。この詩は，こぶたが増えているという分かりやすい内容で，そのような数詞を意識させている教材です。

　　児童がよく知っている動物で言えば，ゾウやトラは，「頭（とう）」，猫や犬は「匹」，ウサギは，「匹」「羽（わ）」です。授業で教えた上で，普段の生活の中でもできるだけ適切な数詞を使うように声かけをしていきます。

　　1 年生の漢字は，2 年生以降に比べれば，画数も少なく身近なものが多いのは事実です。それだけに，教師がつい何となくできているような気になってしまう危険性があります。数字に関しても同じです。指導した漢字は連絡帳，ノートなどで積極的に使うように心がけて，児童が書き慣れるようにしていきます。

② 個別最適な学び・協働的な学びのために

　　「数え方の辞典」（小学館）という辞典が出ているほど，数え方は多様で奥が深いものです。地方や家庭による違いもあるかもしれません。児童にその複雑さをおもしろいと感じさせて進められるように楽しい授業を目指します。

　　ここでは，いろいろな数え方があることをまず理解させます。その上で，具体的に何がどんな数え方をするのかを確認していきます。児童によって予備知識は大きく異なっているはずです。いろいろな素材を取り上げて，「どのように数えるとよいか隣の人と話し合ってみましょう」などとすると，その違いがかえって数え方に対する意識を明確にするかもしれません。

知識 及び 技能	第1学年に配当されている漢字を読み，漸次書いている。
思考力，判断力， 表現力等	「書くこと」において，語と語との続き方に注意しながら文を書き表している。
主体的に学習に 取り組む態度	積極的に数え方に興味をもち，これまでの学習や経験をいかして漢字を使って数え歌を書こうとしている。

◎　学 習 指 導 計 画　　全 4 時間　◎

次	時	学習活動	指導上の留意点
1	1・2	・教科書 P118-119「数の数え歌」をリズムよく手拍子を入れたり，こぶたの鳴き声を入れたりしながら読む。 ・「数の数え歌」を覚える。 ・数を表す漢字を書く練習をする。	・漢字も数え方も，できるだけ普段の生活の中で意識的に取り上げていきたい。
2	3	・教科書 P120-121 の絵を見て，身近なもののいろいろな数え方を知る。 ・一から十まで数えたものをノートに書く。	・ものによって数え方がいろいろあることを確かめる。 ・ノートの書き方を統一するため，最初に丁寧に指導する。
	4	・「数の数え歌」の一部を数えるものや数え方を変えて，自分の「数え歌」を作る。 ・自分の「数え歌」をノートに書く。 ・書いた「数え歌」を友達と読み合う。	・数えるものによって数え方が違うことと，「数え歌」の最後の行の変化に注意させる。 ・ノートの書き方を事前に指導しておく。

本時の目標	いろいろな物の数え方を理解し，数を表す漢字の読み書きをすることができる。

板書例

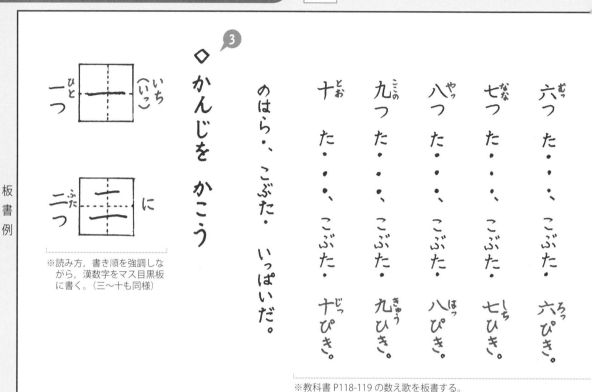

◇かんじを かこう ③

六つ た・・、こぶた・六ぴき。
七つ た・・・、こぶた・七ひき。
八つ た・・・、こぶた・八ぴき。
九つ た・・・、こぶた・九ひき。
十 た・・・、こぶた・十ぴき。
のはら・、こぶた・いっぱいだ。

一　いち（いっ）／ひと・つ
二　に／ふた・つ

※読み方，書き順を強調しながら，漢数字をマス目黒板に書く。（三～十も同様）

※教科書 P118-119 の数え歌を板書する。

POINT 数え方を理解していない児童には難しい内容である。漢字とともに，今後生活の中で扱うことを前提に，そのきっかけと

1 【第1時】「かずとかんじ」の数え歌を音読しよう。

T　教科書 118 ページを開きましょう。かずとかんじの数え歌です。先生が読むので聞いてください。(範読)

T　次は，先生に続いてみんなで読みましょう。

一つたたくと，こぶたが一ぴき。

一つたたくと，こぶたが一ぴき。

　まず，1 行ずつ読ませる。「四，七，十」のところは，特に読み方を注意しながらリズムよく楽しい雰囲気で音読する。以下の読み方の工夫が考えられる。
　・各行「たたくと」のあと，手拍子をその回数入れる。
　・数に合わせて，各行最後にこぶたの鳴き声を入れる。
　　（一つでは「ぶう」，二つでは「ぶうぶう」…）

T　では，手拍子を入れて読んでみましょう。

C　一つたたくと（手拍子パン）こぶたが一ぴき
　　二つたたくと（手拍子パンパン）こぶたが二ひき…

2 「かずとかんじ」の数え歌を覚えよう。

T　この数え歌を今から覚えましょう。教科書を閉じてください。

T　先生が読むから続きを言いましょう。

T　「一つたたくと，こぶたが…」

一ぴき。

T　「二つたたくと，こぶたが…」

二ぴき。

同様に数え歌の最後まで続けていく。

T　けっこうできたね。では，1 人で練習しましょう。

　「一つたたくと，こぶたが」までは数以外の部分は共通している。覚えようとすることで，「ぴき」「ひき」「びき」の数詞の違いに，意識を向けさせたい。
　また，「こぶた」のところを「ことり」「こうま」などに変えて，数詞を「羽（わ）」「頭（とう）」に変えて読ませてみてもよい。鳴き声も動物に合わせるとおもしろい。

準備物 ・ワークシート🆀

ICT デジタル教科書に付属する「筆順アニメーション」を活用して，曖昧になりがちな漢字の書き順を確認するとよい。

（第2時）（第1時）

かずと かんじ

め かずの かぞえうたを たのしく よもう

め 一から 十まで かんじで かこう

一（ひと）つ たたくと、こぶたが 一（いっ）ぴき。

二（ふた）つ た・・・、こぶた・ 二（に）ひき。

三（みっ）つ た・・・、こぶた・ 三（さん）びき。

四（よう）つ た・・・、こぶた・ 四（よん）ひき。

五（いっ）つ た・・・、こぶた・ 五（ご）ひき。

どんどん ど・・・、ふえて くる。

いう位置づけで指導する。

3【第2時】 一から十までの漢字を書く練習をしよう。

T 漢字を書く練習をしましょう。この漢字からです。これは，何と読みますか。他の読み方はありますか。

「いち」です。

「一つ」のときは，「ひと（つ）」。

「一ぴき」のときは，「いっ（ぴき）」。

1年生の漢字学習の最初の段階は，1日1文字程度のペースで進めたいが，ここでは，数え方の学習も兼ねているので一気に10文字を扱う。細かい部分までの確認は今後継続的に行い，この時間ではポイントだけをおさえてさっと進める。
〈指導例〉
① 読み方を確認する。（四，七，十に特に注意）
　（1つの漢字に読み方が複数あることも確認する）
② 筆順を強調しながら，教師が黒板に書く。
③ 空書きをいっしょにする。または，手のひらに利き手の人差し指で書く。など

4 一から十までの漢字を覚えよう。

T いっぺんにたくさんの漢字を勉強しました。覚えられそうですか。
T では，「一」を書いてみましょう。
T 「四，五，八，九」は，特に字の形に気をつけましょう。

「五」のたてぼうは，上から飛び出さないように…。

「九」のはねは，上に向かって…。

ワークシート🆀を使う場合は，そこに書き込む。
　この時間だけで完全に覚えることは無理だろうが，残り時間に合わせて，数回程度ずつ練習する。教師は，机間指導で1人ひとり丁寧に見て回り，字形や筆順のほか，姿勢や鉛筆の持ち方についても指導していく。
　正しく書けた児童には，1字ごとにほめて花丸をつけると，いっそう意欲的になる。

本時の目標　いろいろな物の数え方を知り，正しく数えることができる。

板書例

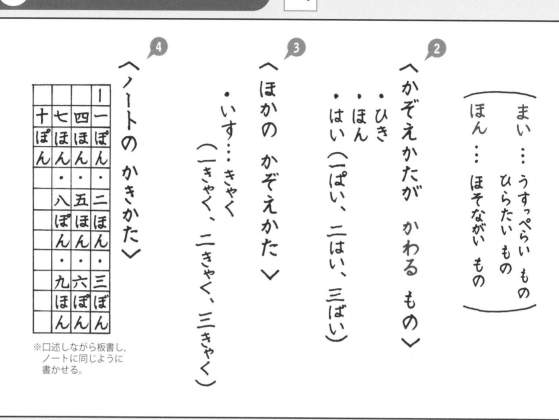

② 〔まい … うすっぺらい もの　ひらたい もの
　　ほん … ほそながい もの〕

〈かぞえかたが　かわる　もの〉
・ひき
・ほん
・はい（一ぱい、二はい、三ばい）

③ 〈ほかの　かぞえかた〉
・いす…きゃく
（一きゃく、二きゃく、三きゃく）

④ 〈ノートの　かきかた〉

十ぽん	七ほん ・ 八ぽん ・ 九ほん	四ほん ・ 五ほん ・ 六ぽん	一ぽん ・ 二ほん ・ 三ぼん

※口述しながら板書し，ノートに同じように書かせる。

POINT　展開④の活動では，ノートの書き方を最初にきちんと統一しておいた方が，余計な混乱が少なくて済む。

1 教科書の絵の数を数えて，ものによって変わる数え方を確かめよう。

T　教科書120ページを見ましょう。折り紙の絵があります。一緒に折り紙を数えてみましょう。
C　一まい，二まい，三まい。
T　こぶたは「ひき，ぴき，びき」で，折り紙は「まい」ですね。りんごは，どう数えるといいですか。
C　一こ，二こ，三こ。
T　では，鉛筆はどう数えるかな。にんじんは？

えんぴつは，「一ぽん，二ほん，三ぼん。」

にんじんも同じです。「一ぽん，二ほん，三ぼん。」

　残りの絵の数え方も確かめ，どんなものをどのように数えるかを押さえる。その中で，「枚（まい）」は薄っぺらいものや平らなもの，「本（ほん）」は細長いものを数えるときの数え方としてとらえさせたい。

2 十まで数えて，数え方の変化を確かめよう。

T　こぶたの数をもう一度10まで数えてみましょう。
C　一ぴき，二ひき，三びき，四ひき…，十ぴき。
T　数字のあとの言い方がいろいろ変わっていますね。折り紙を数えるとき「まい」はどうでしょう。1枚から10枚まで数えてみましょう。
C　一まい，二まい，三まい，四まい，…，十まい。
C　「まい」は，一緒です。
　りんごやおにぎりの「一こ，二こ…」も同様に変化しないことを確認する。
T　鉛筆やにんじんの数え方は，「一ぽん，二ほん，三ぼん」ですが，このあとを数えてみましょう。

四ほん，五ほん，六ぽん，七ほん，八ぽん，九ほん，十ぽん。

こぶたの「ひき」みたいにいろいろ変わります。

T　数え方は，数えるものによって変わるときも変わらないときもあるのですね。
　言い方が途中で変わる「はい」についても確かめる。

<table>
<tr><td>準備物</td><td>・教科書P120-121の挿絵，または黒板掲示用イラスト
・マス目小黒板（視写見本掲示用）</td></tr>
<tr><td>ICT</td><td>ノートの書き方が分からない児童もいる。どこに，どのように文を書けばよいかを実物投影機で大きく映し出しながら指導するとよい。</td></tr>
</table>

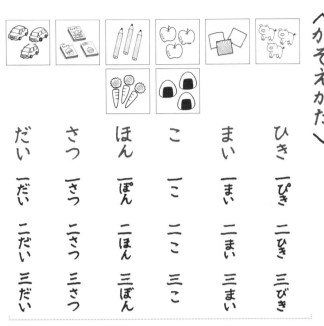

かずと かんじ

め いろいろな ものを かぞえよう

❶ 〈かぞえかた〉

	ひき	まい	こ	ほん	さつ	だい
一	一ぴき	一まい	一こ	一ぽん	一さつ	一だい
二	二ひき	二まい	二こ	二ほん	二さつ	二だい
三	三びき	三まい	三こ	三ぽん	三さつ	三だい

※教科書 P120-121 の挿絵（または，QR コンテンツのイラスト）を掲示し，それぞれの数え方を板書する。

3 教室の中のものを数えてみよう。

T 今度は，教室の中にあるものを数えてみましょう。何があるかな。
C 「ノート」「いす」
T では，ノートから数えてみましょう。ノートの数え方は本と同じです。さん，はい。

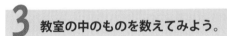

一さつ，二さつ，三さつ，…十さつ。

T 今度は，いすです。いすは「きゃく」で数えます。うまく言えるかな。さん，はい。
C 一きゃく，二きゃく，三きゃく，…

　順に，教室にあるものを数えていく。いすの「きゃく」のような難しい言い方も，児童から出てきたときはチャンスととらえて指導する。

4 数えたものをノートに書こう。

T 今度は数えたものをノートに書いていきましょう。
T まず，1番目は，みんなで同じものを書きましょう。チョークにしましょうか。一ぽん，二ほん…。

1を書いて…。

「一ぽん」のあとに，点（・）を書いてから，「二ほん」…。

　順に言いながら黒板に書き，ノートに同じように書かせていく。「2」以降は，各自で書いていかせる。（板書参照）

　書き方は，クラスで統一しておいた方がよい。児童が迷うことが少なくなり，机間巡視のときに一目で進み具合も分かりやすい。
〈書き方例〉
・最初は番号をふる。
・番号は，1マス目に書く。
・下に続けて書くが，中点（・）を間に打つ。など

| 本時の目標 | 漢数字を使って数え歌を作り，正しく読んだり書いたりすることができる。 |

板書例

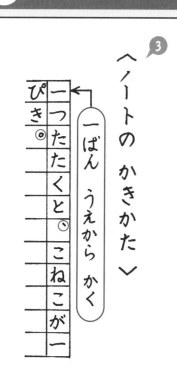

③ 〈ノートの　かきかた〉

一ばん　うえから　かく

ぴき	一	つ	た	た	く	と	◦	こ	ね	こ	が	一

② 〈かぞえかた〉
○ えほん　…　さつ
○ ライオン・ゾウ・キリン　…　とう
○ くるま　…　だい

六つ　たた・・・、えんぴつが　六ぽん。
七つ　たた・・・、えんぴつが　七ほん。
八つ　たた・・・、えんぴつが　八ぽん。
九つ　たた・・・、えんぴつが　九ほん。
十　たた・・・、えんぴつが　十ぽん。
ふでばこは、えんぴつで　いっぱいだ。

※黒板に１つ例示する。支援が必要な児童には，

POINT　何を素材にするかが決まれば作ること自体は難しくない。行数が多くなるので，ノートの書き方を事前にきちんと指導

1 自分の「かずとかんじ」の数え歌の作り方を知ろう。

教科書 P118-119 の「かずとかんじの数え歌」を音読する。
T　今日はみんなにもこの歌を作ってもらいます。例えば，「こぶた」を「こいぬ」にすると，どうなるでしょう。

一つたたくと，
こいぬが一ぴき。
二つたたくと，
こいぬが二ひき，…。

T　上手に「こぶた」の代わりに「こいぬ」を入れられました。これから作ってもらう歌は，「ひき」で数えられなくてもいいのです。例えば「えんぴつ」の数え歌にすると，どうなりますか。
C　一つたたくと，えんぴつが一ぽん。…，十たたくと，えんぴつが十ぽん。のはら…あれ？
T　最後の行は，「のはら」を「ふでばこ」にすると？
C　ふでばこは，えんぴつでいっぱいだ！
　「こぶた」「ひき」「のはら」の部分を変えて，数え歌を作ることに気づかせる。

2 何の数え歌にするか決め，数え方を確かめよう。

T　最初に，自分は何の数え歌にするか決めましょう。

わたしは，こねこの数え歌にしよう。

絵本でもいいですか。

T　動物でなくても，いいですよ。絵本なら，一さつ，二さつでしたね。
C　ライオンは，「ひき」でいいですか。
T　ゾウやキリンなどの大きい動物は，どのように数えるとよいか知っている人いますか。
C　「とう」です。

T　ほかに，自分の決めたものの数え方に自信がなかったら先生に聞いてください。最後の行の「のはら」のところも，工夫して考えてみてください。
C　絵本だと「ほんだなは，えほんでいっぱいだ」と考えられるね。

かずと かんじ

め じぶんの 「かずの かぞえうた」を
　つくろう

❶

〈つくりかた〉
・こぶた
・ひき（ぴき・びき）の ところを かえる
・のはら

〈れい〉
一つ　たたくと、　えんぴつが　一ぽん。
二つ・・・、　えんぴつが　二ほん。
三つ・・・、　えんぴつが　三ぼん。
四つ・・・、　えんぴつが　四ほん。
五つ・・・、　えんぴつが　五ほん。
どんどん　ど・・・・、　ふえて　くる。

この文例を視写させることにしてもよい。

しておくことが重要である。

---

3 書き方に気をつけて，自分の数え歌をノートに書こう。

T　では，ノートに自分の数え歌を書きましょう。書き方に気をつけましょう。

3つのことに気をつけるんだね。

〈書き方の注意点（例）〉
○ 最初は，一番上のマスから書く。
○ 「たたくと」のあとに「、」をつける。
○ 最後に「。」をつける。

　書き方を確認してから書かせる。

　数え歌を作ること自体は，それほど難しいことではないと考えられる。それでも，自信がない児童はなかなか作り始めない場合がある。机間指導をしながら，その児童の持ちものや好きなものから選ぶようにアドバイスをしていく。
　どうしても書けない児童には，黒板の「えんぴつの数え歌」をノートに視写させてもよいことにする。

4 自分が作った数え歌を友達と読み合おう。

T　グループになって，作った数え歌を発表してもらいます。

うまく作ったね。

ぼくは，車で作りました。
「一つたたくと，くるまが一だい。…十だい。ちゅうじゃじょうはくるまでいっぱいだ。」

　自作の数え歌を友達と交流する。
　全員が発表する時間がない場合，他にも以下の交流の仕方が考えられる。
　・隣どうしでノートを交換して，読み合う。
　・席を立って，自由に見て歩く。

　掲示用にするのであれば，別の紙に清書をさせてもよい。この場合，行数が多いので，あらかじめ枠や印をつけたワークシート QR を渡すとよい。
　時間に余裕があれば，児童が作ったおもしろい数え歌をクラス全体で共有し，音読して楽しむ。

ワークシート かず すうじ

なまえ

(1) かんじを かく れんしゅうを しましょう。
　（　）に よみがなを かきましょう。

（　　）
一

（　　）
二

（　　）
三

（　　）
四

（　　）
五

（　　）
六

（　　）
七

（　　）
八

（　　）
九

（　　）
十

(2) よみがなを かきましょう。

（　　）
一つ

（　　）
二つ

（　　）
三つ

（　　）
四つ

（　　）
五つ

（　　）
六つ

（　　）
七つ

（　　）
八つ

（　　）
九つ

（　　）
十

喜楽研

ワークシート　かずと　かんじ

なまえ

● かんすうじを　つかって　かきましょう。

一

二

三

四

五

六

七

八

九

十

著者紹介（敬称略）

【著　者】

中村 幸成　元奈良教育大学附属小学校主幹教諭

南山 拓也　西宮市立南甲子園小学校教諭

＊2024 年 3 月現在

【特別映像・特別寄稿】

菊池 省三　教育実践研究家

岡 篤　　元神戸市公立小学校教諭

旧版『喜楽研の DVD つき授業シリーズ　新版　全授業の板書例と展開がわかる DVD からすぐ使える
〜菊池 省三・岡 篤の授業実践の特別映像つき〜　まるごと授業国語 1 年（上）』（2020 年刊）
【著　者】（五十音順）
　岡 篤
　菊池 省三
【撮影協力】
　（菊地 省三　特別映像）　有限会社オフィスハル
　（岡 篤　特別映像）　　　井本 彰
　河野 修三

喜楽研の QR コードつき授業シリーズ

改訂新版
板書と授業展開がよくわかる

まるごと授業　国語　1年（上）

2024年3月15日　　第1刷発行

著　　　　者： 中村 幸成　　南山 拓也
寄稿文著者： 菊池 省三　　岡 篤
イ ラ ス ト： 山口 亜耶
板書・清書： 堀越 じゅん
企画・編集： 原田 善造（他 10 名）
編　　　　集： わかる喜び学ぶ楽しさを創造する教育研究所　　中川 瑞枝

発　行　者： 岸本 なおこ
発　行　所： 喜楽研（わかる喜び学ぶ楽しさを創造する教育研究所）
　　　　　　　〒 604-0854 京都府京都市中京区二条通東洞院西入仁王門町 26-1
　　　　　　　TEL　075-213-7701　FAX　075-213-7706
　　　　　　　HP　https://www.kirakuken.co.jp
印　　　　刷： 創栄図書印刷株式会社

ISBN : 978-4-86277-459-0　　　　　　　　　　　　　　　　　　　Printed in Japan